मुक्तिबोध की समीक्षाई

'राधाकृष्ण' से प्रकाशित
लेखक की अन्य पूरक पुस्तक
मुक्तिबोध की कविताई (आलोचना)

मुक्तिबोध की समीक्षाई

अशोक चक्रधर

राधाकृष्ण प्रकाशन

ISBN : 978-81-7119-367-7

मुक्तिबोध की समीक्षाई (आलोचना)

पहला संस्करण : 1998
दूसरा संस्करण : 2016
This book is printed on **Print on Demand** Technology : 2024
मूल्य : ₹695

प्रकाशक
राधाकृष्ण प्रकाशन प्राइवेट लिमिटेड
जी-17, जगतपुरी, दिल्ली-110 051
शाखाएँ : अशोक राजपथ, साइंस कॉलेज के सामने, पटना-800 006
पहली मंजिल, दरबारी बिल्डिंग, महात्मा गांधी मार्ग, प्रयागराज-211 001
1, अनमोल सोराबजी संतुक लेन, धोबी तलाव, मरीन लाइंस, मुम्बई-400 002
वेबसाइट : www.radhakrishnaprakashan.com
ई-मेल : info@radhakrishnaprakashan.com

MUKTIBODH KI SAMIKSHAAI
Criticism by Ashok Chakradhar

प्रो० मुजीब रिज़वी

को

सादर समर्पित

यह 'समीक्षाई' पुस्तक

गजानन माधव मुक्तिबोध की समीक्षाई को जाने बिना समकालीन हिन्दी समीक्षा के विकास को समझना मुश्किल है। पिछले तीन-चार दशक की समीक्षा में मुक्तिबोध के समीक्षात्मक विचारों का प्रभाव असंदिग्ध माना जाता है। इस 'समीक्षाई' पुस्तक में मुक्तिबोध के समीक्षा सिद्धांतों का ऐसा परिचय मिलता है जिसे पढ़ते हुए पाठक लेखक के साथ-साथ मुक्तिबोध को नए सिरे से 'पढ़ता' चलता है। इस मायने में यह एक अनूठी पुस्तक है कि दुर्बोध मान लिए गए मुक्तिबोध को सबके लिए बोधगम्य बनाती है।

अशोक चक्रधर मुक्तिबोध के जानेमाने समीक्षक एवं पाठकर्ता रहे हैं। 1975 में प्रकाशित उनकी पुस्तक 'मुक्तिबोध की काव्यप्रक्रिया' न केवल उस समय में मुक्तिबोध संबंधी समीक्षा ग्रंथों में एक मानक बनी बल्कि वह आज तक एक बहुपठित पुस्तक बनी हुई है। 'मुक्तिबोध की समीक्षाई' उस पुस्तक के सैद्धांतिक पक्ष का नया विस्तार है। नए संदर्भों में यहां एक बार फिर मुक्तिबोध के समीक्षा सिद्धांतों को मार्क्सवादी संदर्भों तथा शीतयुद्धीय वैचारिक संघर्षों के संदर्भ में विश्लेषित किया गया है। अपने गहरे समीक्षात्मक विवेक के आधार पर अशोक चक्रधर ने मुक्तिबोध की 'समीक्षा' के प्रायः जटिल सूत्रों को अपनी सहज सुबोध शैली में 'समीक्षाई' बताकर पेश किया है। कोशिश रही है कि मुक्तिबोध के अनंत पाठकों के लिए मुक्तिबोध के नए अर्थ सहज ढंग से खुलें। कहने की ज़रूरत नहीं है कि अशोक चक्रधर को 'सहज समीक्षाई' में कमाल हासिल है। जो इस किताब को पढ़ेगा उसे इसका प्रमाण मिल जाएगा।

– सुधीश पचौरी

अनुक्रम

प्राक्कथन

बात अब से बीस साल पुरानी यानी सतहत्तर की है। डा॰ माहेश्वर और डा॰ श्यामबिहारी राय उन दिनों मैकमिलन के हिन्दी प्रकाशन की संपादकीय बागडोर संभाले हुए थे। वे लगातार दबाव डाल रहे थे कि मैं 'मुक्तिबोध की काव्य-प्रक्रिया' पुस्तक में मुक्तिबोध की कुछ और कविताओं का विश्लेषण जोड़ दूं, ताकि उसका नया संस्करण प्रकाशित किया जा सके। पहला संस्करण एक साल के अंदर सन् छिहत्तर में ही समाप्त हो चुका था। पुस्तक के इस प्रकार के स्वागत से मैं खुश था और इस तरह अपने आदर्श कवि मुक्तिबोध की अन्य महत्वपूर्ण कविताओं के गतार्थों की खोज में जुट भी गया। लिखने से ज्यादा पढ़ने में रस आता था। मुक्तिबोध की कविताओं की विशेषता यह है कि उन्हें जितनी बार पढ़ो उनके अर्थ स्पष्ट से स्पष्टतर होते जाएंगे। पूर्णताकामी मन उस दौरान और-और पढ़ने को लालायित था पर लिखने की भावभूमि नहीं बन पा रही थी। पुस्तक की बढ़ती मांग को देखकर डा॰ माहेश्वर ने उलाहना भरी धमकी दी कि यदि परिवर्द्धित संस्करण तैयार नहीं हो पा रहा है तो वे पुस्तक को उसी रूप में पुनर्मुद्रित कर देंगे। मैंने उनसे अनुरोध किया कि वे कृपया ऐसा न करें, मैं शीघ्र ही पांडुलिपि दे रहा हूं।

समय सरकता गया और अचानक मेरी प्राथमिकताएं बदल गईं। प्रौढ़-शिक्षा के लिए कुछ कर गुज़रने का भूत सवार हुआ, कुछ प्रवेशिकाएं बनाईं और प्रो॰ जलालुद्दीन के प्रोत्साहन से कभी साक्षरता निकेतन, लखनऊ तो कभी रीजनल कालेज, भोपाल, कभी प्रौढ़-शिक्षा निदेशालय तो कभी एन.सी.ई.आर.टी., विभिन्न कार्यशालाओं में शिरकत करने लगा। समीक्षाई की तुलना में कविताई और रचनाई भाने लगी।

इसी दौरान कविसम्मेलनों और आकाशवाणी, दूरदर्शन के कार्यक्रमों में सक्रियता बढ़ने से भी समयाभाव हो गया। वह जनप्रियत्व और धनप्रियत्व का दौर था जिसमें अनचाहे ही मन के संकल्पित काम पिछड़ने लगे। डा॰ माहेश्वर और डा॰ श्यामबिहारी राय ने मुझसे उम्मीदें छोड़ दीं और थोड़े अरसे बाद मैकमिलन कंपनी का हिन्दी प्रभाग भी बंद हो गया, जहां से 'मुक्तिबोध की काव्य-प्रक्रिया' छपी थी।

कविसम्मेलनों का सिलसिला जो चला, उसने अभी तक थमने का नाम नहीं लिया। लगभग उसी समय जामिआ मिल्लिआ इस्लामिया के स्टाफ़ रूम में एक दिन अग्रज असग़र वजाहत ने कहा- 'प्यारे अशोक बाबू, अब तुम बस एक हास्य-व्यंग्य कवि बनकर रह जाओगे।' मुझे यह बात ज्यों की त्यों याद है। असग़र का, होंठ थोड़ा आगे निकाले हुए और मेरे प्रति बेचारगी का भाव रखे हुए, स्प्रिंग की लचक जैसा हिलता हुआ, स्नेहपूर्ण चेहरा। मैं यह नहीं कहूंगा कि मुझे यह टिप्पणी बुरी लगी पर अच्छी लगी यह भी नहीं कह सकता।

तो इस बीस-बाईस वर्षों के अंतराल में काफ़ी बेचैन रहा, अतिरेकवादी पूर्णता की व्यथाओं की कथाओं में साइड रोल करते हुए। पुराने प्रगतिशील मित्रों के मन में मेरे प्रति आशाएं कम हो रही थीं, पर मैं भी उनकी उपेक्षाओं की परवाह किए बिना कहीं न कहीं लगा ही रहा, क्योंकि मैंने खुद से उम्मीद नहीं छोड़ी। मंचों पर हास्य-व्यंग्य कवि, विश्वविद्यालय में अध्यापक और ढेर सारी शैक्षिक फिल्मों और सोद्देश्य कथा-फिल्मों का लेखक, निर्देशक, निर्माता। किसी एक काम में बेचैनी हुई तो दूसरे में लग गया। व्यस्त भी रहा और अस्त-व्यस्त भी। पर किसी न किसी काम में अटका ज़रूर रहा। 'प्रस्तुति' एक कला होती है, उसका कलाकार भी मान लिया गया।

कोई दसेक साल पहले डा॰ गिरिराजशरण अग्रवाल ने पी-एच॰डी॰ कर डालने का पलीता लगाया और किसी एक शानदार घड़ी में मैंने मुक्तिबोध विषयक अध्ययन के अपने पुराने काग़ज़ात निकाले। मुक्तिबोध पर इधर प्रकाशित हुई नई पुस्तकों को पढ़ा। एक-दो अपवाद छोड़कर किसी में दम नज़र नहीं आया। लगा जैसे मुक्तिबोध को न समझ पाने का ढोंग अभी तक जारी है। पुरानी विद्यार्थी चेतना फिर से कुलबुलाने लगी।

स्व॰ मिकी पटेल को मैंने मुक्तिबोध की कविताओं का श्रोता बनाया। उन्हें हिन्दी बहुत अच्छी नहीं आती थी पर वे मुक्तिबोध की कविताओं को बड़े चाव और तन्मयता से सुनते थे। उन्हें मुक्तिबोध की इमेजरी अद्भुत लगती थी। अगर मैं अपनी पुरानी किताब को भूलकर नए सिरे से कुछ लिखता तो बात शायद कुछ और बनती पर एक लक्ष्य मन में घर कर चुका था, उस पुस्तक का परिवर्द्धित संस्करण बनाने का, सो उसी 'स्टाइल' में काम को आगे बढ़ाया।

मुक्तिबोध को समझने में लगातार ग़फ़लत क्यों हो रही है- यह सवाल बार-बार उठता और उत्तर भी बार-बार एक ही मिलता कि 'बेसिक्स' को अनेदखा किया जाएगा तो ग़फ़लत बनी ही रहेगी। मुक्तिबोध की कविताई को तब तक नहीं समझा जा सकता जब तक मुक्तिबोध की समीक्षाई को न समझा जाए। और मुक्तिबोध की समीक्षाई को तब तक नहीं समझा जा सकता जब

तक रचना-प्रक्रिया और अर्थ-प्रक्रिया विषयक उनकी अवधारणाओं को उनके पूर्ववर्तियों और उनके समकालीनों की मान्यताओं के संदर्भ में अलगा कर न समझा जाए।

इसलिए पिछली पुस्तक की तुलना में बात को थोड़ा और फैलाकर सोचने का प्रयास किया। मुक्तिबोध की समीक्षाई की पूर्वपीठिका में रचना-प्रक्रिया और अर्थ-प्रक्रिया से जुड़ी प्राचीन मान्यताओं की पड़ताल की। मुक्तिबोध के युगीन परिदृश्य को पुनर्विचारा। विश्लेषण के लिए कुछ और कविताएं भी छांटीं। कलेवर कुछ इतना बढ़ गया कि दो पुस्तकों में बांट देने का निर्णय लेना पड़ा। और इसमें एक तार्किक संगति भी लगी। 'मुक्तिबोध की समीक्षाई' 'मुक्तिबोध की कविताई' के लिए एक आधार पुस्तक का काम करेगी। जिनके पास मुक्तिबोध की समीक्षाई का मूल आधार पहले से ही हो वे सीधे उनकी कविताई में जा सकते हैं।

तो, अपने प्राक्कथन को फिर से इस प्रकार प्रारंभ करें कि, कविता में अपने युग का इतिहास रचने वाले कवि रहे हैं– गजानन माधव मुक्तिबोध। उन्होंने युग के अंतर्विरोधों को स्वयं जिया, और रचनाधर्मिता के स्तर पर उनकी एक पहचान बनाई। विडंबना यही रही कि युगीन अन्तर्विरोधों की साफ़ और बेलाग समझ रखने वाले इस रचनाकार को प्रायः समझा नहीं गया। समझा न गया होना भी इतना अहितकर न होता जितना अहितकर हो गया उनके बारे में ग़ैरवस्तुवादी और आधारहीन निष्कर्ष देना।

मुक्तिबोध नई कविता आंदोलन से अभिन्न रूप से जुड़े रहे, किन्तु कुछ भिन्नताएं रखते हुए। इस आंदोलन के वे इकलौते कवि थे जिसने अपने युग की काव्यधारा के आत्मसंघर्ष का बहुत बारीक विश्लेषण किया। अपनी कविता को समझने-समझाने के सारे सूत्र प्रदान किए, फिर भी 'जटिल', 'दुरूह' और 'समझ में न आने वाले' कवि ठहराए गए।

हिंदी साहित्य के आधुनिक काल में प्रगतिवाद-प्रयोगवाद तक जितने काव्यांदोलन हुए उनकी पहचाने जाने योग्य प्रवृत्तियां सामने आ सकीं, लेकिन नई कविता आंदोलन को कुछ सामान्य प्रवृत्तियों के आधार पर मूल्यांकित किया जाना कठिन हो गया। नई कविता आंदोलन अनेकानेक प्रवृत्तियों का एक समुच्चय था, जिसकी कुछ प्रवृत्तियां न केवल विषम थीं, बल्कि कहीं-कहीं तो विपरीत भी थीं। इस दौर की कविताओं की समीक्षा के लिए इसी कारण सामान्य प्रतिमान निर्धारित नहीं हो सके।

कहने की आवश्यकता नहीं कि कुछ अपवादों को छोड़कर हिंदी की प्राप्त समीक्षा मूलतः संस्कृत और पाश्चात्य नियमों के आधार पर चली आने

वाली संकर समीक्षा ही बनी रही, जिसमें अपनी अस्मिता के स्थान पर अधिकतर पाश्चात्य समीक्षा के सूत्रों को, बिना सचेत संदर्भों को देखे, घटाया जाता रहा। शास्त्रीय दृष्टि काव्य में रस ढूंढ़ती रही और इस प्रकार काव्य से एक ऐसे पुनरुत्थान की आशा करती रही जो संभव नहीं था। दूसरी ओर इससे बाहर निकल कर जिन लोगों ने पाश्चात्य दृष्टिकोण से कविता को देखना चाहा, वहां पर भी पाश्चात्य आलोचना का उल्था ही अधिक हुआ। लोगों ने पाश्चात्य आलोचना के ऊपरी रूप को ही देखा और मौलिकता के चक्कर में उसे ज्यों-का-त्यों सामने रख दिया।

इस प्रवृत्ति से हिंदी की नई समीक्षा को भारी क्षति उठानी पड़ी। इस क्षति को नई कविता के 'संघर्षकालीन' मूल्याकंन के संदर्भ में देखा जा सकता है। छायावादी कविता की रचना-प्रक्रिया की पहचान के बाद नई कविता की रचना-प्रक्रिया को भी पहचानने की ज़रूरत थी और यही नहीं हो पाया। परिणाम यह हुआ कि नई कविता के दौर में लिखी गई श्रेष्ठतम रचनाओं के बारे में अजीब तरह की भ्रांतियां बनीं, जो आज भी बनी हैं।

नई कविता चूंकि अनेक प्रवृत्तियों का समुच्चय थी, उसकी रचना-प्रक्रिया जटिल थी, इसी कारण उसकी अर्थ-प्रक्रिया भी 'काव्यार्थ' भर नहीं रह गई। नई कविता की रचना-प्रक्रिया और अर्थ-प्रक्रिया जानने का मतलब हो गया—रचनाकार के युग, उसकी समीक्षा-समझ, युगीन परिस्थितियों, विचारधाराओं एवं भाषा-रूपों को समग्रता में जानना।

'समग्रता' की हमारी अपेक्षा मूलतः जीवन-संदर्भों के परिप्रेक्ष्य की है। नई कविता के समीक्षकों ने कविता को सामाजिक-सांस्कृतिक प्रक्रिया मानकर विवेचित करने के स्थान पर उसकी समाज-निरपेक्ष व्याख्याएं ही अधिक कीं। नई कविता के द्वंद्व को उसके ऐतिहासिक-सामाजिक संदर्भों में समझने के स्थान पर कभी भाषा और कभी रूप-शिल्प के आधार पर समझा जाता रहा। ज़ाहिर है रूप-शिल्प के आधार पर की गई समीक्षा वस्तुतः रूप-शिल्प का भी वस्तुवादी विवेचन नहीं कर सकती। फिर भी नई कविता पर हुई अब तक की बहस और उससे प्राप्त निष्कर्ष इतने अधूरे भी नहीं कहे जा सकते कि उनसे नई कविता की रचना-प्रक्रिया और अर्थ-प्रक्रिया के बारे में कोई निश्चित अवधारणा न बन सके। लेकिन यह सच है कि इस ओर बहुत कम प्रयास किया गया, इतना कम कि न तो नई कविता के रूप-शिल्प पर कोई निश्चित धारणा बन सकी है और न उसकी संप्रेषण-पद्धति पर ही लोग एकमत हो सके हैं।

यह बात और भी अजीब लगती है कि साहित्य क्षेत्र में लंबे आत्मसंघर्ष के बाद अपने अस्तित्व को स्थापित करने के बावजूद, नई कविता को अपनी

अस्मिता को चरितार्थ नहीं करने दिया गया। साहित्यिक गतिविधियों से बाहर, किन्तु पढ़ा-लिखा मध्यवर्गीय जन अभी भी नई कविता को कुछ ऐसी नज़रों से देखता है जैसी नज़रों से कोई पुनरुत्थानवादी या भाववादी उसे देख सकता है। यही नहीं, यह आश्चर्य तब और भी घनीभूत होता है, जब हम समकालीन संवेदना-जगत पर बात करते हैं।

आज़ादी के बाद हिंदी में एक बात और सामने आई है कि कवियों ने न केवल कविता लिखी बल्कि उन्हें समीक्षाई के सूत्र भी अपनी ओर से लिखने पड़े। यह कविता के जन-अलगाव का प्रमाण तो है ही, इस बात का भी प्रमाण है कि हमारे अधकचरे विकास ने मध्यवर्ग के बहुत छोटे-से हिस्से को सांस्कृतिक जगत के लिए सक्रिय रहने दिया, और इस तरह विकसनशील कला-साहित्य का एकमात्र रिश्ता कवि से रह गया। ऐसी हालत में आलोचना के स्वतंत्र विकास की संभावनाएं समाप्त हो जाती हैं, और कोई भी आंदोलन एक सीमित दायरे में सिमटकर रह जाता है, जबकि ज़रूरत उसे अधिकाधिक जनता तक पहुंचाने की होती है।

इसी एक बात का परिणाम यह होता है कि साहित्यिक स्तर पर मान्यता प्राप्त कविताएं अपनी संप्रेषणीयता की सहजता के लिए जिस योग्यता अर्थात संवेदनात्मक प्रौढ़ता की आवश्यकता अनुभूत करती हैं, उसके अभाव में जनता उसे पसंद नहीं कर पाती और कविता अपने उन्हीं हलक़ों में चक्कर काटती रहती है।

मुक्तिबोध ने इस संकट को पहचाना था। कदाचित इसलिए उन्होंने कविता को इस नज़र से अलग हटकर देखने की कोशिश की थी। उन्होंने कविता की रचना-प्रक्रिया पर पहली बार इतना काम किया कि आधुनिक कविता के इस तकनीकी पहलू पर सोचने को विवश कर दिया। और इस तरह रचना-प्रक्रिया की उन चली आती हुई शास्त्रीय धारणाओं को बेकार सिद्ध किया, जिनके चलते आधुनिक हिंदी साहित्य जैसे-तैसे जी रहा था, नई कविता वर्जित प्रदेश बनी हुई थी। रचना-प्रक्रिया पर उठाई गई उक्त बहस ने नई कविता की समझ को फैलाया और यह महसूस कराया कि नई कविता एक निश्चित रचना-प्रक्रिया की पैदाइश है, जिसके रचना-नियम पुनरुत्थानवादी या स्वच्छंदतावादी काव्य की रचना-प्रक्रिया के नियमों से नितांत अलग और कहीं-कहीं तो विपरीत हैं।

विडंबना की बात तो यह है कि अभी भी हिंदी में मुक्तिबोध द्वारा प्रस्तुत की गई जीवन-दृष्टि और समीक्षा-दृष्टि को पर्याप्त गम्भीरता से नहीं लिया जा रहा है। इसका सबसे अधिक नुकसान नई कविता की सार्थकता के सवाल को भुगतना पड़ा।

मुक्तिबोध की कविताओं की रचना-प्रक्रिया और अर्थ-प्रक्रिया को समझने का महत्वपूर्ण सोपान है उनकी समीक्षाई का ज्ञानात्मक आधार। उनका यह ज्ञानात्मक आधार असल में ज्ञान के द्वंद्ववादी सिद्धान्त पर आधारित है। ज्ञान-क्रम में पहला क़दम बाह्य-जगत की वस्तुओं से संपर्क है जो संवेदन की मंज़िल से संबंधित है। दूसरा क़दम संवेदन-सामग्री को व्यवस्थित और पुनर्गठित करके उसका समन्वय करना है। यह धारणा निर्णय और निष्कर्ष की मंज़िल से जुड़ी हुई है। जब संवेदन-सामग्री समृद्ध होती है और सामाजिक सच्चाई के क़रीब और अनुकूल होती है, तभी हम ऐसी सामग्री के आधार पर उचित धारणाएं बना सकते हैं। मुक्तिबोध के शब्दों में कहें तो निजबद्धता को मानव-समस्या और विश्व-दृष्टिकोण में बदल सकते हैं।

बुद्धिसंगत ज्ञान संवेदनात्मक ज्ञान पर निर्भर होता है। यह बात मुक्तिबोध की समीक्षाई का बुनियादी आधार है। वह व्यक्ति प्रत्ययवादी हैं जो बुद्धिसंगत ज्ञान को संवेदनात्मक ज्ञान से प्राप्त नहीं मानता। बुद्धिसंगत ज्ञान विश्वसनीय इसीलिए होता है क्योंकि उसका स्रोत संवेदनात्मक ज्ञान में होता है, नहीं तो वह बिना स्रोत के पानी की तरह या बिना जड़ के पेड़ की तरह मनोगत, स्वत:स्फूर्त एवं अविश्वसनीय हो जाएगा। चूंकि सामाजिक व्यवहार ही मानव ज्ञान को जन्म दे सकता है और चारों ओर के वस्तु-यथार्थ से संवेदनात्मक अनुभव की प्राप्ति की ओर मानव को ले जा सकता है, इसीलिए सामाजिक व्यवहार का ज्ञान-क्रम में महत्व है।

मार्क्सवादी चिंतकों का मानना है कि ज्ञान अनुभव से शुरू होता है– ज्ञान के सिद्धांत का भौतिकवादी आधार यही है, और ज्ञान को अधिकाधिक गहरा बनाने के लिए बुद्धिसंगत मंज़िल तक जाना होता है– ज्ञान के सिद्धांत का द्वंद्ववाद यही है। किंतु बात यहीं ख़त्म नहीं हो जाती, ज्ञान व्यवहार से शुरू होकर सिद्धांत में परिवर्तित होता है और फिर से व्यवहार में परिणत हो जाता है। ज्ञान का सक्रिय कार्य, संवेदनात्मक ज्ञान से बुद्धिसंगत ज्ञान तक सक्रिय छलांग भरने में ही नहीं, बल्कि जो अधिक महत्वपूर्ण है, बुद्धिसंगत ज्ञान से क्रांतिकारी व्यवहार तक छलांग भरने में है।

जिस प्रकार निश्चित विचारों, सिद्धांतों, योजनाओं या कार्यक्रमों के आधार पर वस्तुगत यथार्थ को बदलने के उद्देश्य से हर बार उसे व्यवहार आगे बढ़ाता है, उसी प्रकार वस्तुगत यथार्थ का मानव ज्ञान भी हर बार और-और गहरा होता है। वस्तुगत संसार में न कभी परिवर्तन-क्रम समाप्त होगा और न व्यवहार द्वारा सत्य का मानवीय ज्ञान ही। कर्म की यह ठोस ऐतिहासिक एकता मनोगत एवं वस्तुगत, ज्ञान और कर्म तथा सिद्धांत और व्यवहार के विभिन्न

रूपों में निरंतर चलती रहती है। यह एक सतत प्रक्रिया है।

ज्ञान की उपरोक्त द्वंद्वात्मक भौतिकवादी समझ मुक्तिबोध के ज्ञानात्मक आधार को समझने की कुंजी है। अपने अध्ययन में इसी द्वंद्वात्मक भौतिकवादी समझ को हमने विश्लेषण का आधार बनाया है।

सबसे पहले पूर्वपीठिका के रूप में मुक्तिबोध की समीक्षाई के मुख्य बिंदुओं– रचना-प्रक्रिया और अर्थ-प्रक्रिया के उपादान कारकों का सैद्धांतिक विवेचन किया है। यहां हमने रचना-प्रक्रिया और अर्थ-प्रक्रिया से संबंधित भारतीय एवं पाश्चात्य अवधारणाओं को ऐतिहासिक संदर्भ में पड़तालने का प्रयास किया है। तदनंतर मुक्तिबोध के युग के राजनीतिक-सामाजिक एवं साहित्यिक-सांस्कृतिक परिदृश्य का एक संक्षिप्त ब्यौरा है। मुक्तिबोध काव्यानुभूति को जीवनानुभूति से उद्‌भूत मानते थे। वास्तविक एवं परिवर्तनशील सामाजिक यथार्थ के साथ द्वंद्वात्मक रिश्ता रखते हुए उनकी कविता जन्म लेती थी, इसीलिए समसामयिक युगीन परिस्थितियों के परिवर्तनशील इतिहास संदर्भों को एक बार दुहरा लेना अनपेक्षित और अनावश्यक नहीं लगना चाहिए। हमारा मानना है कि युगीन परिदृश्य से एक बार रूबरू होने के बाद मुक्तिबोध के समीक्षाई आधार सरलता से मनंगम हो सकते हैं।

समीक्षाई आधार वे वस्तुवादी--मार्क्सवादी संदर्भ हैं, जिनके अभाव में न तो उनकी समीक्षा को समझा जा सकता है और न उसके संदर्भ में उनकी कविता को ही। हालांकि यह सही है कि मुक्तिबोध की समीक्षा की शब्दावली निजी-विशिष्ट है, किंतु इस शब्दावली के अर्थ-अनुषंग मार्क्सवादी दर्शन में निहित हैं। 'मुक्तिबोध अस्तित्ववाद, रहस्यवाद, मार्क्सवाद आदि का पंचमेल हैं,' 'मुक्तिबोध मार्क्सवाद की सीमा से व्यापक थे' या 'मुक्तिबोध मार्क्सवाद की जकड़ से छूटने के लिए छटपटा रहे थे' जैसी टिप्पणियों ने मुक्तिबोध के पाठकों को ख़ूब भ्रमित किया है और उनकी रचनाओं को एक अबूझ पहेली बनाकर छोड़ दिया है। सच्चाई यही है कि बिना मार्क्सवादी दर्शन के गहन अध्ययन के उनका साहित्य एक अबूझ पहेली है, जिसकी कुंजी हमारे पास हो ही नहीं सकती।

मुक्तिबोध के समीक्षाई आधारों से परिचित होने के बाद हम उनकी मर्म समीक्षाई तक आते हैं यानि रचना-प्रक्रिया और अर्थ-प्रक्रिया के उनके द्वारा किए गए विवेचन तक। रचना-प्रक्रिया पर उन्होंने अपनी अलग-अलग पुस्तकों एवं पत्रिकाओं में प्रकाशित लेखों में विस्तार से विश्लेषण दिया है, किंतु अर्थ-प्रक्रिया के संबंध में मात्र कुछ संकेत दिए हैं। यहां हमने उनके निजी- विशिष्ट समीक्षा-संसार से तथा यत्र-तत्र प्रकाशित टिप्पणियों से रचना-प्रक्रिया एवं अर्थ-प्रक्रिया से

संबंधित मान्यताएं जुटाई हैं।

फ़ैंटैसी मुक्तिबोध की कविताओं की रचना-प्रक्रिया का प्राण है। रचना-प्रक्रियागत फ़ैंटैसी का विशिष्ट अध्ययन प्रस्तुत करना हमारा उद्देश्य रहा है। रचना-प्रक्रिया में फ़ैंटैसी की भूमिका रेखांकित करने के बावजूद मुक्तिबोध फ़ैंटैसी की अपनी संरचना का स्पष्टतः एवं विस्तार से उल्लेख नहीं कर पाए, अन्य सीमाओं के साथ उनकी अकाल मृत्यु उनकी सबसे बड़ी सीमा रही। फ़ैंटैसी तत्व की प्रक्रिया पर इंग्लैंड के विचारक क्रिस्टोफ़र कॉडवैल ने गंभीर अध्ययन किया था। कॉडवैल और मुक्तिबोध के सूत्रों को पकड़कर यहां हमने फ़ैंटैसी की प्रक्रिया के वस्तुगत आधारों को प्रस्तुत किया है।

मुक्तिबोध मूलतः एक कवि थे। समीक्षा कर्म उनके लिए एक युगीन मजबूरी था। उन्हें समीक्षाई इसीलिए करनी पड़ी ताकि उनकी कविताई व्यापकतर स्थिति में संप्रेषित हो सके। पुस्तक के अंत में हमने मुक्तिबोध के समीक्षाई औज़ारों से रचना-प्रक्रिया की खोज के लिए अर्थ-प्रक्रिया का मार्ग निकालने का प्रयास किया है। कुछ निष्कर्ष हैं जिन्हें सुविधा की दृष्टि से पुनर्प्रस्तुत किया है। निष्कर्ष-बिंदुओं की प्रस्तुति से कमोबेश वह पृष्ठभूमि बन गई है कि हम मुक्तिबोध की कविताई में रचना-प्रक्रिया एवं अर्थ-प्रक्रिया के अनुसंधान के लिए प्रवेश कर सकें।

मुक्तिबोध की समीक्षाई का अध्ययन करते हुए हम कितने सही के क़रीब निष्कर्षों तक पहुंच सके हैं, कहना कठिन है, किंतु यह सच है कि मुक्तिबोध की कविताई तक जाने का रास्ता यही होगा, भले ही हम एक छोटी-सी पगडंडी बना पाए हों, राजपथ नहीं।

जिज्ञासाओं के विभिन्न सोपानों पर अनेक गुरुजन एवं मित्र रास्ता सुझाते रहे। विशेष रूप से डा॰ नित्यानंद तिवारी और डा॰ निर्मला जैन जिन्होंने मुक्तिबोध साहित्य के प्रति दिलचस्पी जगाई, सुधीश पचौरी (जिन्होंने नई कविता की रचना-प्रक्रिया और अर्थ-प्रक्रिया पर महत्वपूर्ण शोधकार्य करके एक बहुत बड़े अभाव को भरा है), कांति मोहन, कर्णसिंह चौहान, मिकी पटेल, चंचल चौहान, असग़र वजाहत, द्वारिका प्रसाद, भगवती प्रसाद शर्मा, मनमोहन और सुरेन्द्र राजन जिन्होंने विषय-विमर्श में समय-समय पर सहयोग दिया। इन सबके प्रति मैं अपनी अकृत्रिम कृतज्ञता ज्ञापित करता हूं।

एक पुस्तक मेले में श्री अशोक महेश्वरी ने इन दो पुस्तकों को प्रकाशित करने का प्रस्ताव रखा तो मैं ख़ासा उत्साहित हुआ। पत्नी बागेश्री ने दूसरी आपाधापियों के बीच कार्य पूरा करने का मनोबल दिया, शिष्या रोज़ मलिक ने बहुत तत्परता से अध्ययन सामग्री जुटाई, मुईन ख़ान ने पहला ड्राफ्ट बनाने

में सहयोग दिया, रामविलास ने कम्प्यूटर प्रिण्ट्स निकाले एवं पिताश्री राधेश्याम प्रगल्भ ने पांडुलिपि संपादन कर दिया, इनके सकर्मक योगदान के लिए आभार शब्द छोटा है, कृतज्ञ भाव-ध्वनियां अंतस में गूंज रही हैं।

मुझे आशा है कि मुक्तिबोध नामक महाताल में और गहरे पैठने की इच्छा रखने वाले पाठकों एवं ज्ञानार्थियों को यह पुस्तक थोड़ी-बहुत उपयोगी लगेगी।

अशोक चक्रधर
प्रोफ़ेसर एवं अध्यक्ष
हिन्दी विभाग
जामिआ मिल्लिआ इस्लामिया
(केन्द्रीय विश्वविद्यालय)

नई दिल्ली-110 025

मानव संबंध समाज के विकास के साथ परिवर्तित होते रहते हैं, तथा समाज की विशेष स्थितियों की उनमें विशेषताएं प्रकट होती हैं। विशेषता-संयुक्त ये मानव संबंध, मानव चेतना की मूलभूत नींवें हैं, जिनके आधार पर कला, दर्शन, धर्म, तथा साहित्य की सृष्टि होती है। इन्हीं मानव संबंधों की अवस्था विशेष के अनुसार मानव की विश्वदृष्टि भी बनती है।

–मुक्तिबोध

रचना-प्रक्रिया और अर्थ-प्रक्रिया
पूर्वपीठिका

रचना-प्रक्रिया और अर्थ-प्रक्रिया पूर्वपीठिका

रचना-प्रक्रिया एक स्वयं-व्याख्येय शब्द-युग्म है– रचना की प्रक्रिया। जितनी सरल और बोधगम्य इस शब्द-युग्म की व्याख्या है उतना ही जटिल है इसका संधान।

कोई भी कला-रचना अपनी पूर्णत्व-प्राप्ति के बाद अपने सीमित या व्यापक वर्ग के पास पहुंचती है। प्रमाता, सामाजिक, श्रोता, पाठक, दर्शक या समीक्षक, यदि उपलब्ध समीक्षा शब्दावली का इस्तेमाल करें तो, उस रचना का आस्वाद या भोग करता है, उससे तादात्म्यीकृत या साधारणीकृत होता है। उस तक पहुंचता या उससे गुज़रता है। तर या तम मात्रा में आत्मसात करके उससे आकर्षित या विकर्षित होता है। उसे अपनाता या ठुकराता या जांचता-परखता है। न्यून या अधिक उसकी समीक्षा करता है। सामान्यत: समीक्षा-कर्म में ज्यों ही उसकी रुचि रचना में और गहरे जाने की होती है, उसके मन में अन्य अनेक प्रश्नों के साथ एक प्रश्न अवश्य उभरता होगा कि यह रचना अस्तित्व में कैसे आई ? सहज उद्भूत यह प्रश्न ही रचना-प्रक्रिया के संधान का प्रस्थान-सूत्र है।

रचना-धर्म के साथ ही रचना-प्रक्रिया का सवाल जुड़ा हुआ है और किसी न किसी रूप में आदिकाल से ही इस पर चिंतन भी हो रहा है, लेकिन बीसवीं सदी के उत्तरार्द्ध से यह आधुनिक सौंदर्यशास्त्र और मनोविश्लेषणवादी समीक्षा का एक प्रमुख शीर्षक है। रचना की संवेदनात्मक अथवा ज्ञानात्मक समीक्षा के लिए रचना-प्रक्रिया का संधान एक महत्वपूर्ण एवं अनिवार्य अपेक्षा बन गया है।

रचना-प्रक्रिया का संधान उन तत्वों की खोज है जिनके उत्प्रेरण से रचना अपना रूपाकार ग्रहण करती है। यह तलाश उन बुनियादी जीवन-गतियों, सामाजिक अवस्थाओं एवं मूर्त-अमूर्त सरोकारों की तलाश है जिनसे रचना को एक निश्चित दिशा मिल पाती है। ज़ाहिर है यह तलाश आसान नहीं। डा० ओम अवस्थी लिखते हैं–"रचना-प्रक्रिया बहुत दुर्व्याख्येय विषय है।

विज्ञान के सभी दावों के बावजूद जब अभी तक शारीरिक प्रजनन की प्रत्येक समस्या को पूरी तरह सुलझा कर उसके परिणामों को इच्छानुकूल नहीं बनाया जा सका है तब कलात्मक रचना-प्रक्रिया जैसी संजटिल तथा असंलक्ष्य क्रिया के विषय में निर्णायक स्वर से कुछ भी निरूपित करना सचमुच कठिन है।"[1]

जिस तरह विश्व के विभिन्न समाजों में जितने मनुष्य हैं उन सबमें विभिन्नताएं हैं, एक सामाजिक इकाई दूसरी सामाजिक इकाई से हूबहू समान नहीं है, इसी तरह प्रत्येक कलाकृति या साहित्यिक रचना एक स्वतंत्र इकाई है जो दूसरी रचना या कृति के समान कदापि नहीं हो सकती। ऐसे कृतिवादी आलोचकों की कमी नहीं रही है जो रचना को नितांत वैयक्तिक प्रयास का परिणाम मानते हुए हर रचना की रचना-प्रक्रिया में असमानताएं ढूंढ़ने पर बल देते रहे हैं, जो हर रचना को स्वतंत्र और स्वायत्त इकाई मान कर चलते रहे हैं। इस धारणा के अनुसार तो रचना-प्रक्रियाओं की संख्या भी उतनी ही मानी जानी चाहिए जितनी की कृतियों अथवा रचनाओं की संख्या है।

उपरोक्त बात में बल है लेकिन जिस प्रकार किसी एक युग या किसी एक समाज में मनुष्यों के सर्वसामान्य तत्व हो सकते हैं, उसी प्रकार किसी एक युग या आंदोलन के साहित्य की रचना-प्रक्रिया के सर्वसामान्य मूल स्वभाव-संस्कार भी एक हो सकते हैं। कुछ तो सामान्य सामाजिक दायित्व और व्यक्ति-सरोकार और कलात्मक आग्रह होते ही हैं जो किसी युग की रचनाधर्मिता को एक निश्चित दिशा प्रदान करते हैं। रचना-प्रक्रिया का स्वरूप क्या है और विभिन्न चिंतकों ने उसका विश्लेषण किस प्रकार किया है, यहां हम थोड़े विस्तार से विवेचन करेंगे।

रचना-प्रक्रिया : ऐतिहासिक परिप्रेक्ष्य

ज्ञान और विज्ञान के हर क्षेत्र के प्रारंभिक चिंतकों ने 'दैवी उत्पति के सिद्धांत' दिए हैं। मामला भाषा का हो, राज्य का या काव्य का, उसे एक ईश्वरीय प्रतिकृति माना गया है। पाश्चात्य प्राचीन चिंतकों ने माना कि कविता की प्रक्रिया काव्य-देवियों के उत्प्रेरण से होती है। हमारे यहां भी सर्जक की सृजन-प्रतिभा को दैवी आशीर्वाद माना गया। यह भी माना गया कि रचनाकार अन्य सामाजिक प्राणियों की तुलना में कुछ अलग तरह का अर्द्धविक्षिप्तनुमा व्यक्ति होता है जिसका इस सांसारिक जीवन से कुछ अलग तरह का नाता है।

1. डा० ओम अवस्थी : रचना प्रक्रिया, पृ. 13

वैदिक युग में दैवी प्रेरणा की मान्यता पर गंभीर विमर्श हुआ। काव्योत्पत्ति के कारकों में दैवी तत्वों की प्रमुखता के बावजूद विषय-चर्चा कुछ इस ढंग से की गई है कि वह अंधश्रद्धा का परिणाम नहीं लगती क्योंकि उसमें जीवन-जगत और यथार्थ का सरोकार समुपस्थित है। ऋग्वेदकार जहां काव्य (सूक्त) को दिव्य प्रेरणाजन्य कहता है वहीं हृदय से शोधित किया हुआ और मन से पावन किया हुआ भी मानता है–

'हृदा तष्टेषु मनसो जवेषु।'[1]

वाणी की काव्याभिव्यक्ति ऋग्वेदकार के अनुसार पहले स्रष्टा की आत्मा में विद्यमान रहती है, जो उसे मन में स्थानांतरित करता है। मन द्वारा परिष्कृत और सुसंस्कृत होकर वह वाणी प्रकाशित होती हुई कवि द्वारा ऋत (सत्य) स्थान को प्राप्त होती है–

पतंगो वाचं मनसा विभर्ति तां गन्धर्वोऽवद्द गर्मेऽन्तः।
तां द्योतमानां स्वर्यां मनीषां ऋतस्य पदे कवयो निपान्ति ।।[2]

मनुष्य के मन से यह वाणी अग्नि के रूप में जन्म लेती है।

त्वदग्ने काव्या त्वन्मनीषां स्त्वदुवथा जायन्ते राध्यानि।
त्वदेति द्रविणं वीरपेशा इत्थाधियें दाशुषे मर्त्याय ।।[3]

उपरोक्त श्लोक की व्याख्या करते हुए राधावल्लभ त्रिपाठी लिखते हैं– "अग्नि का एक स्थूल दृश्यमान रूप है, दूसरा सूक्ष्म रूप भी है। काव्य की रचना-प्रक्रिया में बाहर के दृश्यमान स्थूल पदार्थ भीतर निहित कवि की मेधा को उद्‌बुद्ध करते हैं। वह मेधा वाणी के रूप में प्रकट होकर उन्हीं पदार्थों की पुनर्रचना करती है।"[4]

वेद में जिसे मेधा कहा गया है आगे के विद्वानों ने उसे प्रतिभा कहा। मनुष्य की नवनवोन्मेषशालिनी शक्ति को प्रतिभा कहा गया। यह नवोन्मेष क्या है? "'पूर्व' अनुभव के आधार पर 'अपूर्व' का सर्जन करना नवोन्मेष है। कला के क्षेत्र में इस प्रतिभा के द्वारा 'सुन्दर' वस्तु का आविष्कार किया जाता है। 'नवीनता' सौंदर्यानुभूति का एक तत्व है, अतएव सौंदर्यानुसंधायिनी प्रतिभा का एक लक्षण 'नवोन्मेषशीलता' है।"[5]

---

1. ऋगवेद, 10.71.8
2. ऋगवेद, 10.117.2
3. ऋगवेद, 4.11.3
4. राधावल्लभ त्रिपाठी : काव्यशास्त्र और काव्य, पृ. 22
5. हिन्दी साहित्य कोश,भाग-1, द्वितीय संस्करण, पृ. 33

प्रतिभा पूर्व-अनुभव का उपयोग करके सौंदर्य का आविष्कार करती है। सौंदर्य की नवीनता 'क्षणे-क्षणे यन्नवतामुपैति' रखने वाली अर्थात क्षण--क्षण परिर्वतनशील होनी चाहिए। "यह उसी समय संभव है जब सुन्दर वस्तु जीवन के क्षणिक परिमित और परिचित अंश को व्यक्त न करके इसकी सनातन वेदना और गति का, इसकी अनन्त और परिमित शक्तियों का तथा अपरिचित और अज्ञेय, किन्तु ज्ञान और भावना के प्रबल केन्द्र का प्रतीकों द्वारा उद्घाटन करे।"[1] कहना न होगा कि भारतीय काव्यशास्त्र में रचना-प्रक्रिया का विवेचन प्रतिभा नामक तत्व के अंतर्गत विस्तार से हुआ। 'काव्यादर्श' में दंडी ने लिखा कि-- "नैसर्गिक प्रतिभा, विस्तृत निर्दोष शास्त्राध्ययन तथा अमंद अभ्यास काव्य-संपत्ति के कारण होते हैं।"[2] काव्य-हेतु, कवि-शिक्षा एवं काव्यांग शीर्षकों के अंतर्गत रचना-प्रक्रिया को समेटा गया। अभ्यास और शास्त्र-ज्ञान प्रथम श्रेणी के कारण फिर भी नहीं माने गए, मुख्य महत्व दिया प्रतिभा को ही।

क्षेमेन्द्र द्वारा रचित 'औचित्य विचार चर्चा' की कायिका 35 की व्याख्या में प्रतिभा के बारे में भट्टतौत का मत उद्धृत किया गया है– "प्रज्ञा नवनवोन्मेषशालिनी प्रतिभा मता।" ईसा की नवीं शताब्दी से लेकर सोलहवीं शताब्दी तक संस्कृत के आचार्य प्रतिभा के विषय में अपनी-अपनी व्याख्याएं देते रहे और इस प्रकार अप्रत्यक्ष रूप से रचना-प्रक्रिया का विश्लेषण करते रहे, किंतु चिंतन-प्रक्रिया भाववादी होने के कारण प्रतिभा को ही काव्य का सहज और प्रधान कारण माना। रुद्रट और राजशेखर ने प्रतिभा के दो भेद करके उसे सामाजिकता प्रदान करने का प्रयास किया। रुद्रट ने 'सहजा' और 'उत्पाद्या' दो भेद किए। 'सहजा' वह जो स्वाभाविक होती है और 'उत्पाद्या' जो बाह्य जगत के साधनों द्वारा उत्पन्न की जा सके। इन्हीं दो भेदों को राजशेखर ने दो अलग नाम दिए– 'कारयित्री' और 'भावयित्री'। राजेशखर ने कवि में व्युत्पत्ति अर्थात बहुज्ञ होने पर बल दिया। राजशेखर के अनुसार "उचित अनुचित का विवेक व्युत्पत्ति है।"[3] प्राय: सभी आचार्यों ने व्युत्पत्ति को प्रतिभा संस्कारक तत्व माना है। सच भी है, बिना ज्ञानाधार के कोरी प्रतिभा काव्य-सृजन नहीं कर सकती।

'ध्वन्यालोक' में आचार्य आनंदवर्द्धन कहते हैं कि अव्युत्पत्ति के कारण होने वाला दोष कवि की शक्ति के बल से छिप जाता है, परंतु जो दोष कवि की शक्ति से उत्पन्न होता है, उसका आभास तुरंत हो जाता है। कोरा कवि कौशल काफ़ी नहीं है।

---

1. हिन्दी साहित्य कोश, भाग-1, द्वितीय संस्करण, पृ. 33
2. दण्डी : काव्यादर्श, एक / 103
3. राजशेखर : काव्यमीमांसा, अध्याय-4

अव्युत्पत्तिकृतो दोषः शक्तया संव्रियते कवेः।
यस्त्वशक्ति कृतस्तस्य स झटित्यवभासते।।[1]

संस्कृत काव्यशास्त्र में रचना-प्रक्रिया के तत्वों पर तो चर्चा हुई लेकिन प्रक्रिया पक्ष पर विस्तृत विवेचन नहीं हुआ। जो उपादान गिनाए गए उन्हें तत्व कहना यों भी उचित नहीं है। वस्तुतः रचना की प्रेरक शक्तियों को ही विद्वानों ने विभिन्न प्रकार से दोहराया। राजशेखर कवित्व की आठ माताओं के रूप में स्वास्थ्य, प्रतिभा, अभ्यास, शक्ति, विद्वत्कथा, बहुश्रुतता, स्मृति-दृढ़ता और उत्साह आदि को गिनाते हैं-

स्वास्थ्यं प्रतिभाभ्यासो शक्तिर्विद्वत्कथा बहुश्रुतता।
स्मृतिदार्दूर्यमनिर्पेदश्च मातारोऽष्टो कवित्वस्य।।[2]

भारतीय काव्यशास्त्र में रचना-प्रक्रियापरक एकाग्र और एक ही स्थान पर घनीभूत विचार भले ही न हुआ हो लेकिन अनेक प्रसंगों में अलग-अलग विश्लेषण अवश्य हुआ है। विभिन्न काव्य संप्रदायों के आचार्यों ने अपने द्वारा स्थापित काव्य-तत्व की प्रतिष्ठा और महत्ता प्रतिपादित करने में उसका जो सर्वांगीण विवेचन किया और भेद-उपभेद गिनाए, इस प्रक्रिया में काव्य रचना-प्रक्रिया पर भी अपरोक्ष चिंतन हुआ। मुख्य रूप से रसवादी आचार्यों ने स्थायी भाव, विभावानुभाव और संचारी भाव, उनके संयोग और उनसे निष्पन्न रस की प्रक्रिया पर लंबी-लंबी बहसें चलाई हैं।

ध्वनिवादी आचार्यों ने ध्वनि के जो भेद-उपभेद गिनाए हैं उनमें भी प्रकारांतर से सृजन पर विचार हुआ है। जिन बिंदुओं पर पाश्चात्य आलोचकों ने लंबे-लंबे निबंध लिखे हैं उन्हें ध्वनिवादी आचार्यों ने और विशेष रूप से अभिनवगुप्त ने दो-चार पंक्तियों के भाष्य में प्रस्तुत कर दिया है। डा० भागीरथ मिश्र लिखते हैं- "उन्होंने भारतीय काव्यशास्त्र के इतिहास में पहली बार स्रष्टागत प्रतिभा अर्थात सृजन-शक्ति, सृजन की अन्तःप्रक्रिया एवं बाह्य प्रक्रिया, कृति के अवबोध और सृजन-विषयक दोष-गुण आदि सभी महत्वपूर्ण विषयों की विस्तृत विवेचना की, और साथ ही व्यावहारिक भूमि पर अपनी स्थापनाओं की, प्राचीन एवं नवीन सृजन के परिप्रेक्ष्य में, जांच की।"[3]

'अतीत में सब कुछ उपलब्ध था'- शैली की यह मोहाविष्ट धारणा है। यों ढूंढ़ने पर सब कुछ अतीत में मिल जाता है और हम अपनी सुविधा

---

1. आनन्दवर्द्धन : ध्वन्यालोक, उद्धृत- 'रचना प्रक्रिया', पृ. 15
2. राजशेखर : काव्य मीमांसा, उद्धृत- 'रचना प्रक्रिया', पृ.15
3. डा० भागीरथ मिश्र : अभिनव साहित्य चिंतन, पृ. 19-20

के अनुसार उनकी व्याख्याएं गढ़ लेते हैं, किंतु सच्चाई यह है कि संस्कृत काव्यशास्त्र में कविता के संपूर्ण रचना-व्यापार को समेटने का सर्वांगीण प्रयास नहीं हुआ क्योंकि प्राचीन आचार्यों की दृष्टि कवि के मनोलोक की द्वंद्व प्रक्रियाओं पर थी ही नहीं। डा॰ ओम अवस्थी संस्कृत काव्यशास्त्र में रचना की प्रक्रिया के सैद्धांतिक पक्ष को लेकर तीन प्रकार की प्रतिक्रियाएं प्रस्तुत करते हैं- "एक में यह मोहातिरेक है कि काव्यशास्त्र सर्वांगपूर्ण होने के कारण पश्चिम से भी अधिक जानकारी प्रदान करता है, दूसरी में यह प्राक्कल्पना काम करती है कि सिसृक्षण काव्यशास्त्र का, पश्चिम की तरह, सीधा विवेच्य विषय नहीं है, और तीसरी अवमूल्यनवादी है जिसके जिज्ञासाभाव से इस शास्त्र के पास जाने की कल्पना भी असत्य है, लेकिन इतना बोध अवश्य है कि इसने रचना की किसी सैद्धान्तिकी को प्रस्तुत किया है। इनमें से तीसरी प्रतिक्रिया यहां इतनी विचारणीय नहीं है क्योंकि उसका संबंध वैचारिक मान्यता के साथ है जिसकी किसी को भी छूट हो सकती है। पहली और दूसरी में तनिक अतिवादिता है।"[1]

पाश्चात्य समीक्षा प्राय: रचनाकार-केंद्रित रही है। सामाजिकों की दृष्टि से भी उसने रचना को तरह-तरह से पड़ताला है। इस कारण रचना-प्रक्रिया संबंधी केंद्रीय विवेचन की पहल वहीं मिलती है। हमारे प्राचीन काव्यशास्त्रियों ने सामाजिक को अथवा प्रमाता वर्ग को कभी केंद्र में नहीं रखा। सिर्फ़ रसवादी भट्टनायक और ध्वनिवादी अभिनवगुप्त हैं जिन्होंने सामाजिक को लक्ष्य बनाकर रस के क्षेत्र में साधारणीकरण के सिद्धांत को जन्म दिया। यदि हमारी शास्त्रीय धारणाओं का धर्म यही रहा होता तो निश्चय ही भारतीय काव्यशास्त्र रचना-प्रक्रिया पर महत्वपूर्ण कार्य कर चुका होता। ऐतिहासिक विकासक्रम में हम रचना व्यापार के संदर्भ में अपने प्राचीन आचार्यों के मतों का उल्लेख अवश्य कर सकते हैं, किंतु सच्चाई यही है कि रचनाकार की दृष्टि से सृजन-प्रक्रिया पर विचार काव्यशास्त्र में न के बराबर हुआ है।

औद्योगिक क्रांति आने पर यानि आधुनिक युग में रचना-प्रक्रिया के दैवी सिद्धांतों से मुक्ति मिली। 18वीं शताब्दी से रचना-प्रक्रिया को सर्जक और सर्जन के संदर्भ में देखा जाने लगा। ऐतिहासिक विकासक्रम में आधुनिक मनोविज्ञान और कुछ वैज्ञानिक सिद्धांतों ने रचना-प्रक्रिया के सोच को नई दिशा दी। भाषाविज्ञान के विकास ने शब्दों की व्युत्पत्ति की खोज का एवं भाषा-परिवारों के अन्वेषण का सिलसिला चलाया, उससे भी काव्य रचना-प्रक्रिया समझने में मदद मिली। अतार्किकता का अंत करने वाले पहले सिद्धांतों में सहजानुभूति का सिद्धांत आया। इसके अनुसार सर्जक एक अति विशिष्ट प्राणी होता है।

---

1. डा॰ ओम अवस्थी : रचना प्रक्रिया, पृ. 51-52

वह उन घटनाओं, वस्तुओं, स्थितियों का सीधा और स्पष्ट अनुभव बहुत जल्दी कर लेता है, जिन्हें समझने और अनुभूत करने में सामान्य मनुष्य को न केवल देर लगती है बल्कि बहुत कठिनाई होती है। उसके पास तीव्र सहजानुभूति की अद्‌भुत शक्ति होती है। इस कारण तर्क की भाषा में सौंदर्योत्पादन की प्रक्रिया को प्रायः नहीं समझाया जा सकता। असाधारण व्यक्तियों से जुड़ी होने के कारण रचना-प्रक्रिया का विवेचन भी असाधारण हो जाता है।

क्रोचे ने सौंदर्यात्मक उत्पादन की समग्र प्रक्रिया को चार अवस्थाओं में दर्शाया है। ये अवस्थाएं हैं-- "प्रभाव (इंप्रैशंज़), (2) अभिव्यंजना (ऐक्प्रेशन) या आध्यात्मिक सौंदर्यपरक संश्लेषण (स्प्रिचुअल ऐस्थेटिक सिंथेसिस), (3) सुखात्मक संगति (हेडोनिस्टिक ऐकम्पनिमेंट) या सौंदर्यानंद (ऐस्थेटिक प्लैज़र), (4) सौंदर्यात्मक तथ्य का भौतिक दृश्यप्रपंच में रूपांतरण (ट्रांस्लेशन ऑफ़ दि ऐस्थेटिक फ़ैक्ट इनटु फ़िज़िकल फ़ेनामिना) अर्थात ध्वनियों, स्वरकों (टोन्ज़), हरकतों तथा रंग-रेखाओं के संयोजनों में बदलना।"[1]

रचना-कर्म के विषय में क्रोचे यहां तक मानते हैं कि रचनारत कलाकार विश्वास-अविश्वास से परे होता है। वह केवल एक सर्जक होता है। अवधारणात्मक ज्ञान वर्गों, जातियों आदि से उसका रचना-कर्म कोई वास्ता नहीं रखता। सौंदर्यबोध के मूल में अभिव्यंजना रहती है, क्योंकि सौंदर्य-तत्व स्वयं में ही अभिव्यंजना है। सुखात्मक संगति या सौंदर्यानंद स्वयंप्रकाश्य ज्ञान का चरम रूप है। रचना-धर्म की यह सर्वोत्कृष्ट उपलब्धि का लक्षण है। चौथी अवस्था में वह स्वयंप्रकाश्य ज्ञान द्वारा उत्पन्न सौंदर्यात्मक तथ्यों को भौतिक दृश्य प्रपंच में रूपांतरित करता है, अर्थात शब्दों, ध्वनियों, रंग-रेखाओं में संयोजित कर कलाकृति का आविर्भाव करता है। कलाकृति अपना भौतिक रूप धारण करने के बावजूद क्रोचे को भौतिक रूप में स्वीकार नहीं है। कला का भौतिकीकरण संभव है, यह क्रोचे मानते ही नहीं थे।

18वीं शताब्दी के पुनर्जागरण काल के बाद यूरोप में सहजानुभूतिमूलक उपरोक्त अवधारणाओं के इर्द-गिर्द ही सोचा-समझा गया। प्रायः सभी समीक्षकों ने साहित्य को सहजानुभूति के समानान्तर देखा। प्रसिद्ध दार्शनिक कांट ने अपनी 'क्रिटिक ऑफ़ जजमैंट' नामक पुस्तक में सृजन को अद्वितीय प्रतिभा शक्ति से जोड़ा। रचना-प्रक्रिया के विषय में उन्होंने कहा कि यह "एक प्राकृतिक प्रक्रिया है जो अपने नियम स्वयं बनाती है, जो असम्भाव्य होते हैं, इसीलिए रचना-कर्म की शिक्षा नहीं दी जा सकती।"[2]

---

1. वी० क्रोचे : ऐस्थेटिक, पृ. 96, (उद्धृत) डा० ओम अवस्थी, 'रचना प्रक्रिया', पृ. 62
2. कांट : उद्धृत, जार्ज नेलर : 'द आर्ट एंड साइंस ऑफ़ क्रिएटिविटी' (अंग्रेज़ी), पृ.19

'ब्यूटी एंड अदर फ़ार्म्ज़ ऑफ़ वैल्यू' नामक पुस्तक में अलेक्ज़ैंडर ने भी क्रोचे के समान सृजन व्यापार की चार अवस्थाएं बताई हैं, लेकिन उनकी दृष्टि अपेक्षाकृत अधिक यथार्थपरक है। उनके अनुसार सृजन की पहली अवस्था है कलाकार में बाह्य जगत के विषयों के सन्निकर्ष से उत्पन्न उत्कट उत्तेजना। दूसरी अवस्था में कलाकार स्वयं को तमाम व्यावहारिक लगावों से खींच लेता है। तीसरी अवस्था में वह अपने 'जाने हुए' को 'कर्म रूप' में रूपांतरित करना चाहता है, इसलिए आदान सामग्री अर्थात शब्दों, प्रस्तरों और रंग-द्रव्यों का उपयोग करता है। जहां क्रोचे अभिव्यक्ति के इन भौतिक साधनों को अधिक महत्व नहीं देते वहां अलेक्ज़ैंडर रचना की उपादान सामग्री को अत्यधिक महत्व देते हैं। उन्होंने लिखा है– "कविता में शब्दों की ध्वनि, लय और छंदविधान काव्य-कर्म के अविच्छिन्न अंग होते हैं और किसी भी अन्य तत्व की अपेक्षा इनका महत्व शायद प्राथमिक होता है।"[1]

फ्रायड ने अपने मनोविश्लेषण सिद्धांत के माध्यम से रचना-प्रक्रिया को समझने के लिए कुछ अवधारणाएं दीं जिनके अनुसार सृजन कर्म अचेतन की अंधी गलियों में उत्पन्न हुए संघर्ष के कारण होता है। अन्य मनोविश्लेषणशास्त्रियों एवं नवफ्रायडवादियों ने भी सृजन कर्म को कहीं अवचेतन की स्वप्न-प्रक्रिया के समानांतर बताया तो कहीं पूर्व-चेतन का उत्पाद्य बताया।

पुनर्जागरण काल के बाद सृजन-प्रक्रिया के उपरोक्त प्रयासों पर सुधीश पचौरी टिप्पणी करते हैं– "ये परिभाषाएं जहां एक ओर सृजन कर्म की लौकिकता और अद्वितीयता पर ज़ोर देती हैं वहीं वे सृजन कर्म के मूलभूत कारकों को स्पष्ट नहीं कर पातीं और न ही वे समाज के ऐतिहासिक विकास के संदर्भ को सर्जक के लिए निर्णायक मानती हैं। यही नहीं, उनमें रचना-प्रक्रिया के नियामक तत्वों का विश्लेषण नहीं है। इसीलिए उक्त परिभाषाओं में से किसी भी युग की बहुविध एवं बहुस्तरीय रचना-प्रक्रिया का वैज्ञानिक कारण नहीं खोजा जा सकता, उदाहरण के लिए एक ही युग में दो विरोधी प्रवृत्तियों का सृजन कर्म क्यों घटित होता है इसका कोई वैज्ञानिक उत्तर उक्त धारणाएं नहीं दे सकतीं। यही नहीं, सृजन कर्म की सामाजिक सार्थकता का नियामक तत्व क्या है? इस प्रश्न का भी उचित उत्तर उक्त धारणाएं नहीं देतीं।"[2]

रचना-प्रक्रिया को वैज्ञानिक ऐतिहासिक विकासक्रम में परखने और उसे एक सामाजिक-सांस्कृतिक प्रक्रिया के रूप में देखने का कार्य आगे चल कर

---

1. अलेक्ज़ैंडर : 'ब्यूटी एंड अदर फ़ार्म्ज़ ऑफ़ वैल्यू' (अंग्रेज़ी), पृ. 72
2. सुधीश पचौरी : नई कविता की रचना प्रक्रिया और अर्थ प्रक्रिया, (अप्रकाशित शोध ग्रंथ), पृ. 6

प्रगतिशील साहित्यालोचकों ने किया। कविता की रचना-प्रक्रिया के स्वरूप एवं विश्लेषण पर मनोवैज्ञानिक, सौंदर्यशास्त्रीय और सामाजिक चिंतन का प्रभाव पड़ा।

काव्य रचना-प्रक्रिया के विभिन्न चरण

सृजन कर्म के बाद उसकी रचना-प्रक्रिया के स्वरूप और विश्लेषण की आवश्यकता क्यों होती है ? इसीलिए क्योंकि इस अध्ययन से रचनाकार, पाठक और आलोचक तीनों लाभान्वित होते हैं। काव्य रचना-प्रक्रिया के अध्ययन से रचनाकार के अंतर्मुखी विचारधारात्मक भावन का ज्ञान होता है तो दूसरी ओर उस भावन का रचना में रूपांतरण हो जाना एक प्रक्रियात्मक वैशिष्ट्य होता है। रचना के गुण-दोष रचना-प्रक्रिया के अध्ययन से तुरंत सामने आ जाते हैं। यों रचना-प्रक्रिया को संपूर्णता में समझना सरल नहीं है या कहें असंभव है, दुर्व्याख्येय है, फिर भी उसे समझने के गंभीर प्रयास हमें रचनामूल के समीप तो ले ही जा सकते हैं। व्यक्तिवैभिन्य के कारण रचना-प्रक्रियाएं अलग-अलग होती हैं फिर भी उनका एक आधारभूत सर्वसामान्य स्वरूप होता है। उनका अध्ययन साहित्य क्षेत्र की अनेकानेक जिज्ञासाओं का शमन कर सकता है।

उत्तरकालीन सभी आलोचकों ने काव्य रचना-प्रक्रिया का स्वरूप विश्लेषण उसे अवस्थाओं, चरणों अथवा सोपानों में बांट कर किया है। क्रोचे और अलेक्ज़ेंडर ने भी रचना-प्रक्रिया की अवस्थाएं गिनाई थीं; लेकिन उनका अवस्था विभाजन विषयीगत अधिक था। बाद के मनोविश्लेषकों और समीक्षकों ने उसे अधिक स्पष्ट रूप प्रदान किया। मनोवैज्ञानिकों ने काव्य रचना-प्रक्रिया के प्रायः चार चरण माने हैं– (1) प्रयत्न, (2) अंतर्विकास (3) प्रकाशन, (4) प्रभावन।

रचना-प्रक्रिया एक सतत प्रवाह है जिसमें आद्योपांत किसी चरण या पड़ाव पर रुकना नहीं होता, इसलिए कुछ आलोचक रचना-प्रक्रिया के अध्ययन को चरणों में विभक्त करने की पद्धति के विरुद्ध हैं। यह बात सही है कि रचना-प्रक्रिया बिना रुके अप्रतिहत ढंग से निर्बाध चलती है, लेकिन इसमें संदेह नहीं कि उसे चरणों में विभक्त करने से अध्ययन में काफ़ी सुविधा हो जाती है। विभिन्न मनोविश्लेषकों के विचारों का संक्षेप में समाहार करें तो काव्य रचना-प्रक्रिया के चरणों को निम्न प्रकार समझा जा सकता है।

रचना-प्रक्रिया के प्रथम चरण में सर्जक का साक्षात्कार किसी विचार या अनुभव से होता है, और वह अनुभव अथवा विचार की तीव्रता से

परिक्रांत हो जाता है। इस प्रकार पहला चरण है सर्जक का किसी विचार अथवा अनुभव से आत्मसाक्षात्कार होना। यह अति प्रारंभिक चरण है। ज़रूरी नहीं है कि इस समय सर्जक को कोई स्पष्ट प्रेरणा प्राप्त हो। ग्रामॉव मानते हैं कि "सर्जन व्यापार का आरंभ प्रेरणा-पूर्व अवस्था से होता है जिसे प्रेरणा की पृष्ठभूमि अथवा सांवेगिक एवं विवेकसम्मत संज्ञान की अवस्था कहा जा सकता है। इसमें एक ओर कलाकार की प्राकृतिक क्षमता जिसे प्रशिक्षा द्वारा अर्जित नहीं किया जा सकता, और दूसरी ओर प्रशिक्षा एवं अभ्यास द्वारा विकसित गुणों का योग रहता है। ऐंद्रिक ज्ञान की प्रमुखता के कारण रचना के इस चरण पर कलाकार बिखरी हुई तीव्रानुभूति से घिर जाता है।"[1]

इस प्राथमिक चरण का दूसरा स्तर होता है स्वयं को और अधिक अनुभव-समृद्ध बनाने के लिए प्रयत्न करना। प्रयत्न अथवा प्रेरणा को ग्रामॉव दूसरा चरण मानते हैं लेकिन जार्ज नेलर उसे पहले चरण का ही उत्तरार्द्ध कहते हैं। इसमें रचनाकार बीज रूप में कौंधने वाले अनुभव-विचार-खंडों की अग्रिम संभावनाओं की खोज करता है।

आत्मदृष्टि के सन्मुख अनुभव विचार-तत्व की कौंध उसे एक दिशा भी प्रदान करती है कि जिस दिशा में उसे अपने अनुभव संसार का विस्तार करना होता है। इसी चरण में वह अपनी माध्यम भाषा का चुनाव भी कर लेता है।

रचना-प्रक्रिया का दूसरा चरण अंतर्विकास का है, यह कितना ही छोटा या कितना ही बड़ा हो सकता है। जार्ज नेलर का मत है कि "इस दौरान रचनाकार का अचेतन सक्रिय हो उठता है, जिसमें रचनाकार के विचार भूमिगत हो जाते हैं और यहां साहित्यिक बुद्धिमत्ता से नितांत रहित मुक्त अचेतन, शक्ति सृजन के उन असंभावित पक्षों की कल्पना करती है जो अब तक अनदेखे रह गए हैं।"[2]

अंतर्विकास के इस दूसरे चरण को ग्रामॉव प्रेरणा काल मानते हैं। अचेतन की सक्रियता के स्थान पर वे कहते हैं कि "इस चरण में कलाकार की मानसिक और भौतिक शक्तियां अधिकतम तनावमयी होती हैं और वह संकल्प-निरपेक्ष होकर कार्यरत रहता है। इन सुखद क्षणों में वह स्वयं को बाह्य जगत से लगभग पूरी तरह काट लेता है और अपने काम पर संकेंद्रण करता है।"[3]

रचना-प्रक्रिया का तीसरा चरण प्रकाशन का है। क्योंकि रचनाकार बहुत अधिक समय तक प्रयोजनविहीनता की स्थिति में नहीं रह सकता इसलिए वह

---

1. ई० एस० ग्रामॉव : दि नेचर ऑफ़ आर्टिस्टिक टैलेंट, मार्क्सिस्ट लेनिनिस्ट, पृ. 208
2. जार्ज एफ० नेलर : दि आर्ट एंड साइंस ऑफ़ क्रिएटिविटी (अंग्रेज़ी), पृ. 51
3. ई० एस० ग्रामॉव : दि नेचर ऑफ़ आर्टिस्टिक टैलेंट, मार्क्सिस्ट लेनिनिस्ट, पृ. 205

रचना-प्रक्रिया के चरम-बिंदु की ओर बढ़ता है। यहां उसे अपनी आरंभिक मौलिक आत्मदृष्टि का निदान मिल जाता है और उसके विचार भी सुव्यवस्थित हो चुकते हैं। प्रारंभ की अस्पष्ट-सी प्रेरणा यहां आकर चरम विकास प्राप्त करती है। ग्रामॉव प्रकाशन के इस तीसरे चरण को योजना का उद्‌गमन और कार्यान्वयन का चरण मानते हैं। स्वयंप्रकाश्य ज्ञान अब कवि के उद्देश्यों द्वारा योजनाबद्ध होकर उसके संकल्पों और आत्मानुशासनों से निर्देशित होकर कला कर्म की इति तक पहुंचते हैं।

अब आता है अंतिम चरण– प्रभावन। यहां रचनाकार अपनी सद्योजात कृति में संशोधन-परिवर्धन करता है, उसमें ज़रूरी काट-छांट करता है।

मनोविश्लेषकों ने भले ही रचना-प्रक्रिया को विषयीगत मानकर विचारा हो लेकिन इतना तो किया ही कि उसे दैवी और अतिमानवीय सिद्धांतों के परकोटे से बाहर निकाल लिया। कुछ यथार्थवादी मनोविश्लेषणशास्त्रियों ने रचना-प्रक्रिया के स्वरूप का बेहतर विश्लेषण किया। समाजवादी देशों के मनोवैज्ञानिकों, भाषावैज्ञानिकों और दर्शनशास्त्रियों ने इस क्षेत्र में सर्वाधिक कार्य किया। पावलोव ने संज्ञान प्रक्रिया के कुछ वैज्ञानिक आधार निश्चित किए।[1] कुछ विद्वानों ने सहजानुभूति के स्थान पर ज्ञान का प्रतिबिंबवादी सिद्धांत विकसित किया, और इस तरह रचना-प्रक्रिया संबंधी चली आती हुई चमत्कारपूर्ण अवधारणाओं को तोड़ा। कविता और उसकी प्रक्रिया को मानव श्रम से जोड़ा। गोर्की ने सीधे सरल शब्दों में बताया– "मेरे लिए मानव से परे विचारों का कोई अस्तित्व नहीं है। मेरे नज़दीक मानव तथा एकमात्र मानव ही सभी वस्तुओं और सभी विचारों का निर्माता है। चमत्कार वही करता है और वही प्रकृति की सभी शक्तियों का भावी स्वामी है। हमारे इस संसार में जो कुछ अति सुंदर है उसका निर्माण मानव श्रम, और उसके कुशल हाथों ने किया है। हमारे सभी भाव और विचार श्रम की प्रक्रिया में उत्पन्न होते हैं। और यह ऐसी बात है, जिसकी कला, विज्ञान तथा प्रविधि का इतिहास पुष्टि करता है।"[2]

मयाकोव्स्की द्वारा स्वरूप विश्लेषण

कविता की रचना शुरू करने की आवश्यक बातें क्या हैं, इसके जवाब में प्रसिद्ध रूसी कवि व्लादीमिर मयाकोव्स्की ने पांच बातें बताई हैं--

---

1. देखिए– सैलेक्टेड वर्क्स (अंग्रेज़ी), ई॰ पी॰ पावलोव, पृ. 19
2. गोर्की : मैंने लिखना कैसे सीखा (लेख), लेखन कला और रचना कौशल, पृ. 52

1. सामाजिक मांग

समाज में ऐसे कार्यभारों का होना, जिन्हें केवल काव्य रचनाओं से ही पूरा किया जा सकता हो अर्थात समाज रचनाकार से एक ऐसी ज़िम्मेदारी भरी अपेक्षा रखे जिसे सृजनात्मक साहित्य ही पूरा कर सके। तात्पर्य यह कि रचनाकार जो रचनाएं रच रहा है यदि उनका संबंध उसके युगीन सामाजिक यथार्थ से नहीं है तो वह बेमानी होगा। इसलिए सार्थक रचना व्यापार तब तक प्रारंभ नहीं हो सकता जब तक रचनाकार को अपने समय और समाज की आशा-आकांक्षाओं की भरपूर जानकारी न हो।

2. वर्गीय इच्छाओं का सही ज्ञान

जिस वर्ग के लिए कवि लिखता है उस वर्ग की इच्छाओं का ज्ञान उसके लिए आवश्यक है। यह ज्ञान ही उसके पूर्वनिश्चित लक्ष्य का निर्धारण करता है। यदि उसका प्रभावी पाठक-श्रोता-वर्ग जीवन में उत्साह की कमी महसूस कर रहा है तो कवि अपना लक्ष्य पूर्वनिश्चित करे कि उसे उत्साह-वर्धन करने वाली रचनाएं लिखनी हैं।

3. शब्द सामग्री

मयाकोव्स्की लिखते हैं– "आपकी खोपड़ी के भंडार या कोठार को निरंतर आवश्यक सार्थक, दुर्लभ, आविष्कृत, नवीकृत, रचित तथा हर प्रकार के कल्पित शब्दों से भरा जाना चाहिए।"[1] विस्तृत शब्द भंडार इसलिए आवश्यक है क्योंकि प्रभावी वर्ग तक कविता का उद्देश्य संप्रेषित भी होना चाहिए। उदाहरण के रूप में यदि प्रभावी वर्ग मोर्चे पर जाने वाले सिपाहियों का है तो शब्द-सामग्री के रूप में कवि को सेना की बोलचाल की शब्दावली का ज्ञान होना चाहिए।

4. उद्यम के लिए साज-सामान और उत्पादन के लिए यंत्र

जैसे "कलम, पेंसिल, टाइपराइटर, टेलिफोन, सरायों में जाने के लिए सूट, संपादकीय कार्यालय जाने के लिए साइकल, सुव्यवस्थित भोजन, वर्षा में काम करने के लिए छतरी, ऐसा रिहाइशी कमरा जिसमें काम के समय इधर से उधर टहला जा सके, समाचारपत्रों के कतरन रखने वाले विभाग से संपर्क ताकि प्रांतों को आंदोलित करने वाली समस्याओं पर सामग्री जुटाई जा सके, आदि,

---

1. व्लादीमिर मयाकोव्स्की : कविताएं कैसे बनायी जायें? (लेख), लेखन कला और रचना कौशल, पृ. 164

और पाइप, और सिगरेट भी।"[1]

5. कठोर श्रम से अर्जित शब्द संशोधन विधियां

शब्द संशोधन की अत्यंत मौलिक तकनीक और विधियां जो वर्षों के कठोर श्रम के बाद ही प्राप्त होती हैं : तुक, छंद, अनुप्रास, शैली भेद, काव्यालंकार, रस, उपांग, शीर्षक, मसविदा आदि। एक अच्छी रचना देने की अनिवार्य तैयारी के लिए उपरोक्त पांच बातें ज़रूरी हैं, या कहना चाहिए कि यह रचना-प्रक्रिया की प्रारंभिक श्रमसाध्य अवस्था है।

मयाकोव्स्की ने काव्य रचना-प्रक्रिया को मानवीय श्रम से जोड़ कर देखा है। वे कवि की नोट-बुक को बहुत महत्व देते हैं। दिन-प्रतिदिन होने वाली घटनाओं और विषय खंडों को रचनाकार अपने मस्तिष्क में घुमाता रहे और नोट-बुक में दर्ज करता रहे। उन्होंने लिखा– "लेखक की नोट-बुक की चर्चा साधारणतया तब तक नहीं की जाती जब तक वह मर नहीं जाता। वह वर्षों तक उसके बिखरे काग़ज़ों में पड़ी रहती है और केवल मरणोत्तर प्रकाशित होती है जब 'तैयार कृतियां' छप चुकती हैं। परंतु लेखक के लिए यही नोट-बुक सब कुछ होती है। नौसिखियों के पास, स्वाभावतः ऐसी कोई नोट-बुक नहीं होती। उन्हें न इसका अभ्यास है और न अनुभव। उनके यहां तैयार पंक्तियां कम ही मिलती हैं और इसलिए पूरी कृति बहुत लंबी और नीरस होती है।"[2]

रचनाकार विषय संग्रह के दौरान कुछ अन्यमनस्क-सा दिखाई देता है। दरअसल वह उसकी एकाग्रता का एक आयाम है। रचना वैचारिक और कलात्मक रूप से परिपक्व बने, उसके लिए एकाग्रता की यह अवस्था बहुत आवश्यक है। एकाग्रता से अगली अवस्था स्फुरण-प्रधान होती है। अब विषय विचार और रूपाकार संबंधी बहुत सारा कुहासा छंट जाता है और केंद्रीय कथ्य उभर कर सामने आ जाता है। वह कथ्य बिंबों के रूप में प्रकट होता है। उन बिंबों से मिलते-जुलते अन्य बिंब भी आने लगते हैं।

रचना-प्रक्रिया की अगली अवस्था है उन बिंबों का शब्दबद्ध होना। लय की दबी हुई गूंज जो कवि के मन में व्याप्त रहती है, बिंबों को शब्दबद्ध करने में मदद देती है। कवि धीरे-धीरे इस गूंज में से शब्दों को निकालने लगता है। शब्द-चयन की यह प्रक्रिया काफ़ी जटिल होती है। मयाकोव्स्की लिखते हैं– "कुछ शब्द उछलकर निकल जाते हैं और कभी लौट कर नहीं आते, दूसरे

---

1. व्लादीमिर मयाकोव्स्की : कविताएं कैसे बनायी जायें? (लेख), लेखन कला और रचना कौशल, पृ. 164
2. वही, पृ. 169

रह जाते हैं और दरजनों बार उलटे-पलटे तथा नीचे-ऊपर किये जाते हैं और अंततः आपको लगता है कि वह शब्द अपनी जगह पर बैठ गया (यही भावना जो अनुभव से परिपक्व होती है, प्रतिभा कहलाती है)। सबसे पहले मुख्य शब्द उभरता है और वही मुख्य शब्द कविता का भाव निरूपित करता है, या ऐसा शब्द जो तुकबंदी के लिए उपयुक्त होता है। मुख्य शब्द के अनुसार शेष शब्द आते और अपनी जगह बनाते हैं। जब वह चीज़ मूल रूप से तैयार हो जाती है, तो यकायक लगता है कि प्रवाह टूट गया, किसी संधि या शब्दांश की कमी है। आप फिर कांट-छांट, और पुनःव्यवस्था करने लगते हैं और यह काम आपको मानो पागल बना देता है।"[1]

शब्दों के इस आवागमन में उनके कांट-छांट की प्रक्रिया में लय की भूमिका प्रमुख रहती है। जो शब्द लय को अनुकूल नहीं पड़ते उन्हें वह श्रेष्ठ होने के बावजूद त्याग देती है। लय की मूलभूत अनुगूंज कहां से आती है इस विषय में अनभिज्ञता प्रकट करते हुए मयाकोव्स्की कहते हैं– "मेरे लिए यह मेरे भीतर किसी आवाज़, शोर और दोलन की पुनरावृत्ति है, अथवा सामान्यतया किसी भी परिघटना की, जिसे मैं एक ध्वनि के रूप में अलग करता हूं, पुनरावृत्ति है।"[2]

लय को वे कविता की मूल शक्ति और मूल ऊर्जा मानते हैं। लय की चुंबकत्व शक्ति और विद्युत ऊर्जा से कृतित्व का ढांचा ही बदल जाता है। वे इस बात पर बल देते हैं कि कवि को दूसरी कविताओं के ताल और छंदों को रटे बिना अपने अंदर लय की भावना विकसित करनी चाहिए। यद्यपि लय के उपयुक्त ध्वन्यात्मकता प्रदान करना, उसे श्रवणगुण संपन्न बनाना तथा पाठकोनुकूल बिंबावली का निर्माण करना बहुत जटिल और कठिन काम है, लेकिन यही रचना-प्रक्रिया की चुनौती है। मयाकोव्स्की ने रचना-प्रक्रिया की क्रमगत अवस्थाओं का वर्णन तो नहीं किया लेकिन उनके समीक्षा-लेखों से रचना-प्रक्रिया की क्रमबद्धता निगमित की जा सकती है।

मार्क्सवादी चिंतकों ने रचना की सार्थकता को उसके उद्देश्य में निहित माना। और इस तरह उद्देश्य का सवाल अनुभूति अथवा तथाकथित सहजानुभूति से जोड़ दिया। सोवियत समीक्षक लीज़रोव ने अपने लेख 'एण्टीसिपेटरी रिफ़्लेक्शन एण्ड आर्ट' में रचना में छिपे 'मोटिवेशन' पर टिप्पणी करते हुए लिखा है– "अभिप्रायकरण (मोटिवेशन), जैसा कि मनोविज्ञान ने सिद्ध किया है, रचनाकाल द्वारा उद्देश्य निश्चयन की क्रिया का एक अविभाज्य अंग है, जो

1. व्लादीमिर मयाकोव्स्की : कविताएं कैसे बनायी जायें? (लेख), लेखन कला और रचना कौशल, पृ. 183
2. वही, पृ. 184

कि कला समेत किसी भी क्रिया का आरंभिक बिंदु है। और उद्देश्य निश्चयन, कार्य के परिणामों का अनुमान ही वह चीज़ है जो रचनाकार द्वारा आत्मसात किए हुए यथार्थ के सीधे सामाजिक प्रतिबिंबन की जगह उसके अनुमानित प्रतिबिंबन की संक्रमण-क्रिया को निर्धारित करती है।"[1]

उक्त प्रतिबिंब सिद्धांत वस्तु को तो महत्वपूर्ण मानता ही है, अनुभव-कर्ता की स्वयं की चेतना-प्रक्रिया पर भी ज़ोर देता है। लेनिन ने कहा था– "कला में प्रतिबिंबित होने वाली वस्तु को सिर्फ़ अपने चारों ओर के वस्तुगत यथार्थ के रूप में ही नहीं देखना चाहिए बल्कि कलाकार की चेतना को यथार्थ के रूप में, उसके द्वारा नियंत्रित रूप में भी समझना चाहिए।"[2] यथार्थ को देखने-परखने का नज़रिया हर युग में अलग-अलग होता है। इस कारण यथार्थ का प्रतिबिंबन हर युग में बदलता रहता है। इस बदलाव के मूल में युग की विचारधारा सक्रिय रहती है। अतः हम कह सकते हैं कि मार्क्सवादियों के अनुसार रचना का नियामक तत्व यथार्थ न होकर 'यथार्थ का विचार' होता है। जब मार्क्सवादी किसी कवि की रचना-प्रक्रिया के अध्ययन के समय उसकी विचारधारा जानने पर बल देते हैं तो वस्तुतः वे उस कवि का यथार्थ का विचार जानना चाहते हैं।

आधुनिक मनोवैज्ञानिकों ने भी अनुभव और विचार के अनिवार्य रिश्ते को स्वीकार किया और यहां तक कहा कि कोई भी विचार अनुभवरहित नहीं हो सकता और कोई भी अनुभव विचाररहित नहीं हो सकता। किंतु विचार-धारात्मक पूर्वग्रहों के कारण अनुभव से विचार को अलग कर देने वाले सिद्धांत लाए गए, और नए-नए सिद्धांत गढ़े गए। रचना-प्रक्रिया की आधुनिक पाश्चात्य अवधारणाओं में इस बात के स्पष्ट संकेत मिलते हैं। कुछ सिद्धांतों में भाषाविज्ञान का सहारा लिया गया, कुछ में शैलीविज्ञान, रूपवाद और व्यवहारवाद का। नवयथार्थवादी प्रतीकवाद के रचना-प्रक्रिया सिद्धांत भी गढ़े गए।

हिन्दी विद्वानों की अवधारणाएं

हिन्दी में रचना-प्रक्रिया विषय पर सर्वाधिक क्रमबद्ध और सुविचारित कार्य मुक्तिबोध ने किया। उसके कारणों और परिणामों की विस्तृत चर्चा हम आगे

1. एन॰ एल॰ लीज़रोव : मार्क्सिस्ट-लेनिनिस्ट एस्थेटिक्स एंड द आर्ट्स (अंग्रेजी), 1980, पृ. 175
2. वी॰ आई॰ लेनिन : कलैक्टिड वर्क्स, जिल्द 14, पृ. 115 (लीज़रोव द्वारा अपने लेख में उद्धृत, वही, पृ. 177

करेंगे। यहां कुछ अन्य हिन्दी विद्वानों के मत प्रस्तुत हैं।

डा० नगेन्द्र ने भारतीय काव्यशास्त्र में रचना-प्रक्रियापरक अवधारणाओं का आधुनिक संदर्भों में मूल्यांकन किया। अनुभूति के विषय में उन्होंने निष्कर्ष निकाला– "कला अनुभवगम्य होने पर भी अनुभूति मात्र नहीं है और आस्वादन का विषय होने पर भी मूर्त रूप नहीं है। सामान्य विवेकसम्मत दृष्टिकोण यह है कि वह सर्जनात्मक अनुभूति सीधे शब्दों में भावप्रेरित सर्जनात्मक कल्पना की मूर्त उपादानों द्वारा अभिव्यक्ति है, जो निमित्त रूप से भावक की अनुभूति को उद्बुद्ध करती है।"[1]

कविता में अनुभूति का बिंबों में किस प्रकार रूपांतरण होता है – इस विषय पर डा० नगेन्द्र ने भाववादी पद्धति से विस्तारपूर्वक विचार किया। बिंब-रचना-प्रक्रिया के बहाने उन्होंने काव्य-रचना-प्रक्रिया को उद्घाटित करने का प्रयास किया। सबसे पहले उन्होंने अनुभूति के स्वयं के चरित्र को समझने पर बल दिया। उनके अनुसार– "अनुभव या अनुभूति का संबंध चार तत्वों से है– (1) आत्मा, जिसके लिए अंतश्चेतना शब्द का प्रयोग करना अधिक समीचीन होगा,(2) मन, (3) इन्द्रियां और (4) विषय। सबसे पूर्व विषय का इन्द्रियों के साथ सन्निकर्ष होता है, फिर इन्द्रियों का मन के साथ और अंत में मन का अंतश्चेतना के साथ, जहां अनुभूति का वृत्त पूरा होकर उसके स्वरूप का निर्माण हो जाता है। इस प्रकार, प्रत्येक अनुभूति के साथ ऐंद्रिय मानसिक तत्वों के अतिरिक्त मूर्त पदार्थ आधार रूप में संपृक्त रहते हैं और अनुभूति की प्रक्रिया मूर्त से आरंभ होकर अमूर्त बन जाती है।"[2] अपने इस वक्तव्य को वे एक फूल के उदाहरण से स्पष्ट करते हैं कि फूल सूंघने से प्रमाता को एक सुखद अनुभव होता है, जिसे प्रीति कहते हैं। ऐंद्रिक संवेदन और अंतश्चेतना के साथ मन का संपर्क होने पर और पहले से विद्यमान संस्कारों के साथ प्राथमिक सुखद संवेदन प्रीति नामक अनुभूति के रूप में समन्वित हो जाता है। अमूर्त अनुभूति वाणी और कर्म के माध्यम से मूर्त रूप धारण कर लेती है। वे मानते हैं कि अनुभूति का संस्कार में रूपांतरित हो जाना उसके बिंब रूप में परिणत होने का पहला चरण है, जो भोगावस्था की समाप्ति के बाद प्रारंभ होता है– "काव्य, स्थूल रूप से शब्दार्थ के माध्यम से मानव-अनुभूति की कल्पनात्मक पुन:सृष्टि का नाम है। अनुभूति की यह सृष्टि या पुन:सृष्टि भोग की अवस्था में अर्थात अनुभूयमान स्थिति में सम्भव नहीं है। घटित होने के बाद अनुभूति संस्कार

---

1. डा० नगेन्द्र : भारतीय सौन्दर्यशास्त्र की भूमिका, पृ. 118
2. डा० नगेन्द्र : बिंब रचना प्रक्रिया (लेख), संकलित– 'काव्य रचना प्रक्रिया', संपादक– डा० कुमार विमल, पृ. 14

बन जाती है और संस्कार बनने के बाद ही वह काव्य में परिणत हो सकती है।"[1] काव्य रचना के समय कवि इन संस्कारों को अपनी स्मृति और कल्पना की सहायता से पुनर्जीवित करता है।

सामान्य व्यक्तियों की तुलना में चूंकि कवि की दर्शनाशक्ति अधिक तीव्र और सूक्ष्म होती है इसलिए उसका कल्पना-क्षेत्र अधिक व्यापक होता है और वह कल्पना द्वारा उन पदार्थों, व्यक्तियों, वस्तुओं और घटनाओं की पुन: सर्जना करता है जिनके संदर्भ और परिवेश में उस या वैसी ही अनुभूति का निर्माण हुआ था। कल्पना व्यापार के अंतर्गत अनुभूति का निर्वैयक्तिकीकरण होने लगता है। वे लिखते हैं– "संस्कार बन जाने के बाद फिर इस अनुभूति का व्यक्ति-संसर्गों से मुक्त होना आवश्यक है, क्योंकि जब तक अनुभूति व्यक्ति अथवा विषयी का अभिन्न अंश रहेगी, उससे पृथक विषयभूत नहीं बनेगी तब तक उसका काव्यसृष्टि के लिए प्रयोग नहीं हो सकता।"[2]

साधारणीकरण रचना-प्रक्रिया का उनके अनुसार दूसरा चरण है। तीसरा और अंतिम चरण है– शब्दार्थ के माध्यम से अभिव्यक्ति। काव्यगत बिंब-रचना अथवा बिंबन-प्रक्रिया के इन तीन सोपानों को डा० नगेन्द्र ने लेख के अंत में एक बार पुन: संक्षेप में इस प्रकार व्यक्त किया–

"1. अनुभूति का निर्वैयक्तिकीकरण : सर्वप्रथम कवि से संबद्ध मूल परिस्थितियों, पदार्थों और व्यक्तियों की स्मृति के आधार पर, आत्म-बाह्य उपकरणों के प्रयोग तथा अपर पदार्थों अथवा व्यक्तियों पर अनुभूति के आरोपण द्वारा, प्रसंग-विधान या विभावानुभाव-योजना करता है, और इस प्रकार, आत्मनिष्ठ अनुभूति को वस्तु-निष्ठ रूप प्रदान करता है।

2. साधारणीकरण : इसके बाद, प्रसंग-विधान के अंगभूत 'विशेष' के सामान्य, सहृदय धर्मों को उभारता हुआ तत्वों का सांद्रीकरण करता है।

3. शब्दार्थ के माध्यम से अभिव्यक्ति : अंत में, लक्षणा के प्रयोग द्वारा रूप-रेखाओं में रंग भर कर और अप्रस्तुत-विधान की सहायता से कलेवर को समृद्ध करता हुआ, बिंब को पूर्णता प्रदान कर देता है।"[3]

कहना न होगा कि डा० नगेन्द्र ने भारतीय काव्यशास्त्र की रसवादी धारणाओं में आधुनिक मनोवैज्ञानिक अवधारणाओं का समाहार करते हुए

---

1. डा० नगेन्द्र : बिंब रचना प्रक्रिया (लेख), संकलित– 'काव्य रचना प्रक्रिया', संपादक– डा० कुमार विमल, पृ. 15
2. वही, पृ. 17
3. वही, पृ. 19

रचना-प्रक्रिया का भाववादी निष्कर्षण दिया है।

डा० कुमार विमल रचना-प्रक्रिया को अपने विषय निरपेक्ष रूप में बहुत व्यापक, साथ ही अमूर्त शब्द मानते हैं, लेकिन उनकी धारणा है कि साहित्यालोचन के संदर्भ में रचना-प्रक्रिया के विश्लेषण का आशय है रचयिता के सर्जन-कर्म में लीन मन का विश्लेषणात्मक अध्ययन। वे लिखते हैं- "प्राचीन काव्यशास्त्र की शब्दावली में रचना-प्रक्रिया कवि-कर्म से संबद्ध है, सहृदय, पाठक या श्रोता की भावानुभूतियों से नहीं। सर्जन-कर्म में लीनमन तथा सर्जन काल में अपेक्षित मूर्तामूर्त उपकरणों के विश्लेषण के माध्यम से, सच पूछिए तो रचना के 'मेकेनिज़्म' को समझाने की चेष्टा की जाती है।"[1]

रचना का 'मेकेनिज़्म' हर विधा में अलग-अलग रहता है। लेकिन रचना-प्रक्रिया का अध्ययन प्राय: कविता को ही केंद्र में रखकर किया जाता रहा है। अलग-अलग विधाओं की रचना-प्रक्रिया का आकलन किस प्रकार किया जाए इस उद्देश्य से कुमार विमल रचना-प्रक्रिया की दो विशिष्ट स्थितियों की चर्चा करते हैं। उनके अनुसार प्रत्येक रचनाकार को इन स्थितियों से गुज़रना पड़ता है। "ये दो विशिष्ट स्थितियां हैं- भावन और सर्जन की। भावन के धरातल पर प्राय: सभी साहित्य विधाएं समान रहती हैं। साहित्य विधाएं ही नहीं, सभी ललित कलाओं में भावन के धरातल पर लाते ही अभिव्यक्ति प्रणाली या अभीष्ट विधा के अनुरूप रचना-प्रक्रिया में अन्तर प्रारंभ हो जाता है।"[2] इसमें संदेह नहीं कि सर्जन के धरातल पर आने के बाद अभिव्यक्ति और संप्रेषण के बाह्य उपकरणों की आवश्यकता होती है। अपने-अपने विधागत स्थापत्यों के अनुकूल उपकरणों की खोज रचनाकार करता है। भावन के स्तर पर डा० कुमार विमल रचना-वस्तु के साथ तन्मयता को अत्यधिक महत्व देते हैं। उन्होंने लिखा है- "जो रचयिता अपनी रचना-वस्तु के साथ तन्मयता अर्जित नहीं कर पाता, उसकी रचना ही नहीं, रचना-प्रक्रिया भी उखड़ी-पुखड़ी हुई रहती है। वास्तविकता यह है कि रचनाकार के संपूर्ण व्यक्तित्व, मनोविकास, सारस्वत सिद्धि और सांस्कृतिक सम्पन्नता का प्रभाव उसकी रचना-प्रक्रिया पर रहता है।"[3]

काव्य-रचना-प्रक्रिया के उन्होंने तीन चरण गिनाए हैं, उसमें प्रथम अंत:केंद्रण (कंसन्ट्रेशन) में एकाग्रता और तन्मयता को प्राथमिक ज़रूरत माना गया है। "रचना-प्रक्रिया का प्रारम्भ रचयिता की एकाग्रता या अंत:केंद्रण से होता

1. डा० कुमार विमल : रचना प्रक्रिया : सामान्य स्वरूप (लेख), संकलित- 'काव्य रचना प्रक्रिया', पृ. 3
2. डा० कुमार विमल : काव्य रचना प्रक्रिया, पृ. 4
3. वही, पृ. 7

है, . . . अंत:केंद्रण जिस तरह भी प्राप्त किया जाए वह रचनारंभ की पहली शर्त और रचना-प्रक्रिया की पहली स्थिति है। जिस सर्जनधर्मी के पास अंत:केंद्रण की शक्ति जितनी ही प्रचुर रहती है, उसकी रचनाशक्ति उतनी ही प्रखर और उत्कृष्ट होती है।"[1] उनका मानना है कि परिवेश, परिस्थिति या जीवनदशा के अनुरूप कवि या कलाकार की अंत:केंद्रण की शक्ति घटती-बढ़ती है। निराला के जीवन के उत्तरार्द्ध का उदाहरण देते हुए वह कहते हैं कि परिवेश से निरंतर टकराहट अंत:केंद्रण के लिए सर्वाधिक घातक होती है। अंत:केंद्रण के बाधक तत्वों में रचनाकार का महत्वार्जन भी एक तत्व है। उनके अनुसार– "केंद्रण शक्ति की रक्षा और संवर्द्धन के लिए कवि कलाकार को अन्य प्रकार के सामाजिक महत्व से भी बचना पड़ता है, क्योंकि महत्व का अर्जन अंततोगत्वा साधना का, अंत:केंद्रण क़ा बाधक सिद्ध होता है।"[2]

अंत:केंद्रण के बाद रचना-प्रक्रिया का दूसरा चरण है– अंत:प्रेरणा (इंस्पीरेशन)। रचना-प्रक्रिया की दृष्टि से वे इसे कवि मन का बहुत ही महत्वपूर्ण घटक तत्व मानते हैं– "अंत:प्रेरणा एक ऐसी अनजान कौंध है, जो जीवन-सत्यों से भिदी हुई कवि की धुंधली अंतर्दृष्टि में दीप्ति भरती है। इसी अंत:प्रेरणा की अथ-इति के बीच रचना बनती और संवरती है। संभवत: यह कहना अधिक उचित होगा कि अंत:प्रेरणा ही कवि को रचना के लिए एवं रचना के लिए अपेक्षित उसकी सर्जन शक्तियों को चालित करती है। अर्थात, अंत:प्रेरणा से ही रचना का स्फुरण होता है।"[3] अंत:प्रेरणा प्राप्त करने की विधियां अलग-अलग रचनाकारों की अलग-अलग होती हैं।

आस्तिक अंधविश्वासी रचनाकार अंत:प्रेरणा को ईश्वरीय मानते हैं जबकि अन्य रचनाकार पदार्थ जगत के वैविध्यमय रूपों में से किसी एक को अंत:प्रेरणा के बाद रचना-प्रक्रिया के अंगभूत घटक के तौर पर 'स्मरण' को स्थान देते हैं जो 'कल्पना' के लिए वस्तु-संपृक्त आधार प्रदान करता है। पैनी स्मरणशक्ति के अभाव में रचनाकार अधिक कल्पनाशील नहीं हो सकता। "स्मृति के द्वारा ही रचयिता अपनी उद्रिक्त कल्पना के आलम्बन या उद्दीपन को सहेजता है अथवा अपनी कल्पना को तत्ता-इदंता की प्रतीति से युक्त कर प्रत्याभिज्ञाश्रित बनाता है और अपने सम्पूर्ण अतीत तथा तात्कालिक वर्तमान के अनुभूति-संस्कारों को संगृहीत कर उन्हीं के आधार पर मनोरम अप्रस्तुतों का संसार रचता है।"[4]

---

1. डा० कुमार विमल : काव्य रचना प्रक्रिया, पृ. 9
2. वही, पृ. 10
3. वही, पृ. 11
4. वही, पृ. 11

रचना-प्रक्रिया के डा॰ कुमार विमल के विश्लेषण पर डा॰ ओम अवस्थी ने दो महत्वपूर्ण प्रश्न उठाए हैं। एक तो यह कि अंत:प्रेरणा पहले होगी या अंत:केंद्रण। डा॰ कुमार विमल ने अंत:केंद्रण को रचना-प्रक्रिया प्रारंभ होने से पूर्व की स्थिति माना है।

डा॰ ओम अवस्थी लिखते हैं– "अंत:केंद्रण (कांसेंट्रेशन) शून्य पर नहीं किया जा सकता। रचनाकार किसी अनुभूत समस्या या विषय या प्रत्यक्षित यथार्थ ही का अंत:केंद्रण करता है। इसे उसके आत्म और वस्तु-जगत का द्वन्द्व कहते हैं जो रचना-प्रक्रिया का प्रस्थान-बिंदु होता है। यह द्वन्द्व संकेन्द्रण में बाधा कभी नहीं बनता बल्कि अनुभूतिजन्य तनाव के रास्ते से उन प्रभावों को उत्पन्न करता है जिन्हें संकेन्द्रण की कच्ची सामग्री कहा जा सकता है। संकेन्द्रण तभी संभव होता है जब रचनाकार स्वयं को सांवेगिक अंतर्लिप्ति से बाहर खींच कर समाधिस्थ होता है अर्थात वैयक्तिक संदर्भों से अपने आपको काट लेता है। वह अभिप्रेरित पहले होता है और अंत:केंद्रण बाद में करता है। अत: रचना-प्रक्रिया का विवेचन करते समय हमें 'प्रेरणा' को पहले और 'अंत:केंद्रण' को बाद में रखना होगा।"[1] अंत:केंद्रण की यह बात सही है और हम तो यहां तक कहेंगे कि अंत: केंद्रण मात्र अंत:प्रेरण के बाद ही नहीं होता बल्कि वह पूरी रचना-प्रक्रिया के दौरान आवश्यक होता है।

दूसरा प्रश्न डा॰ ओम अवस्थी ने उठाया कि अंत:प्रेरण, अंत:केंद्रण और स्मरण आदि रचनाकार की प्रवणताएं हैं अथवा रचना की प्रक्रिया के सोपानात्मक घटक हैं? उनका मानना सही है कि ये रचनाकार के ही व्यक्तित्व निर्धारक गुण हैं, रचना-प्रक्रिया के सोपान नहीं। ये प्रकारांतर से भाव-प्रक्रिया में ही समाहित हो जाते हैं। सर्जन की जटिल और संश्लिष्ट प्रक्रिया पर कुमार विमल ने अधिक विश्लेषणात्मक विचार नहीं किया है।

डा॰ रमेश कुंतल मेघ के प्रस्थान-सूत्र

हिन्दी में सौंदर्यशास्त्र पर बहस-विमर्श करने वाले लेखकों में डा॰ रमेश कुंतल मेघ का नाम अग्रणी पंक्ति में आता है। उन्होंने सौंदर्य-प्रक्रिया सृजन-धर्म को सदैव सामाजिक संदर्भों में मूल्यांकित किया।

वे मानते हैं कि सौंदर्य एक ऐसा गुण है जिसका सामाजिक चरित्र होता है। वस्तुगत तथ्य के रूप में सौंदर्य समाज में अस्तित्वमान रहता है। सौंदर्य

---

1. डा॰ ओम अवस्थी : रचना प्रक्रिया, पृ. 70

जो कि रचना-प्रक्रिया का प्रेरक तत्व है, मनुष्य के सामाजिक जीवन एवं ऐतिहासिक दशा से उपजता है। मार्क्सवादी सौंदर्यशास्त्र की अवधारणाओं के अतिरिक्त आधुनिक मनोवैज्ञानिक सिद्धांतों के परिप्रेक्ष्य में उन्होंने सृजन धर्म और उससे जुड़ी हुई समस्याओं पर विस्तार से विचार किया है। उनकी निष्पत्तियां पाश्चात्य सृजनशास्त्र (साइनेक्टिक्स) और मार्क्सवाद से एक साथ प्रभावित हैं। यों वे मानते हैं कि सृजन-प्रक्रिया मूलतः मनोविज्ञान और शरीरविज्ञान का विषय है। मनोविज्ञान से संबद्ध होने के कारण सृजन-प्रक्रिया एक प्रकार का 'बोध' है और शरीरविज्ञान से जुड़े होने के कारण यह एक प्रकार की 'क्रियता' है। इतना ही नहीं, यह एक विशेष प्रकार की वस्तु (कलाकृति) को भी उत्पन्न करती है। इसलिए सृजन-प्रक्रिया के घटक कलाकार, पदार्थ और पर्यावरण तीनों से निकलते हैं। उन्होंने लिखा है-- "कलाकार का व्यक्तित्व, उसका टाइप, उसके मस्तिष्क और मस्तक की अन्तर्बाह्य क्रिया-प्रतिक्रियाएं सृजनात्मकता की प्रथम घटक हैं, पदार्थ, पदार्थ में तकनीकी निपुणता की उपलब्धियों, पदार्थ में विषयवस्तु या आनुकूल्य इसके दूसरे घटक हैं, और पर्यावरण, संस्कृति, लक्ष्य, मूल्यादि तीसरे घटक।"[1]

कला को आत्मविमोही मानस का गतिशास्त्र मानते हुए वे सृजन-प्रक्रिया विषयक चली आती धारणाओं, जैसे प्रतिभा, प्रेरणा और संस्कार का रोमांटिक तथा अतिशयोक्तिपूर्ण प्रभामंडल में रहस्यदीप्ति किया जाना अस्वीकार करते हैं। वे यह भी नहीं मानते कि सृजन-प्रक्रिया मात्र संवेगों की प्रमुखता वाला अवचेतन का आवेश है। वे इसे चेतन और अवचेतन की दहलीज़ की घटना मानते हैं– "वास्तव में सम्पूर्ण सृजनात्मक कार्य अवचेतन की दहलीज़ (देहरी) को लांघकर ही चेतन में जगमगा उठता है, संवेगों के अव्यवस्थित ज्वार को चिंतन की सृष्टि में रूपान्तरित कर देता है। हमें इस देहरी की विशेष छानबीन करनी होगी।"[2]

सृजन-प्रक्रिया को मूलतः मानसिक व्यापार मानने वालों से भी डा० मेघ का विरोध है। वे इसे मस्तिष्क की प्रक्रिया मानने के स्थान पर शरीर-मस्तिष्क का 'जीवंत संपूर्ण' मानते हैं। उन्होंने लिखा है– "प्रत्येक सृजनात्मक मानवीय प्रतिबोध 'शरीर मस्तिष्क इकाई' का प्रतिफलन है। केवल स्नायु ही नहीं सोचते, सम्पूर्ण मनुष्य सोचता है, केवल मस्तिष्क ही सृजन नहीं करता, सम्पूर्ण मनुष्य रचना करता है।"[3]

---

1. डा० रमेश कुंतल मेघ : अथातो सौन्दर्यजिज्ञासा, पृ. 199
2. वही, पृ. 199
3. वही, पृ. 200

कॉलरिज जिसे ट्वाइलाइट ज़ोन (गोधूलि क्षेत्र) कहते हैं, वही डा॰ मेघ की मध्यस्थ देहरी है। यहीं पर सृजनात्मक मस्तिष्क स्वतंत्र होता है। यहीं पर अवचेतन का 'मसाला' प्रतीकों और अनेकार्थों में रूपांतरित होता है। "अवचेतन चेतन के सातत्य की संकटापन्न (क्रिटीकल) दहलीज़ या देहरी (थ्रेशहोल्ड) पर ही अन्तर्दृष्टि की कौंध या दमक (फ़्लैश) सहसा घटती है। इस बिन्दु से सृजन बहिर्मुखी होने लगता है। यही बिन्दु 'सृजनात्मक केन्द्र' है।"[1]

यह सृजनात्मक केंद्र विविध घटनाओं की स्थली है। यहीं पर अभिव्यक्ति की यंत्रणा, सृजन की पीड़ा का विभ्रांत संघर्ष होता है। देहरी अवस्था अर्थात पुरुचेतन अवस्था डा॰ मेघ के अनुसार चार अपेक्षितों की पूर्ति करती है– "(क) यह उस प्रत्यक्षीकृत अनुभव के निरंतर प्रवाह में निर्बाधित प्रवेश कर सकती है जो स्नायु प्रणाली में संरक्षित है, और जिसका अधिकांश निरंतर कार्य जागरूकता की देहरी के नीचे होता है। (ख) समग्र अवचेतन-चेतन सातत्य में बिंबों का एक अनवरत अभिवाह (फ़्लस्क) परिव्याप्त होता है, यद्यपि दृश्य और श्रव्य बिंब सर्वाधिक होते हैं। (ग) अविश्रांत वैचारिक गामक (आइडियोमोटर) कर्म को गामक अभियोजनों (एडजस्टमैंट्स), प्रारंभी गतियों तथा मनोवृत्तियों (एटीच्यूड्स) के रूप में ढूंढ़ा जा सकता है. . . (घ) प्रतीक तथा रूपक बिंब का पर्याय बन गए मस्तिष्क की व्यवस्थित और अवधारणात्मक विषय-वस्तु ही आकृति आधार संबंध के जेस्टाल्ट से लिप्त होती है।"[2] अवचेतन भंडार में यह सामग्री पूर्व विद्यमान रहती है और यही विषय-वस्तु चिंतन और निर्णय की कुंजी है। प्रत्यक्षीकृत अनुभव के प्रवाह में निर्बाध प्रवेश और तज्जन्य बिंब-धारा से ही कौंध का उद्भव होता है। दरअसल यह कौंध या दमक पूर्वचेतन अवस्था का विस्फार है, यहां अवचेतन के नियंत्रक विलुप्त हो जाते हैं तथा सृजन को स्वतंत्रता मिल जाती है। "कौंध की निरन्तरता को ही शास्त्रीय शब्दावली में प्रेरणा कह सकते हैं। प्रेरणा में हम उस सीमा पर होते हैं जो चेतन को अवचेतन से पृथक करती है और सृजनात्मक कल्पना को भी आलोकित कर देती है।"[3]

चेतन-अचेतन के बीच की देहरी के अतिरिक्त डा॰ मेघ ने सृजनात्मक मस्तिष्क के कारणों अर्थात अंतःइंद्रियों की भूमिकाओं तथा शरीर-मस्तिष्क के सामरस्य पर विस्तार से विचार किया है। सृजन को यों उन्होंने 'एक सम्पूर्ण' परिणति माना है लेकिन इस बात से भी इनकार नहीं किया कि इसकी प्रक्रिया

---

1. डा॰ रमेश कुंतल मेघ : अथातो सौन्दर्यजिज्ञासा, पृ. 207
2. वही, पृ. 210
3. वही, पृ. 211

के क्रमिक तथा विकासमान चरण हो सकते हैं। अपने द्वारा गढ़े हुए सृजन-प्रक्रिया के विकासमान चरणों को बताने से पहले वे लिखते हैं– "काफी समय पहले बेलेस (1926) ने सृजनात्मक चिंतन के चार चरणों की स्थापना की थी– प्रस्तुति (प्रेजेण्टेशन), गर्भीकरण (इन्क्यूबेशन), प्रकाशन (इल्युमिनेशन) और प्रमाणीकरण (वैरीफिकेशन)। अब इनका केवल अकादमीय महत्व रह गया है क्योंकि मनोविज्ञान, सौन्दर्यबोधशास्त्र, स्नायविक सर्जरी, शरीरशास्त्र, जीवन-शास्त्र, बैलिस्टोग्राफ़ी, इलैक्ट्रोएन्सीफैलोग्राफ़ी, साइबरनैटिक्स, साइनैक्टिक्स, मनोऔषधिविज्ञान आदि ने क्रांतिकारी तथ्यों को हासिल किया है।"[1] इसमें संदेह नहीं कि डा॰ मेघ ने उपरोक्त अधुनातन विज्ञानों का साहित्य संश्लेषण में यथेष्ट उपयोग किया है, एवं इसी आधार पर सृजन-प्रक्रिया के विकासमान चरणों का उल्लेख किया है।

उनके अनुसार सृजन-प्रक्रिया के सर्वप्रथम चरण की अवधि बहुत लंबी होती है और यह चेतन तैयारियों का काल है। इसमें अपरिचित समस्याओं के प्रत्याख्यान द्वारा मस्तिष्क के ऐंद्रिक संदेश और स्नायविक तनाव उत्पन्न होते हैं। इसे वे 'अंतर्लिप्तता' की दशा मानते हैं। वे लिखते हैं– "इसमें विचारों तथा बिम्बों को एक संश्लिष्ट पूर्ण में, प्रत्यक्षकों को धारणाओं में रूपान्तरित करने के लिए चेतन संघर्ष होता है। यह संघर्ष चकराया हुआ होता है। यह चरण सर्जक को धैर्य का पाठ सिखाता है, उसे प्रतीक्षा करने का अनुशासन देता है और उसकी जीवन-दृष्टि तथा रूपाकृति संबंधी कलात्मक परम्परा को विषय या समस्या या बिंब से संयोजित करने की अस्तव्यस्त सम्भावनाओं की कुहेलिका प्रदान करता है। सृजन के लिए यह दशा अनिवार्य है क्योंकि उसमें अवचेतन में संचित सामग्री का आलोड़न होता है– अतल में। इसमें सर्जक, चेतन मापजोख के द्वारा रचना करने की कोशिश करता है, लेकिन रचना की प्रकृति इसके विपरीत होती है।. . .सृजन-प्रक्रिया के अंतर्गत प्रथम चरण में समस्या से जूझने की निरर्थकता ही प्राप्त होती है।"[2] डा॰ मेघ प्रथम चरण से पूर्ववर्ती एक 'प्राक् प्रथम चरण' भी मानते हैं, जो रचनाकार की अंतर्लिप्ति से पूर्व की मनोदशा का द्योतक है, और ज़रूरी नहीं है कि इसका संबंध विषय-वस्तु से सदैव हो ही।

दूसरे चरण में, महत्वपूर्ण कार्य यह होता है कि सर्जक समस्या को मस्तिष्क से निकाल देता है, पीछे धकेल देता है या हटा देता है अथवा समस्या या विचार को अवचेतन मस्तिष्क में क्रियान्वित होने के लिए छोड़ देता है।

---

1. डा॰ रमेश कुंतल मेघ : अथातो सौन्दर्यजिज्ञासा, पृ. 237
2. वही, पृ. 239

"यह दशा असंपृक्ति की है। इसमें परिचित को अपरिचित बनाने की यंत्र-विधियां अन्तर्व्यस्त रहती हैं।"[1] डा० मेघ ने इस चरण को 'साहचर्यों की अप्रासंगिकता के बहुरूप अवचेतन आलोड़न' का चरण भी कहा है।

तीसरा चरण अप्रत्याशित और अकस्मात रूप से उत्पन्न 'अंतर्दृष्टि की कौंध' का है। यही वह देहरी दशा है जिस पर डा० मेघ ने विस्तार से विचार किया। साइनेक्टिक्स के अनुसार यह 'अनुमान दशा' है। कुछ अन्य मनोवैज्ञानिकों के अनुसार 'प्रदीप्ति' दशा है। इस चरण में– "सृजन का आत्मरत श्रम समाप्त होता है और माध्यम के नए श्रम की भूमिका प्रतीक्षा करती है।"[2] यही वह चरण है जहां सर्जक सर्वोत्तम समाधान को चुन लेता है और उसके आलोक में नए बिंब और नई धारणा का उत्थान करता है।

चौथे चरण में, काम (वर्क) और कौशल (क्राफ़्ट) द्वारा बिंब को भौतिक कृति या तार्किक सिद्धांत में ढाला जाता है। यहां ज्ञान, कौशल और सांस्कृतिक रुचि, इन तीनों चेतनोन्मुख तत्वों की विशेष भूमिका रहती है।

अंतिम और पांचवां चरण सृजन का बहिर्मुखी चरण है। यह "एक भौतिक कलाकृति या वैज्ञानिक अन्वेषण के रूप में परिपूर्ण हो जाता है, जिसमें सर्जक या अन्वेषक के वैयक्तिक तथा सामाजिक प्रयोजनों को चरितार्थता मिल जाती है।"[3] साइनेक्टिक्स के अनुसार यहां आकर 'विषय के स्वायत्त' की दशा परिसमाप्त हो जाती है और सर्जक संशोधन, प्रबंध तथा प्रमाणीकरण आदि करता है।

डा० मेघ ने सृजन-प्रक्रिया और सर्जनात्मक कृत्य के साथ-साथ कला के सौंदर्यबोधशास्त्र, सौंदर्यतात्त्विक वृत्ति तथा सौंदर्यबोधानुभव, संप्रेषणीयता और अभिव्यंजना आदि पर पर्याप्त विचार किया है। अतिरिक्त वैज्ञानिक-मनोवैज्ञानिक पारिभाषिक शब्दों के इस्तेमाल के कारण कई बार इनकी स्थापनाएं कुछ दुरूह ज़रूर हो जाती हैं। दूसरे, हिन्दी साहित्य एवं भारतीय संदर्भों के उदाहरणों की कमी खटकती है। लेकिन जिस नए सौंदर्यशास्त्र की ज़रूरत आज की रचनाधर्मिता महसूस करती है उसे काफ़ी हद तक डा० मेघ पूरा करते हैं।

अपनी पुस्तक की भूमिका में उन्होंने लिखा भी है– "हर बदली समाज व्यवस्था में मांगों, इच्छाओं की बदली हुई प्रकृति, जीवन तथा कला के प्रति दृष्टिकोण बदल देती है। अतः आगामी सौन्दर्यबोधशास्त्र में सुन्दर वह लग सकता है जो 'समाधि' के बजाए 'संघर्ष' की दिशा में परिमार्जित हो, जो 'रीति' के

---

1. डा० रमेश कुंतल मेघ : अथातो सौन्दर्यजिज्ञासा, पृ. 240
2. वही, पृ. 240
3. वही, पृ. 241

बजाए 'बुद्धि' से अभ्युदित हो, जो 'आनंद' से आगे 'आत्मोद्धार' के सामाजिक प्रारब्ध में उत्कर्ष प्राप्त करे।"[1]

हिन्दी में अन्य अनेक आधुनिक साहित्यालोचकों ने रचना-प्रक्रिया के विषय में लिखा है। अधिकांश ने आधुनिक मनोवैज्ञानिक सिद्धांतों का सहारा लिया है किंतु निष्कर्षण में वस्तुवादी नहीं रह पाए हैं। उन्होंने या तो प्राचीन काव्यशास्त्रीय मान्यताओं को नई हिन्दी शब्दावली का जामा पहनाया है या फिर पाश्चात्य सौंदर्यशास्त्रीय धारणाओं का उल्था किया है। डा॰ ओम अवस्थी और डा॰ कुमार विमल की पुस्तकों में इन आलोचकों पर काफ़ी चर्चा की गई है। अतः यहां दोहराना निरर्थक है।

अर्थ-प्रक्रिया : ऐतिहासिक परिप्रेक्ष्य

'शब्दार्थौ सहितौ काव्यम्' कहकर काव्य को परिभाषित करने वाले भामह ने शब्द के बराबर महत्व दिया, अर्थ को। संस्कृत के काव्य-लक्षण-कर्ताओं ने शब्द और अर्थ के सहित भाव की अपने-अपने सांप्रदायिक ढंग से विवेचना की। मध्यकालीन रचना-प्रक्रिया अपने सामंतवादी जीवन-मूल्यों और संवेदनात्मक उद्देश्यों के कारण अपने युग की चेतना के अनुरूप ही थी और अर्थ-प्रक्रिया का सवाल उस युग में भी था, लेकिन भिन्न स्वरूप में।

हम जानते हैं कि विशद और व्यापक संस्कृत काव्यशास्त्र के अधिकांश प्रतिमान समाजोन्मुखी नहीं थे। उस काल के विद्वानों के वैयक्तिक अहम् भाव ने विभिन्न संप्रदायों को जन्म दिया और इस प्रक्रिया में अपने-अपने संप्रदाय तत्व अथवा प्रतिमान को काव्य की आत्मा मनवाने की होड़ लग गई। रस, अलंकार, रीति, ध्वनि, वक्रोक्ति और औचित्य, ये सभी तत्व काव्य की अर्थ-प्रक्रिया तक पहुंचाने वाले घटक तत्व रहे हैं। इन तत्वों में यदि अविरोध की स्थिति रही होती तो संभवतः संस्कृत काव्यशास्त्र इतना विस्तृत और विश्लेषणपूर्ण न हो पाता। विरोध की भावना और परस्पर सामंती-स्पर्धा के कारण काव्यशास्त्रियों ने अपने-अपने तत्व की अधिकतम व्याख्या की। उनके भेद दिए, उपभेद दिए, भेदोपभेद किए। बाल की खाल निकालना तो एक मुहावरा है, उसे समीक्षा में साकार कर दिया गया। रस सिद्धांत एवं ध्वनि सिद्धांत कविता के कथ्य का विश्लेषण करने पर बल देते रहे। न्यूनाधिक यह काम वक्रोक्ति सिद्धांत के अंतर्गत भी हुआ। अलंकार और रीति में कठोर नियमन और दोषदर्शन होता

1. डा॰ रमेश कुंतल मेघ : (भूमिका) अथातो सौन्दर्यजिज्ञासा, पृ. 9

रहा। काव्य की प्रक्रिया को सहज जीवन-प्रक्रिया मानने के स्थान पर गुण और दोषों के आधार पर विवेचित किया गया। काव्य को समग्रता में लेने के स्थान पर उसे खंड-खंड करके (लेकिन बारीकी से) विश्लेषित किया गया।

'यह होना चाहिए' 'यह नहीं होना चाहिए' वाली शैली में कविता को अर्थायित करने के निर्देश दिए गए। अर्थ कैसे किया जाए यह बताने से पहले काव्यशास्त्रियों ने यह बताना ज़्यादा उपयोगी समझा कि अर्थ के दोष क्या हैं? और जब दोष गिनाने का सिलसिला चला तो उनमें पुनः होड़ लग गई– दोषों की संख्या को अधिक से अधिक बताने की। "भरत ने दोषों को गुणों का विपर्यय मानकर उनकी स्थिति भावात्मक मानी है। अग्नि पुराण में इन्हें उद्वेगजनक माना है। वामन ने सर्वप्रथम दोषों के शब्दगत और अर्थगत भेद दिए हैं। दोषों की परम्परा को सर्वप्रथम इन्होंने अधिक वैज्ञानिक स्वरूप प्रदान किया है और काव्य सौंदर्य की हानि करने वाले तत्वों को दोष मानकर शब्द और अर्थ संबंधी दोष माना है।"[1]

अर्थ कैसा नहीं होना चाहिए– मम्मट ने तेईस आधार बताए। वे आधार ये थे– "(1) अपुष्ट (2) कष्टार्थ (3) व्याहत (4) पुनरुक्त (5) दुष्क्रम (6) ग्राम्य (7) संदिग्ध (8) निर्हेतु (9) प्रसिद्ध विरुद्ध (10) विद्याविरुद्ध (11) अनवीकृत (12) साकांक्ष (13) अपदयुक्त (14) सहचरभिन्न (15) प्रकाशित विरुद्ध (16) निर्मुक्त पुनरुक्त (17) अश्लील (18) नियम परिवृत्त (19) अनियम परिवृत्त (20) विशेष परिवृत्त (21) सामान्य परिवृत्त (22) विविध अयुक्त (23) अनुवाद अयुक्त।"[2]

मज़े की बात यह है कि एक स्थान पर जिसे दोष बताया जाता है दूसरे स्थान पर वही अलंकार हो जाता है और काव्य की शोभा बढ़ा रहा होता है। पुनरुक्ति यदि अर्थ दोष है तो वह अन्यत्र पुनरुक्ति-प्रकाश बन कर काव्य की श्रीवृद्धि करता है।

बहरहाल लक्षण ग्रंथों ने नियम एवं उपनियमों का ढेर लगा कर काव्य की अर्थ-प्रक्रिया को ऊपरी तौर पर जटिलताओं से भर दिया। पूरे मध्यकालीन दौर में समीक्षा काव्यविनोद बनी रही।

ध्वनि का एक भेद किया गया– अर्थशक्त्युद्भव ध्वनि, और कहा गया कि यह ध्वनि वहां होती है जहां किसी अथवा किन्हीं शब्दों के पर्यायवाची शब्द रख देने पर भी व्यंग्यार्थ उद्भूत होता है। बात सीधी-सी है लेकिन इस

---

1. डा० धीरेन्द्र वर्मा : हिंदी साहित्य कोश, भाग-1, पृ. 58
2. मम्मट : काव्यप्रकाश, 7 : 57

भेद के पुनः तीन भेद किए गए। तदनंतर प्रत्येक के बारह-बारह उपभेद किए गए और इस प्रकार अर्थशक्त्युद्भव ध्वनि के कुल छत्तीस भेद हो गए। कहना न होगा कि मध्यकालीन कवियों में अधिकांश की रचना-प्रक्रिया नियमों से बंधी हुई अर्थ अपेक्षाओं में सिमट कर रह गई। वस्तुवादी अर्थ-प्रक्रिया के स्थान पर लक्षण-ग्रंथ-कसौटियों पर टिकी टीका-पद्धति को जन्म मिला।

प्रारंभिक स्वरूप : टीका-पद्धति

संस्कृत ग्रंथों में मौलिक साहित्य की तुलना में टीका साहित्य कहीं अधिक मात्रा में उपलब्ध है। डा० आद्याप्रसाद मिश्र लिखते हैं– "इसका कारण ग्रंथकारों में मौलिकता या स्वतंत्र चिंतन का अभाव या उसकी न्यूनता नहीं, अपितु संस्कृत भाषा और उसके शास्त्रों की गम्भीरता और गहनता ही है, क्योंकि टीकाओं में भी पुराने वादों पर नए विचार, उन वादों का नई दिशाओं में विकास, उनका नए ढंग से मूल्यांकन आदि सभी कुछ मिलता है।"[1]

काव्य की अनेकानेक टीकाएं काव्य में ही लिखी गईं। मम्मट के काव्यशास्त्रीय ग्रंथ 'काव्यप्रकाश' की चालीस से अधिक टीकाएं मिलती हैं। वाचस्पति मिश्र की सांख्यकारिका पर सांख्यतत्वकौमुदी तथा उद्योतकरकृत न्यायवार्तिक पर उनकी तात्पर्य टीका, व्याकरण में महाभाष्य पर कय्यटकृत प्रदीप, भट्टोजिदीक्षित की सिद्धांत कौमुदी पर ज्ञानेन्द्र की तत्वबोधिनी अपने समय की प्रसिद्ध टीकाएं हैं। इन ग्रंथों की टीका-प्रक्रिया का शैली और पद्धतिगत अनुगमन करते हुए साहित्यिक कृतियों की टीकाएं भी की गईं। रघुवंश, मेघदूत, कुमारसंभव, किरात, नैषध-चरित आदि पर बहुत-सी टीकाएं लिखी गईं। भक्तिकालीन एवं रीतिकालीन काव्य पर भी ब्रजभाषा गद्य-पद्य में टीकाएं उपलब्ध हैं। 'बिहारी सतसई' और 'रामचरितमानस' पर अनेकानेक टीकाएं लिखी गईं। 'बिहारी सतसई' की कृष्णकविकृत टीका पद्य में है। उन्होंने बिहारी के एक-एक दोहे का अर्थ एक-एक कवित्त में किया। सूरति मिश्र और ठाकुर की टीकाएं केवल गद्य में लिखी गईं किंतु राधाकृष्ण चौबे तथा अमर सिंह कायस्थ की टीकाओं में गद्य-पद्य का मिश्रित स्वरूप दिखाई देता है।

संप्रेषण की समस्या को दूर करने के उद्देश्य से रचित इस टीका साहित्य के लिए दो प्रभावी वर्ग थे। एक तो ह्रासोन्मुखी जर्जर सामंतवाद का अवशेष विलासी राजा वर्ग और दूसरा काव्यरसिक व्यापक सामाजिक वर्ग। 'कवि को

1. डा० आद्याप्रसाद मिश्र : हिंदी साहित्य कोश, भाग 1, पृ. 342

दैन न चहै विदाई, पूछै केशव की कविताई' वाली समस्या तो सत्रहवीं-अठारहवीं शताब्दी में थी ही, अठारहवीं-उन्नीसवीं सदी में आकर तो और भी घनीभूत हो गई। जहां एक ओर टूटते हुए सामंतवाद में ह्रासोन्मुखी विलासी प्रवृत्तियां और तेज़ी से पनप रही थीं वहीं अतिशय पतन के कारण सामंतों की कलामर्मज्ञता भी समाप्त होती जा रही थी। राज परंपरा के कृत्रिम रखाव को बनाए रखने के लिए कलामर्मज्ञता का ढोंग इनके लिए आवश्यक हो गया। बिहारी और केशव की कविता न समझ पाना उस सामंती मूल्य-व्यवस्था में इनके लिए एक शर्म की बात थी।

अपनी-अपनी जागीरों के आश्रय में इन सामंत कुलीनों ने व्याख्याकारों और टिप्पणीकारों को नियुक्त किया और इनसे रीतिकाव्य के मर्म को समझने की चेष्टा की। हिन्दी ब्रजभाषा के टीका और व्याख्या ग्रंथों का एक कारण यह सामंत प्रभावी वर्ग था। इन टीकाओं पर आचार्य रामचंद्र शुक्ल ने टिप्पणी की है– "काव्यों की टीकाओं आदि में जो थोड़ा बहुत गद्य देखने में आता था वह बहुत ही अव्यवस्थित और अशक्त था। उसमें अर्थों और भावों को संबंध रूप में प्रकाशित करने तक की शक्ति न थी। ये टीकाएं संस्कृत की 'इत्यमरः' और 'कथंभूतम्' वाली टीकाओं की पद्धति पर लिखी जाती थीं। भाषा ऐसी अनगढ़ और लद्धड़ होती थी कि मूल चाहे समझ में आ जाए पर टीका की उलझन से निकलना कठिन समझिए।"[1]

शुक्ल जी का उपरोक्त कथन बहुतेरी टीकाओं पर लागू होता है पर प्रत्येक पर नहीं। ब्रजभाषा के अनेक टीकाकारों ने हिन्दी साहित्य में पहली बार कृति से गुज़रकर विश्लेषण करने की परंपरा डाली, व्यावहारिक विश्लेषण की पद्धति अपनाकर उन्होंने अर्थ-प्रक्रिया के क्षेत्र मे ब्रजसाहित्य को एक अपूर्व देन दी है। काव्य-वस्तु को मापने-परखने की उनकी कसौटी निस्संदेह संस्कृत काव्यशास्त्र प्रदत्त ही थी। काव्य में रस, ध्वनि, अलंकार, वक्रोक्ति आदि की खोज उन्हीं भेदोपभेदों के साथ की जाती थी जो मूल रूप से संस्कृत आचार्यों ने दिए थे। संस्कृत काव्यशास्त्र की सैद्धांतिकता को चुनौती देने का दंभ न तो इन टीकाकारों का लक्ष्य था और न इनके बस की बात थी, किंतु काव्य के व्यावहारिक अनुशीलन और अर्थ करने की प्रक्रिया में इन्होंने कुछ नए सैद्धांतिक तथ्य भी खोजे।

इस टीका साहित्य ने समाज के साहित्यिक-सांस्कृतिक स्तर को ऊंचा उठाने में भी बड़ा योग दिया। रीतिकाल की कविता स्वामी के मनस्तोष की तलैया और वाह-वाह से गूंजते परकोटों से बाहर नहीं निकल पाई थी। टीकाओं

---

1. आचार्य रामचंद्र शुक्ल : हिन्दी साहित्य का इतिहास, पांचवां संस्करण, पृ. 407

के माध्यम से वे अल्पशिक्षित भी काव्य को समझने लगे, जिनके लिए यह दुर्लभ और दुरूह था। सभी टीकाकार राज्याश्रित नहीं थे, कुछ के लिए यह कर्म स्वत:स्फूर्त प्रेरणा के स्वांत:सुखत्व के लिए था। संभवत: ऐसे कुछ टीकाकारों के मन में यह पवित्र लक्ष्य रहा हो कि टीकाओं के माध्यम से काव्य-वंचित लोगों तक काव्यास्वाद पहुंचाया जाय और इस प्रकार टीकाकर्म एक सामाजिक कर्तव्य की तरह उन्होंने अपनाया हो।

भारतेन्दु युग में भी टीकाएं लिखी जाती रहीं। पण्डित जगन्नाथ दास रत्नाकर ने 'बिहारी सतसई' पर 'बिहारी-रत्नाकर' के नाम से टीका लिखी। 18वीं शताब्दी से प्रारंभ हुआ टीका साहित्य 19वीं शताब्दी तक लगातार विकसित होता गया। प्रारंभिक टीकाओं में जहां केवल अर्थ स्पष्ट करने और समझाने का प्रयास है वहां कुछ ही आगे काव्य-पदों की एकाध विशेषता बताने की प्रवृत्ति भी मिलती है। कालांतर में कविता के एक से अधिक अर्थों की संभावनाओं पर विचार दिखाई देता है और परवर्ती टीकाओं में काव्यशास्त्र की बारीक कसौटियों पर कविता का विश्लेषण होता परिलक्षित होता है। 'बिहारी-रत्नाकर' टीका साहित्य की खड़ी बोली में अन्यतम उपलब्धि है।

भारतेन्दु युग में टीकाओं से इतर कविता की अर्थ-प्रक्रिया पर कोई स्पष्ट एवं ठोस कार्य नहीं हुआ। कविता की व्याख्या-पद्धति एवं गुण-दोष-विवेचन ही जारी रहा। द्विवेदी युग में नवप्रकाशित पुस्तकों की समीक्षा का चलन प्रारंभ हुआ किंतु इस समीक्षा का उद्देश्य पुस्तक को विज्ञापित करना अधिक रहता था, उसके कथ्य का मूल्यांकन इतना नहीं।

निजी रुचि और प्रवृत्ति के अनुसार समीक्षक पुस्तक का गुण-दोष-विवेचन कर देते थे। कविता के मूल्यांकन का कोई सर्वसामान्य मापदंड इन पुस्तक समीक्षाओं में नहीं था। मूल्यांकन पद्धति की इस प्रारंभिक स्थिति पर आचार्य नन्ददुलारे वाजपेयी ने लिखा है– "हिन्दी में उस समय नवीन उपन्यास, नवीन कहानी और नए काव्यानुवाद भी प्रस्तुत होने लगे थे जिनके विवेचन के लिए नए प्रतिमानों की आवश्यकता थी। अनुवादों की परीक्षा के लिए भाषा संबंधी प्रयोगों के अतिरिक्त भावों की सम्यक् अवतारणा का प्रश्न भी समीक्षकों के सम्मुख था। हम देखते हैं कि इस समय की समीक्षा में किसी विशेष शास्त्रीय नियम का अनुवर्तन नहीं हो रहा था बल्कि भिन्न समीक्षक अपनी रुचि और प्रवृत्ति के अनुसार रचनाओं के गुण-दोष उद्‌घाटित कर रहे थे।"[1]

व्यावहारिक समीक्षा और कविता की अर्थ-प्रक्रिया के लिए पंडित पद्‌मसिंह शर्मा ने तुलनात्मक पद्धति निकाली। मध्यकालीन, ख़ासकर रीतिकालीन कवियों

1. आचार्य नन्ददुलारे वाजपेयी : नया साहित्य नए प्रश्न, पृ. 55

को अर्थायित करने के लिए उन्होंने उर्दू, फ़ारसी के चमत्कृतिपूर्ण काव्यांशों एवं संस्कृत के मुक्तक साहित्य का सहारा लिया। आचार्य वाजपेयी ने लिखा है– "एक-एक शब्द और एक-एक मुहावरे की बारीक अर्थ व्यंजना के पीछे वे पागल से रहा करते थे। जीवन भर उसी का अभ्यास करते रहे थे। उन्होंने बिहारी के दोहों की संस्कृत और उर्दू-फारसी के समानधर्मी कवियों के पद्यों से बड़ी चमत्कारपूर्ण तुलना की, जिससे सारा हिंदी संसार उनकी ओर आकृष्ट हो गया।"[1]

काव्यार्थ विश्लेषण के कार्य को पहली बार एक गंभीर कर्म के रूप में आचार्य रामचन्द्र शुक्ल ने लिया। हिन्दी की आधुनिक समीक्षा इसी नाते उनसे प्रारंभ मानी जाती है। समीक्षा के प्रतिमान तो उनके पास पुराने ही थे किंतु उन्होंने उनकी एकदम नई और मानवीय व्याख्या कर दी थी। आचार्य महावीर प्रसाद द्विवेदी जहां संस्कृत के काव्यादर्शों से कठोरता से आबद्ध थे, वहां आचार्य शुक्ल ने उन्हें अपनी आवश्यकताओं के अनुरूप ढाल कर इस्तेमाल किया। अपने युग की नैतिक, मनोवैज्ञानिक एवं सामाजिक आवश्यकताओं के अनुरूप उन प्रतिमानों की स्वयंदत्त विवेचना की। सूर, तुलसी और जायसी पर उनकी 'त्रिवेणी' में नई मानवीय और मनोवैज्ञानिक व्याख्या-पद्धति का सूत्रपात हुआ। नामवर जी लिखते हैं– "शुक्ल जी का रस सिद्धांत वस्तुतः छायावादी कविता की आवश्यकता से उत्पन्न हुआ था, उसकी शब्दावली पुरानी भले ही रही हो, और कहीं-कहीं उसमें प्राचीन के पुनरुत्थान का पुट भी था, किंतु मूलतः वह आधुनिक भावधारा है।"[2]

पुनरुत्थानवादी पुट के साथ भी शुक्लजी की भावधारा आधुनिक है यह कहने के पीछे डा॰ नामवर सिंह ने शुक्ल जी की समीक्षा पद्धति के 'लोकमंगल' वाले संवेदनात्मक उद्देश्य को भली भांति पहचाना है। शुक्ल जी ने पहली बार काव्यानुभूति और जीवनानुभूति के अंतर को मिटाने का प्रयास किया। उन्होंने लिखा– "आत्मबोध और जगद्बोध के बीच ज्ञानियों ने गहरी खाई खोदी पर हृदय ने कभी उसकी परवाह न की, भावना दोनों को एक मानकर चलती रही।"[3]

शुक्ल जी के समीक्षा सिद्धांतों के बाद आधुनिक काल में रचना का विश्लेषण करने के लिए विभिन्न ज्ञानों का उपयोग किया जाने लगा। मनोविश्लेषणात्मक एवं समाजशास्त्रीय आधारों पर नए साहित्यिक मान-मूल्य विकसित किए गए। कर्णसिंह चौहान लिखते हैं– "ज्ञान-विज्ञान पर आधारित इन प्रतिमानों ने आलोचना

---

1. आचार्य नन्ददुलारे वाजपेयी : नया साहित्य नए प्रश्न, पृ. 56
2. डा॰ नामवरसिंह : छायावाद, पृ. 181
3. आचार्य रामचंद्र शुक्ल : रस मीमांसा, पृ. 44

की उस आधारहीनता को तोड़ा जिसे शुक्ल जी की शब्दावली में 'ऊहात्मक' या 'भावोच्छ्वासमयी' आलोचना कहा जा सकता है। आचार्य शुक्ल ने जिस तरह रस को प्रचलित प्राचीन धार्मिक-आध्यात्मिक व्याख्याओं से मुक्त किया, नवीन ज्ञानों पर आधारित इन समीक्षकों ने साहित्य संबंधी बहुत से अंधविश्वासों से उसे मुक्ति दिलाई।"[1]

मार्क्सवादी विचारधारा के प्रचार और प्रसार ने कविता को नई रचना-प्रक्रिया प्रदान की और उसी के अनुरूप नई अर्थ-प्रक्रिया की ज़रूरत को जन्म दिया। प्रगतिवादी समीक्षा अपने जन्म-काल से ही विरोधों के सन्मुख रही। संघर्ष की अनवरत प्रक्रिया से मूल्यांकन के सुदृढ़ आधारों की खोज का सिलसिला चल निकला।

इस युग के समीक्षा-प्रयत्नों पर कर्णसिंह टिप्पणी करते हैं– "अपने युग तथा साहित्य को सही परिभाषा देने में, उसकी समझ को अधिक गहरा बनाने में वह सफल भी रही है, लेकिन आचार्य शुक्ल छायावाद के एक हिस्से को समझने-समझाने में असमर्थ हैं या रामविलास शर्मा प्रगतिवाद के बाद के काव्य को, तो इससे यही निष्कर्ष निकाला जाना चाहिए कि आलोचना का संतोषजनक मान अभी स्थिर नहीं हो पाया है। इसी रूप में, प्रतिमान की चिन्ता के इस आधुनिक विकास का मूल्यांकन किया जाना चाहिए, न कि अनैतिहासिक, तात्कालिक या छिद्रान्वेषी दृष्टि से। हमारे समय से पूर्व आधार खोजती इस आलोचना में पूर्व-पश्चिम, प्राचीन-नवीन, अध्यात्म-विज्ञान, परम्परा-प्रयोग, जीवनी, समाजशास्त्र, मनोविज्ञान, मानवतावाद आदि का जो बहुआयामी चित्र उपस्थित हुआ, वह स्वाभाविक ही था और इस अर्थ में अभिनंदनीय भी।"[2]

नवनवीन ज्ञान-संपदाओं पर आधारित समीक्षा के नए प्रयास स्वाभाविक थे, यह तो सही है, किंतु सभी प्रतिमान अभिनंदनीय नहीं कहे जा सकते। कर्णसिंह चौहान ने इन अर्थों में उसे अभिनंदनीय नहीं कहा है। अभिनंदनीय कहने के पीछे उनका तात्पर्य यही है कि भले ही एक दूसरे का विरोध करते हुए प्रकट हुए हों लेकिन समीक्षा में नए से नए प्रतिमान एक साथ जनमने लगे।

अर्थ-प्रक्रिया समझने के लिए शैलीविज्ञान, भाषाविज्ञान, संरचनावाद एवं अर्थविज्ञान जैसी अनेकानेक पद्धतियां सामने आईं। समीक्षा का नया 'जार्गन' बना और कहीं-कहीं अतिप्राचीन प्रतिमानों को नया जामा पहना कर प्रस्तुत किया गया। सृजन-प्रक्रिया की मूल्यांकन-पद्धति के लिए अज्ञेय ने भाषा को ही आत्यंतिक

---

1. कर्णसिंह चौहान : आलोचना के नए मान, पृ. 7
2. वही, पृ. 9

सत्य मानते हुए सर्वोपरि ठहराया– "काव्य सबसे पहले शब्द है और सबसे अन्त में भी यही बात बच जाती है कि काव्य शब्द है। सारे कवि-धर्म इसी परिभाषा से ही निःसृत होते हैं। शब्द का ज्ञान– ज्ञान की अर्थवत्ता की सही पकड़ ही कृतिकार को कृतिकार बनाती है। ध्वनि, लय, छंद आदि के सभी प्रश्न इसी में से निकलते हैं, इसी में युग सम्पृक्ति और कृतिकार के सामाजिक उत्तरदायित्व का हल मिलता है या मिल सकता है।"[1]

इतने अतिवादी ढंग से तो संस्कृत के काव्यशास्त्रियों ने भी नहीं सोचा था। शब्द को उन्होंने ब्रह्म ज़रूर कहा लेकिन उसे काव्य के संदर्भ में सदैव अर्थ से जोड़ा। अज्ञेय यदि शब्द को स्वायत्तता देते हैं तो उसके पीछे विचारधारा के प्रच्छन्न उद्देश्य हैं। अकेले शब्द को महत्व देकर वे काव्यानुभूति को जीवनानुभूति से अलग कर देते हैं। नई कविता आंदोलन के साथ भाषा प्रतिमान को लंबी उपेक्षा के बाद बल मिला। अनेक प्रयोगवादी एवं प्रगतिशील समीक्षक काव्य-भाषा का विवेचन करना अर्थ-प्रक्रिया जानने के लिए ज़रूरी समझने लगे। अज्ञेय ने भाषा को ही कवि को प्रयोगशीलता की ओर प्रेरित करने वाली शक्ति बताया– "कवि अनुभव करता है कि भाषा का पुराना व्यापकत्व उसमें नहीं है– शब्दों के साधारण अर्थ से बड़ा अर्थ हम उसमें भरना चाहते हैं, पर उस बड़े अर्थ को पाठक के मन में उतार देने के साधन अपर्याप्त हैं। वह या तो अर्थ कम पाता है या कुछ भिन्न पाता है। . . .जो व्यक्ति का अनुभूत है उसे समष्टि तक कैसे उसकी सम्पूर्णता में पहुंचाया जाए यही पहली समस्या है जो प्रयोगशीलता को ललकारती है। इसके बाद इतर समस्याएं हैं– कि वह अनुभूत ही कितना बड़ा या छोटा, घटिया या बढ़िया, सामाजिक या असामाजिक, ऊर्ध्व या अधः या अंतः या बहिर्मुखी है, इत्यादि।"[2]

निश्चय ही अज्ञेय जी ने संप्रेषण की समस्या को प्रधान माना, लेकिन संप्रेषण किनका ? शब्द और भाषा का या जीवनानुभवों और जीवन-मूल्यों का ? जो अज्ञेय का अनुभूत है वह इस बात को प्रमुख नहीं मानता कि वह सामाजिक है या असामाजिक, ऊर्ध्वमुखी है या अधोमुखी, अंतर्मुखी है या बाह्यमुखी, उसे तो भाषा के व्यापकत्व की चिंता है।

अज्ञेय के विपरीत मुक्तिबोध भाषा के ज़रिए काव्य सौंदर्यानुभूति तक नहीं जाते बल्कि सौंदर्यानुभूति के आवेग क्षणों में भाषा को अपने सन्मुख पाते हैं। अनुभूत का घटिया या बढ़िया होना उनके अनुसार मनोवेगों और जीवन-मूल्यों पर निर्भर है। 'समाज और साहित्य' शीर्षक अपने निबंध में उन्होंने लिखा है–

---

1. अज्ञेय : तार सप्तक, चतुर्थ संस्करण, पृ. 301
2. अज्ञेय : तार सप्तक, द्वितीय संस्करण, पृ. 276-77

"जिन मनोवेगों का जितना और जैसा उदात्तीकरण होगा उनका सौन्दर्य उतना ही घटिया या बढ़िया होगा।"[1]

साहित्य को जब तक जीवन-संदर्भों से जोड़कर नहीं देखा जाएगा तब तक न केवल उसकी रचना-प्रक्रिया अथवा अर्थ-प्रक्रिया का अध्ययन मुश्किल होगा बल्कि संप्रेषण की समस्या भी आड़े आएगी। आलोचक-समीक्षक साहित्य के बाहरी रूपशिल्प का सतही विश्लेषण भर कर पाएंगे। अर्थ-प्रक्रिया के वस्तुवादी धरातलों को छूना असंभवप्राय हो जाएगा।

मुक्तिबोध ने लिखा है, "जीवन से दूर आलोचक की मुश्किल इसलिए भी रहती है कि साहित्य के बाहरी रूप-विधान (छंद इत्यादि) से पृथक कला के भीतरी अपने नियम भी होते हैं। ये गतिमान प्रक्रियात्मक नियम, वस्तुतः, साहित्य सृजन की मूल मनोवैज्ञानिक क्रियाएं हैं, और उनके अभिप्राय उसे तब तक समझ में नहीं आ सकते, जब तक आलोचक स्वयं उस जीवन को नहीं पहचानता जिसे लेखक उपस्थित करना चाह रहा है।"[2]

संस्कृत काव्यशास्त्र से लेकर आज तक के समीक्षा प्रतिमानों का ऐतिहासिक परिप्रेक्ष्य में अध्ययन करने से पता चलता है कि साहित्य का अभिप्राय अलग-अलग विचारधाराओं के आधार पर व्याख्यायित किया जाता रहा, जबकि सही अर्थ-प्रक्रिया के लिए ज़रूरी यह था कि अर्थ-प्रक्रिया करने वाला समीक्षक उस जीवन को जिसे लेखक प्रस्तुत करना चाहता है, लेखक से भी अधिक पहचाने।

संवेदनात्मक उद्देश्यों की तलाश

रचना-प्रक्रिया एवं अर्थ-प्रक्रिया के अध्ययन परस्पर अन्योन्याश्रित हैं। कवि के अतिरिक्त यदि कोई उसकी काव्य-रचना-प्रक्रिया का अध्ययन करने का प्रयास करेगा तब उसे अनिवार्य रूप से अर्थ-प्रक्रिया से गुज़रना होगा। इसी प्रकार अर्थ-प्रक्रिया जानने के लिए लेखक-कवि की रचना-प्रक्रिया के बुनियादी तत्वों का चरित्र जानना परमावश्यक है। रचना-प्रक्रिया के विभिन्न सोपानों में कवि-कर्म कैसे घटित हुआ होगा इस अनुमान-धर्मिता से अर्थ-प्रक्रिया को लाभ पहुंचता है। कहना न होगा कि आधुनिक समीक्षा में प्रायः व्यवहृत होने वाले यह दो शब्द-युग्म परस्पर अभिन्न रूप से जुड़े हैं।

रचना की पूर्णता रचना-प्रक्रिया का अंतिम छोर है। यहां आकर रचना

---

1. मुक्तिबोध रचनावली-5, पृ. 47
2. वही, पृ. 52

रचनाकार से मुक्त हो जाती है। यही वह बिंदु है जहां से अर्थ-प्रक्रिया का प्रस्थान-सूत्र अस्तित्व में आता है।

रचनाकार रचना से मुक्त हो जाता है, ऐसा इसलिए कहा कि रचना उस स्थिति को पहुंच चुकी होती है जब वह अपने पाठक, मूल्यांकनकर्ता या कहें समीक्षक के पास जाने को तैयार होती है, और चली जाती है। बहुत संभव है कि रचनाकार को रचना पूर्ण करने के बाद भी उसकी अपूर्णता का अहसास सालता रहे, लेकिन इस स्थिति में अब वह कुछ नहीं कर सकता। समीक्षक एवं पाठक दी गई रचना पर अब कोई भी अर्थ आरोपित करने को स्वतंत्र हैं। यदि वे कवि के अभीष्ट (संवेदनात्मक उद्देश्य) तक पहुंच जाएं तो न केवल रचनाकार को तुष्टि मिलती है बल्कि अर्थ-प्रक्रिया का निष्पादन भी प्रामाणिक रहता है।

नई कविता आंदोलन की विडंबना यही रही कि प्राय: सभी कवि अपनी रचनाओं की (दूसरों द्वारा की गई) अर्थ-प्रक्रिया से तुष्ट नहीं हुए। इसी कारण रचना-प्रक्रिया और अर्थ-प्रक्रिया के सवाल पर जितनी बहस इस युग में रही उतनी पहले कभी नहीं हुई। इसी कारण अनेक कवियों ने रचना-प्रक्रिया और अर्थ-प्रक्रिया के विषय में अपने विचारों को उजागर किया, रचना देने के साथ-साथ। इसी कारण उन्होंने कविता की परंपरागत, बंधी-बंधाई मूल्यांकन पद्धति को अस्वीकार किया, उसे चुनौती दी। कुछ कलावादी-भाववादी कवि अप्रसन्नता के साथ-साथ प्रसन्न भी हुए कि कविता को जो अर्थ उन्होंने देने चाहे थे, मूल्यांकनकर्ताओं ने कहीं अलग अर्थ निकाल लिए, जो उन्हें अपने दिए गए अर्थ से बेहतर लगे। इस प्रकार नई समीक्षा में अनेकार्थकता (एम्बीग्विटी) को अर्थ-प्रक्रिया के लिए काव्य प्रतिमान के रूप में स्वीकार कर लिया गया। लेकिन जो रचनाकार कलावादी-भाववादी नहीं थे उन्होंने अनेकार्थकता के सिद्धांत को स्वीकार नहीं किया, परिणामस्वरूप या तो तीव्र प्रतिक्रिया में अपनी मान्यताओं को दोहरा-दोहरा कर घोषित किया अथवा आत्मालोचना के गहरे गर्त में गोते लगाने लगे। मुक्तिबोध रचना पूरी करने के बाद भी तुष्ट नहीं हो पाते थे। लगातार एक बेचैनी के शिकार रहते थे। उन्होंने कविता लिखने के बाद की अपनी मानसिकता का ज़िक्र करते हुए कहा है– "कविता लिखने के बाद जो भयानक मन:स्थिति मुझे ग्रस्त कर लेती है, उसका तजुर्बा बहुत कम लोगों को है। और अगर सचमुच है तो वे बताते नहीं। मुश्किल यह है कि कविता लिख चुकने के अनन्तर, उसी कविता में समायी किंतु उससे वृहत्तर, विशालतर, सुन्दरतर कविता अपने स्वरूप का विकास करती हुई उद्‌घाटित होती है, और मैं उस प्रतिमा-रूप के प्रति दौड़ पड़ता हूं। चाहिए, हां मुझे वही प्रतिमा चाहिए।"[1]

1. मुक्तिबोध रचनावली-4, पृ. 115-116

मुक्तिबोध की उपरोक्त मानसिकता यों रचना-प्रक्रिया से संबंध रखती है किंतु संभव है कि यह मानसिकता उनकी कविताओं की दूसरों के द्वारा की जाने वाली अर्थ-प्रक्रिया के कारण जन्मी हो। और-और कहने की ललक काव्य-कथ्य को नए-नए कल्पना-रूप प्रदान कराती है और कवि का मन नव्यतर बिंब और प्रतीकों की ओर दौड़ने लगता है।

रचना-प्रक्रिया का ही एक अंग है– संशोधन प्रक्रिया। अर्थ-प्रक्रिया में जटिलताएं न आएं और अपना संवेदनात्मक उद्देश्य और अधिक घनत्व के साथ प्रस्तुत किया जा सके, शिल्प की कुछ और मंजाई हो ताकि संप्रेषण में असुविधा न हो, इस कारण भी संशोधन-प्रक्रिया चलती है। हां, ये सच है कि अनेकार्थकता को काव्य-मूल्य मानने वाले रचनाकार संशोधन-प्रक्रिया के झमेले में प्रायः नहीं पड़ते। मुक्तिबोध अपनी कविताओं को बार-बार संशोधित करते थे ताकि कथ्य की ऊर्जा विशाल से विशालतर हो जाए। उन्होंने लिखा है, "ज्यों ही मैं काम ख़त्म कर, टेबल छोड़, नीचे दरी पर आ बैठा, पैर फैला दिये और मन को सूना और ढीला कर दिया, यह सोच कर कि चलिये कविता से छुट्टी मिली और छुटकारा मिला, त्यों ही मन ने चाहा कि उसको एक बार फिर पढ़ लिया जाये। यद्यपि थका हुआ था, मैं फिर भी काम करने लगा। थोड़ा संशोधन। थोड़ा उलट-फेर। किंतु, इतना हुआ ही था कि कविता के भीतर समायी कविता विशालतर हो उद्घाटित होने लगी। उद्घाटित होते हुए और भी विस्तृत होने की सम्भावना सामने उपस्थित होते ही, मैंने फिर कलम छोड़ दी। उस कविता के प्रति एक भयानक क्रोध, एक विनाशक (उत्तेजना) ने सिर उठाया। लेकिन मैंने पिन लगाकर उसे एक ओर डाल दिया। फिर दरी पर जा कर लेट गया।"[1]

कवि के तईं कविता तो विशालतर होना चाह रही है लेकिन समीक्षा उसे व्याख्यायित करने के लिए अपनी संकीर्णताएं नहीं छोड़ पा रही, नई कविता आंदोलन के दौरान अर्थ-प्रक्रिया इस अंतर्विरोध को सहती रही। बहरहाल, कवि ने काव्य-प्रसव के दौरान कितनी पीड़ाएं झेलीं, इसको भी समीक्षक तभी जान सकता है जब रचना की अर्थ-प्रक्रिया का द्वार खोले, जहां उसे कवि के संवेदनात्मक उद्देश्य दिखाई दे सकें।

अर्थ-प्रक्रिया का मार्ग रचना-प्रक्रिया की विपरीत दिशा में होता है। रचना-प्रक्रिया के मूल उपादानों को उलटे क्रम में पड़तालने का समीक्षा-कर्म ही मोटे तौर पर अर्थ-प्रक्रिया है। इस विषय में मुक्तिबोध ने लिखा है– "पाठक और आलोचक किसी कलात्मक अभिव्यक्ति के सिंहद्वार से सीधे अन्तर्जगत में प्रवेश करते हैं– वह अन्तर्जगत जो किसी कलाकृति में उद्घाटित हुआ है,

1. मुक्तिबोध रचनावली-4, पृ. 112

वह अन्तर्जगत जिसमें कलाकार का व्यक्तित्व, उसके जीवनानुभव, उसकी भावदृष्टि समायी हुई है। पाठक-आलोचक का मन उस अन्तर्जगत में रमता है, उसका रस लेता है, उसमें विचरण करता है और यदि उस अन्तर्जगत में उसे कहीं (अपने लिए) बाधा दिखायी दी तो वहां ठहर जाता है और सोचने लगता है। उसे कलाकार का अन्तर्जगत, उसमें समाया हुआ व्यक्तित्व और भावदृष्टि आकर्षित करती है और वह यह ढूंढ़ने लगता है और पा जाता है कि वह भावदृष्टि उसके लिए (और सभी के लिए) क्यों महत्वपूर्ण है या नहीं है।"[1]

कलात्मक अभिव्यक्ति तो सिंहद्वार भर है, असल चीज़ है अंतर्जगत में प्रवेश करना और भावदृष्टि को पाना। भावदृष्टि के विषय में सुधीश पचौरी ने लिखा है– "भावदृष्टि ही संवेदनात्मक दृष्टि है जो कविता की असल कारक शक्ति है। पाठक उस भावदृष्टि की महत्ता को भी परखता है और उसकी प्रकृति में रमता भी रहता है। यह भावदृष्टि या संवेदनादृष्टि की पहचान करना, उसमें रमना और उसकी प्रकृति के महत्व को समझना कोई अलग-अलग क्रिया नहीं। यह तो एक साथ चलती रहती हैं।"[2] एक साथ चलने वाली यह प्रक्रिया वस्तुत: कवि के संवेदनात्मक उद्देश्यों की खोज और पहचान है। यदि पाठक को कवि प्रदत्त संवेदनात्मक उद्देश्य किसी भी रूप में अनुकूल लगे तभी वह रचना में आगे सोत्साह बढ़ सकेगा। ऐसी अनेक रचनाएं, जिन्हें पाठक-समीक्षक सरसरी दृष्टि से देखकर छोड़ देते हैं अथवा उनमें रम नहीं पाते, संवेदनात्मक उद्देश्यों के स्तर पर उनसे अनुकूलता नहीं रखतीं। कहना न होगा कि समान संवेदनात्मक उद्देश्यों वाली रचनाओं में पाठक-समीक्षक का मन सर्वाधिक रमता है, इसलिए अर्थ-प्रक्रिया की खोज में पाठक-समीक्षक का पहला पड़ाव है कवि का संवेदनात्मक उद्देश्य। इसे जानने के बाद ही वह रचना के रूप-शिल्प की ओर बढ़ता है।

मुक्तिबोध ने रचना को कलात्मक अभिव्यक्ति और संवेदनात्मक उद्देश्यों को अंतर्जगत कहा है, इतना तो साफ़ है ही। अपनी बात को और स्पष्ट करने के लिए उन्होंने अपने पूर्व कथन को इस प्रकार दोहराया है– "रचना-प्रक्रिया का जो सर्वाधिक मूल स्थित, सर्वाधिक प्रच्छन्न, किंतु क्रमश: प्रकट होने वाला अंश है, वह पाठक और आलोचक के लिए सर्वप्रथम है। कलाकार, रचना के समय, शब्दाभिव्यक्ति के संघर्ष में, संगति और निर्वाह के संघर्ष में, भावों के उत्स को प्रातिनिधिक रूप देने के यत्न में लीन होता है। यह उसका तात्कालिक संघर्ष है। पाठक-आलोचक का यह तात्कालिक यत्न नहीं है। कलात्मक अभिव्यक्ति

---

1. मुक्तिबोध रचनावली-5, पृ. 218-19
2. सुधीश पचौरी : नई कविता की रचना-प्रक्रिया और अर्थ-प्रक्रिया (अप्रकाशित शोध प्रबंध), पृ. 34

उसके लिए कलाकृति का केवल सिंहद्वार है, जिससे गुज़र कर वह अन्तर्जगत के क्षेत्र में विचरण करता है। इसीलिए मैंने कहा पाठक-आलोचक के ध्यान का जो प्राथमिक केन्द्र है वह है अन्तर्जगत और रचयिता के ध्यान का जो प्राथमिक केन्द्र है वह है अन्तर्जगत की प्रातिनिधिक शब्दाभिव्यक्ति और कलात्मक संगति और निर्वाह।"[1] यहां मुक्तिबोध ने पाठक-आलोचक के ध्यान के प्राथमिक केंद्र एवं रचयिता के ध्यान के प्राथमिक केंद्र का बहुत अच्छा और स्पष्ट अंतर बताया है। रचयिता के संवेदनात्मक उद्देश्य उसके अंतर्जगत के प्रतिनिधि हैं, अतः अंतर्जगत की प्रातिनिधिक शब्दाभिव्यक्ति उसकी रचना का मूल एवं कच्चा स्वरूप हुआ। इस मूल कच्चे स्वरूप को कलात्मक जामा पहनाना रचनाकार का प्रथम लक्ष्य रहता है। 'संगति' के साथ उन्होंने 'निर्वाह' शब्द का प्रयोग भी किया है। भावदृष्टि की कलात्मक 'संगति' ही ज़रूरी नहीं है, उसका रचना में संप्रेषण की दृष्टि से 'निर्वाह' किया जाना भी लेखक का पहला लक्ष्य होता है।

'काव्य की रचना-प्रक्रिया : दो' शीर्षक अपने लेख में मुक्तिबोध ने अनेक वाक्य 'संक्षेप में' शब्दों से प्रारंभ किए हैं। हम ऐसे दो वाक्य और प्रस्तुत करना चाहेंगे–

– "संक्षेप में, लेखक की रचना-प्रक्रिया के प्राथमिक और निगूढ़ स्तर, अर्थात लेखक का अन्तर्जगत, लेखक के अन्तर्जगत का संवेदनात्मक पुंज, लेखक का समग्र व्यक्तित्व, पाठक और आलोचक के लिए अत्यंत महत्वपूर्ण होता है, और उसके आकलन के माध्यम से रस-ग्रहण होता है।"[2]

– "संक्षेप में, किसी कलाकृति को लेकर पाठक-आलोचक की यात्रा भिन्न दिशा की ओर होती है, सृजन करते समय कलाकार की यात्रा उसके विपरीत-दिशा की ओर होती है, इस तथ्य को हृदयंगम करना आवश्यक है।"[3]

अर्थ-प्रक्रिया के सोपान

रचना-प्रक्रिया के सोपानों के समान यदि हम अर्थ-प्रक्रिया के सोपान निर्धारित करें तो वे होंगे–

---

1. मुक्तिबोध रचनावली-5, पृ. 219
2. वही, पृ. 223
3. वही, पृ. 219

(1) रचना (कलात्मक अभिव्यक्ति) के सिंहद्वार में से गुज़रना।

(2) रचना के अंतर्जगत में विचरण करना।

(3) रचनाकार की भावदृष्टि (संवेदना पुंज अथवा संवेदनात्मक उद्देश्य) से परिचित होना।

(4) रूप और शिल्प के संबंध में सोचना।

रचना-प्रक्रिया के दूसरे सोपान में जहां फ़ैंटैसी के कल्पना-बिंबों को संवेदनात्मक उद्देश्यों की संगति मिलती है, उसी प्रकार अर्थ-प्रक्रिया के दूसरे एवं तीसरे सोपानों में संवेदनात्मक उद्देश्यों की कलात्मक परिणतियों की पड़ताल होती है। अर्थ-प्रक्रिया रचना-प्रक्रिया की विपरीत दिशा की यात्रा है, यह बात सही है, किंतु अर्थ-प्रक्रिया की यात्रा दुष्कर, कष्ट-साध्य एवं अंधकारपूर्ण होती है। संवेदनात्मक उद्देश्यों की लालटेन यदि हाथ में न हो तो अर्थ-प्रक्रिया में सही रास्ता पकड़ना मुश्किल हो जाए। संवेदनात्मक उद्देश्य-रूपी केंद्रीय रचना-तत्व को हासिल कर लेने के बाद रचना-प्रक्रिया के तीन क्षणों की क्रमिक यात्रा हो सकती है। वैसे रचना-प्रक्रिया के तीन क्षणों को विपरीत दिशा से जाते हुए ज्यों-का-त्यों पा लेना असंभव है। कई अर्थों में तो स्वयं रचनाकार भी उन तीन क्षणों की पुनरावृत्ति नहीं कर सकता, क्योंकि जिन तीन क्षणों में उसने क्रमशः सृजन किया होता है, उन क्षणों की मानसिकता, तनावग्रस्तता और द्वंद्वात्मकता को पुनः सृजित नहीं किया जा सकता।

फिर भी संप्रेषण तो होता ही है। विपरीत यात्रा ज्यों-की-त्यों अभीष्ट भी नहीं है। अभीष्ट है-- रचनाकार के मंतव्य का संप्रेषण। कलाकार की आवश्यकता पूर्त हुई उसकी अभिव्यक्ति से, और पाठक-आलोचक की आवश्यकता पूर्त हुई संप्रेषण के बाद संवेदनात्मक उद्देश्यों को पाकर। डा॰ रमेश कुंतल मेघ ने लिखा है-- "कृति केन्द्र है जिसका विधान 'रूप' (शब्द-रंग आदि) से होता है। रूप तो खण्डों और तत्वों (वाक्यों, शब्दार्थों) की एकान्विति है। अतः कृति एक ओर तो कलाकार की अभिव्यंजक आवश्यकताओं की और दूसरी ओर ग्रहीता की प्रेषक आवश्यकताओं की पूर्ति करती है। इस तरह सर्जक से ग्राहक तक एक व्यापार चलता है जो सृजन और आशंसा, दोनों को समाहित करता है।"[1]

भाषा-शैली और रूप के ज़रिए अर्थ-प्रक्रिया तक पहुंचने की, पश्चिम में विभिन्न पद्धतियां विकसित हुईं। पश्चिमी विद्वानों ने भाषा को साहित्य-शास्त्रीय आशय से व्यापक अर्थ प्रदान किए और उसे अर्थ-प्रक्रिया का प्राथमिक उपादान

---

1. डा॰ रमेश कुंतल मेघ : अथातो सौन्दर्यजिज्ञासा, पृ. 281

बनाया। इन भाषा-दार्शनिकों में प्रमुख हैं– फ्रेज़, बट्रेण्ड रसेल, विटगेंस्टाइन, अर्न कैसीरर, सुज़ाने लैंगर, जान हास्पर्स आदि। इन्होंने भाषा-वैज्ञानिक, शैली-वैज्ञानिक, संरचनावादी और अर्थ-विज्ञानवादी पद्धतियां चलाईं। कलात्मक भाषा के स्वरूप को खोजने का प्रयास किया और 'भाषा' में 'अर्थ' के ज़रिए 'सत्य' तक पहुंचने के रास्ते सुझाए। अर्थ-प्रक्रिया की नई पद्धतियों में समीक्षा एक भाषा-वैज्ञानिक कार्य बनकर रह गई। ये विद्वान भाषा के रचना-गठन और रूप-तत्व पर इतना अधिक ध्यान दे बैठे कि लेखकीय मंतव्य अथवा लेखकीय संवेदनात्मक उद्देश्य का मामला पिछड़ गया। साध्य की अपेक्षा साधनों के मूल्यांकन पर अधिक बल दिया गया। भाषा एक साधन है, माध्यम है।

एक निश्चित गंतव्य तक पहुंचने के लिए विभिन्न यात्री अलग-अलग माध्यमों और साधनों का उपयोग कर सकते हैं। लेकिन गंतव्य तो सभी का एक ही रहता है, यह बात हमने युग-चेतना के संदर्भ में कही है। उदाहरण के लिए भक्तिकाल में किसी कवि ने साखी, सबद, रमैनी लिखी, किसी ने पद, किसी ने दोहा-चौपाई तो किसी अन्य ने कवित्त-सवैयों को आराध्य तक पहुंचने का माध्यम बनाया। पूर्ण विश्लेषण के लिए माध्यमों का चरित्र मूल्यांकन एक ज़रूरी अपेक्षा है, लेकिन उससे कहीं ज़रूरी है लक्ष्य (भक्ति) के प्रति एकाग्रता की पड़ताल। भक्तिकाल में हम पाते हैं कि एकाग्रता अपने घनत्व के चरम पर थी। वह युग की चेतना थी। सूर-तुलसी-कबीर-जायसी की भावदृष्टि पर पहले चर्चा होती है, उनके भाषा-तत्व और काव्यशास्त्रीय-ज्ञान पर बाद में। रीतिकाल में ज्यों ही युगीन कारणों से एकाग्रता भंग होने लगती है तो समीक्षा का ध्यान भावदृष्टि पर जाने की बजाय माध्यमों के प्रयोग पर जाने लगता है।

भक्तिकाल और रीतिकाल की चर्चा से हम दो बातें कहना चाहते हैं। पहली यह कि जब-जब युग-चेतना की भावदृष्टि वर्गीय संस्कारों से ग्रस्त होकर अस्पष्ट और धूमिल होने लगती है तब-तब कला-माध्यमों की ओर ध्यान प्राथमिक हो जाता है। दूसरी यह कि एक युग के रचना-वैभिन्य को सिद्ध करने के लिए भाव-दृष्टि की विवेचना करने के स्थान पर माध्यमों की विवेचना की जाने लगती है। भाषा के आधार पर साहित्यिक कृतियों का मूल्यांकन करने वाले समीक्षकों के मंतव्यों को इस बात के प्रकाश में भली भांति समझा जा सकता है।

न केवल हर युग के बल्कि एक ही युग के अलग-अलग रचनाकारों की रचना-प्रक्रियाएं वैयक्तिक विभिन्नताएं लिए हुए होती हैं। अतः उनकी अर्थ-प्रक्रिया को भी विभिन्नताओं के साथ सानुपातिक संबंध बनाते हुए जांचना-परखना चाहिए। सुधीश पचौरी ने लिखा है– "रचना-प्रक्रिया की रूपगत भिन्नता

उसके माध्यमों की प्रकृति के कारण है किन्तु उसकी युगीन एकता युग की प्रकृति की अभिव्यक्ति के कारण है। अतः अर्थ-प्रक्रिया के स्तर पर युग की प्रकृति के केन्द्रीय तत्व यानी रचनाकार की भावदृष्टि की खोज करना रचना-प्रक्रिया की युगीन एकता की खोज करना है जो मात्र माध्यमों के विश्लेषण से संभव नहीं।"[1]

किसी युग की मूल चेतना एवं उसकी विरोधी चेतना के द्वंद्वात्मक संबंधों में अनेकानेक रचना-प्रक्रियाएं उदित और विकसित होती हैं। अर्थ-प्रक्रिया एक प्रकार से उन रचना-प्रक्रियाओं की समीक्षा है, मूल्यांकन-पद्धति है। समकालीन रचनाधर्मिता को मूल्यांकित करने वाले आज अनेकानेक समीक्षा-संप्रदाय हैं। अधिकांश, युग-चेतना की पहचान बनाने की बजाय माध्यमों का विश्लेषण कर रहे हैं। नई-से-नई और बारीक-से-बारीक व्याख्या-पद्धतियां दिखाई दे रही हैं, लेकिन अर्थ-प्रक्रिया की कोई सर्वग्राह्य, निश्चित और सार्वकालिक पद्धति अभी तक विकसित नहीं हो पाई है।

मुक्तिबोध की समीक्षाई की मुख्य दिशा है – तत्वों का उनकी आवयविक एकता में अध्ययन करना, यानी किसी कवि की कविताओं की रचना-प्रक्रिया और अर्थ-प्रक्रिया जानने के लिए उसकी युगीन चेतना, उसकी चेतना, उसके संवेदनात्मक उद्देश्य, उसकी अन्य साहित्यिक एवं साहित्येतर रचनाशीलता के संदर्भ को जानना। इन सबको दूसरे की संबद्धता में समझना न कि उनकी असंबद्धता में।

---

1. सुधीश पचौरी : नई कविता की रचना-प्रक्रिया और अर्थ-प्रक्रिया (अप्रकाशित शोध प्रबंध), पृ. 36

मुक्तिबोध का युगीन परिदृश्य

आज़ादी से पहले राजनीति और समाज

मुक्तिबोध का जन्म 13 नवंबर, 1917 को तत्कालीन ग्वालियर स्टेट के ज़िला मुरैना स्थित श्योपुर नामक कस्बे में हुआ था।

उस समय भारत में ब्रिटिश हुकूमत थी। प्रथम महायुद्ध के दौरान इन ब्रिटिश साम्राज्यवादियों ने भारत का शोषण और भी तेज़ कर दिया था। अंग्रेज पूंजीपति की लूट-खसोट के कारण देश में ग़रीबी और भुखमरी बढ़ती ही जा रही थी। भूखे मज़दूर इनके कारख़ानों में अपनी श्रमशक्ति कौड़ीभाव बेचने को विवश थे।

परेशान देशी पूंजीपति भी था। वह इसलिए कि उसका माल विदेशी पूंजीपति के माल के सामने टिक नहीं पाता था। और इसके लिए देशी पूंजीपति एक रास्ता निकाल भी चुका था। 'भारतीय राष्ट्रीय कांग्रेस का रास्ता'। यह रास्ता राष्ट्रीयता की आड़ में विदेशी माल के बहिष्कार और देशी माल के इस्तेमाल के लिए भारतवासियों को तैयार करने का था। इससे इतर भारतीय राष्ट्रीय कांग्रेस के दूसरे हित गौण थे। प्रकट में तो बहुत कुछ था।

हम यही कहना चाहते हैं कि प्रथम महायुद्ध काल में जब शोषण-उत्पीड़न का चक्का बेहद तेज़ गति पकड़े हुए था, देश की सबसे बड़ी राजनीतिक पार्टी कांग्रेस, ब्रिटिश शासकों के सुर में सुर मिला रही थी। मांटेग्यू व चैम्सफोर्ड जैसे सुधारों (1919-20) का उद्देश्य किसी भी प्रकार भारत को स्वाधीनता की ओर ले जाना नहीं था, बल्कि नई परिस्थितियों में उसे ब्रिटिश साम्राज्य का एक अंग बनाये रखना ही था। गांधी जी को इन सुधारों में साम्राज्यवाद की बू भी न मालूम पड़ती थी। उनकी दृष्टि में वे ब्रिटिश शासकों द्वारा लादे गए सुधार न थे, बल्कि ब्रिटिश जनता द्वारा भारत के साथ न्याय थे।[1]

लेकिन दूसरी ओर जनता ब्रिटिश साम्राज्य के छल को समझ रही थी।

---

1. रजनी पाम दत्त : इण्डिया टुडे (अंग्रेज़ी), पृ. 133

जिस समय "नेता इस प्रकार इन सुधारों की वकालत कर रहे थे, भारतीय जनता साम्राज्यवाद के विरुद्ध संघर्ष के मैदान में उतर पड़ी और देश के कोने-कोने में उनसे लोहा लेने लगी। 1918 के आरम्भ होते न होते उसने साम्राज्यवादी और पूंजीवादी शोषण के खिलाफ संघर्ष छेड़ दिए।"[1]

जनता की इस संघर्ष-चेतना पर निश्चित रूप से रूस की 1917 की क्रांति का प्रभाव था। रूस की जन-क्रांति विश्व-इतिहास में अपने ढंग की आश्चर्यजनक घटना थी, जिसे विश्व की शोषित जनता ने उत्साह से तथा पूंजीपतियों-साम्राज्यवादियों ने भय और आशंका से देखा। भारत का मज़दूर वर्ग जो पहले से ही असंतोष की आग में झुलस रहा था, इस घटना से प्रेरणा पाकर आंदोलनधर्मी बन गया। 1918 से ही जन-आंदोलनों का देशव्यापी क्रम आरंभ हो गया। सन् 1918 में बंबई की सूती मिलों की पहली बड़ी हड़ताल हुई। इसके बाद तो देश भर से हड़तालों के समाचार आने लगे जिनमें मज़दूरों ने बहुत बड़ी संख्या में भाग लिया।[2]

इस प्रकार के जन-संघर्षों को दबाने के लिए ब्रिटिश शासकों ने 1919 की 18 मार्च को रोलेट एक्ट पास किया। सारे देश में प्रतिवाद की लहर फैल गई। अमृतसर, लाहौर, मुल्तान, जालंधर, करनाल, अहमदाबाद और दूसरे शहरों में भी उसी दिन हड़ताल, प्रदर्शन और आम सभाएं हुईं। 13 अप्रैल, 1919 को जलियांवाला बाग की आमसभा पर जनरल डायर ने हज़ारों की संख्या में हत्याएं करवाईं। इस घटना से सारा पंजाब विद्रोह से फट पड़ा। दमन भी उसी अनुपात में बढ़ा।

इसी पृष्ठभूमि में सन् 1920 में बंबई में "लाला लाजपतराय की अध्यक्षता में 'अखिल भारतीय ट्रेड यूनियन कांग्रेस' का सूत्रपात हुआ। ट्रेड यूनियन आंदोलन ने भारतीय मज़दूर वर्ग की वर्ग-चेतना को उत्तेजित करके थोड़े ही दिनों में मार्क्सवादी विचारधारा के प्रवेश और प्रसार के लिए एक उपयुक्त भूमिका का निर्माण कर दिया।"[3]

भारत की राजनीति में कम्युनिस्ट आंदोलन की नई शक्तियों ने प्रवेश किया। 1921-22 के जन-आंदोलनों की पराजय से मिली पस्तहिम्मती को मज़दूर वर्ग ने ही तोड़ा। इसका उदाहरण भारत के मज़दूरों की वे जुझारू हड़तालें हैं जो उन्होंने इस दरमियान कीं। 'साम्राज्यवाद का उदय और अस्त' नामक अपनी पुस्तक में अयोध्या सिंह ने जो तालिका दी है उसके अनुसार भारत में

---

1. अयोध्या सिंह : साम्राज्यवाद का उदय और अस्त, पृ. 85
2. रजनी पाम दत्त : इण्डिया टुडे (अंग्रेज़ी), पृ. 333
3. ए० एस० माथुर आदि : ट्रेड यूनियन मूवमैंट इन इण्डिया (अंग्रेज़ी), पृ. 3

विभिन्न स्थानों पर 1921-29 के दौरान 1955 हड़तालें हुईं जिनमें 32,78,057 मज़दूरों ने भाग लिया।[1] इस प्रकार इन हड़तालों के कारण औद्योगिक उत्पादन पर स्वामित्व रखने वाले विदेशी साम्राज्यवादी पूंजीपति वर्ग को राष्ट्रीय मुक्ति संग्राम के हाथों काफ़ी क्षति उठानी पड़ी।

एक तरफ़ बढ़ते साम्राज्यीय शोषण और देश की बिगड़ती हालत ने, दूसरी तरफ़ कांग्रेस नेताओं के समझौतापरस्त रवैये ने, तीसरी तरफ़ देश में बढ़ते कम्युनिस्ट और मजदूर आंदोलन ने और चौथी ओर सोवियत संघ की अग्रगति और चीन की क्रांति (1924-1927) ने सन् 1926 में कांग्रेस के अंदर गरम दल को जन्म दिया। साइमन कमीशन का बायकाट (1928), बारदोली का सत्याग्रह (1928), मेरठ कम्युनिस्ट षड्यंत्र केस (1929), लाहौर षड्यंत्र केस (1928-29) आदि आगे की महत्वपूर्ण घटनाएं थीं।

देशवासियों का ध्यान कम्युनिस्ट पार्टी की ओर आकर्षित हुआ। लोग मार्क्सवादी साहित्य खोज-खोजकर पढ़ने लगे। कहीं-कहीं अभियुक्तों ने अदालत को ही कम्युनिस्ट सिद्धांतों के प्रचार का मंच बड़ी सफलता से बनाया।[2]

कांग्रेस इन परिस्थितियों में पिछड़ना नहीं चाहती थी। 1929 में पं० जवाहर लाल नेहरू की अध्यक्षता में लाहौर अधिवेशन में कांग्रेस ने ब्रिटिश सरकार के आगे 11 सूत्रीय मांगें रखीं। लेकिन इन मांगों में स्वाधीनता की बात तो अलग "यहां तक कि 'डोमीनियन स्टेटस' भी खोजने को नहीं मिला। इनमें से अधिकांश मांगें हिन्दुस्तान के पूंजीपतियों की मांगें थीं।[3] गांधी जी हिंसा के विरुद्ध थे। वे एक नहीं, दो मोर्चों पर लड़ना चाहते थे। एक तरफ़ ब्रिटिश शासकों से तो दूसरी तरफ़ ब्रिटिश शासकों के विरुद्ध देशव्यापी संग्राम चलाने वालों से, एक तरफ़ ब्रिटिश शासकों की हिंसा के ख़िलाफ़ और दूसरी तरफ़ ब्रिटिश शासकों के विरुद्ध लड़ने वाले देशवासियों की हिंसा के ख़िलाफ़।

जनता के संघर्ष नहीं रुके। न केवल मज़दूर वर्ग ने हड़तालें कीं, बल्कि 1930-33 के बीच किसान जनता ने भी विभिन्न रियासतों में ज़मींदारों और उनके अंग्रेज़ रक्षकों के ख़िलाफ़ विद्रोह किए। ब्रिटिश शासकों का दमन और तेज़ हुआ, तो दूसरी ओर गांधी-इरविन समझौता हुआ।

इस काल से आगे का घटना-परिधान फ़ासिज़्म के अंतर्राष्ट्रीय स्तर पर प्रसार का है, जिसने दूसरे विश्वयुद्ध की भूमिका बनाई और पूरे विश्व को एकबारगी हिला दिया। भारत की राजनीतिक स्थिति पर भी उसका असर आया।

---

1. अयोध्या सिंह : साम्राज्यवाद का उदय और अस्त, पृ. 90
2. मुज़फ़्फ़र अहमद : समकालेर कथा (बंगला), पृ. 60-61
3. अयोध्या सिंह : साम्राज्यवाद का उदय और अस्त, पृ. 223

फ़ासिज़्म का विकास जर्मनी में नाज़ियों की विजय के साथ ही होने लगा था। जापान, इटली व जर्मनी फ़ासिस्ट दिग्विजय के सपने देखने लगे। दूसरे विश्वयुद्ध के होने से पहले तक जर्मनी, जापान और इटली के अलावा आस्ट्रिया, पोलैंड, चेकोस्लोवाकिया, हंगरी, अल्बानिया, रूमानिया, बुल्गेरिया, ग्रीस, तुर्की, लटविया, इस्तोनिया, लिथुआनिया, फिनलैंड, स्पेन, पुर्तगाल आदि में फ़ासिस्टों की तूती बोलने लगी। 1933 से लेकर 1936 के बीच दुनिया के मज़दूर आंदोलन के सामने, जनतंत्र और समाजवाद की शक्तियों के सामने, फ़ासिज़्म और युद्ध के ख़िलाफ़ संयुक्त मोर्चे का सवाल प्रमुख हो उठा। फ़ासिज़्म के ख़तरे से सारी दुनिया को आगाह करने के लिए और उसके मुकाबले के लिए, शांति और प्रगति की शक्तियों को संगठित करने में पहलक़दमी सोवियत संघ, कम्युनिस्ट इंटरनेशनल और विभिन्न देशों की कम्युनिस्ट पार्टियों ने की। फ्रांस में, अक्टूबर 1934 में जनमोर्चे की सरकार बन ही चुकी थी। 1935 में स्पेन में कम्युनिस्टों की प्रेरणा से जनमोर्चे का शक्तिशाली आंदोलन चलाया गया। चीन में माओ त्से-तुंग के नेतृत्व में साम्राज्यवाद-विरोधी राष्ट्रीय मोर्चा गठित हुआ। ब्रिटेन और अमरीका की जनता भी कम्युनिस्ट नेतृत्व के मोर्चे में शामिल हुई।

इधर भारत में भी कांग्रेस के अंदर और बाहर वामपंथियों और समाजवादी विचारों की वृद्धि हुई थी। कांग्रेस के दक्षिणपंथी नेताओं के नेतृत्व में भद्र-अवज्ञा आंदोलन की जो परिणति हुई उसे देखकर कांग्रेस के भीतर और बाहर के लोग इस निष्कर्ष पर पहुंचे कि दक्षिणपंथियों के रास्ते से स्वाधीनता न आएगी, केवल वैधानिक आंदोलन चलाकर ब्रिटिश साम्राज्यवादियों से आज़ादी नहीं छीनी जा सकती। कांग्रेस के अंदर एक तगड़ा वामपक्ष पैदा हो गया। 1936 में फ़ैज़पुर में हुए कांग्रेस के 50वें अधिवेशन में समाजवादी विचारों का और भी ज़ोर देखा गया। डा॰ पट्टाभि सीतारमैया ने इस अधिवेशन के बारे में लिखा है– "पूरा वायुमंडल समाजवादी नारों से गूंज रहा था। एक तरफ़ मज़दूरों और किसानों के अधिकारों पर ज़ोर दिया जा रहा था और दूसरी तरफ़ साम्राज्यवाद और फ़ासिज़्म की शक्तियों की निन्दा की जा रही थी। वामपंथियों के सुझाव पर कांग्रेस के एक प्रस्ताव में दुनिया के गुलाम लोगों के साथ . . .तथा सोवियत संघ की जनता के साथ हिन्दुस्तान की दोस्ती का इज़हार किया गया।"[1]

दूसरे महायुद्ध के पहले के कुछ वर्षों में भारत की क्रांतिकारी शक्तियां काफ़ी तेज़ी से आगे बढ़ीं। युद्ध-विरोधी प्रचार पर रोक के ख़िलाफ़ और कम्युनिस्ट पार्टी पर लगे प्रतिबंध को हटाने के लिए जनमत बढ़ता गया। इसके साथ ही किसान सभा, ट्रेड यूनियन कांग्रेस, छात्रसंघ, कांग्रेस सोशलिस्ट पार्टी, ग़ैरक़ानूनी

---

1. डा॰ पट्टाभि सीतारमैया : भारतीय राष्ट्रीय कांग्रेस का इतिहास, पृ. 30

कम्युनिस्ट पार्टी तथा स्वयं कांग्रेस की ताकत भी बढ़ती गई। सन् 1936 में कांग्रेस की सदस्य-संख्या 6 लाख थी, किंतु साम्राज्यवाद एवं फ़ासिज़्म विरोधी मोर्चा बनाने के आह्वान पर 1939 में बढ़कर 50 लाख के लगभग हो गई। इस वृद्धि का बहुत बड़ा श्रेय वामपंथियों को, उसके अंदर काम करने वाले कम्युनिस्टों और सोशलिस्टों को था। "कांग्रेस के अंदर बढ़ते गरमदल के प्रभाव को रोकने के लिए दक्षिणपंथियों ने, गांधीजी के सुझावों पर कांग्रेस के नियमों में संशोधन पेश किया। उनका प्रस्ताव था कि कांग्रेस में नए सदस्यों की भरती बंद कर दी जाय।"[1]

3 सितंबर, 1936 को जर्मनी के ख़िलाफ़ ब्रिटेन की युद्ध की घोषणा के कुछ घंटे बाद ही वायसराय ने हिन्दुस्तान को युद्धरत घोषित कर दिया। ऐसे समय में जबकि ब्रिटिश शासक युद्ध में व्यस्त थे, हमारे देश की जनता उनसे भिड़ जाना चाहती थी। किंतु बढ़ते जन-आंदोलन को रोकने के लिए कांग्रेसी नेताओं ने कहना शुरू किया कि जब दुश्मन पर मुसीबत हो, उस वक्त उस पर हमले करना हिंसा है। अजब स्थिति थी। कम्युनिस्ट पार्टी उस समय अवैधानिक थी और अवैधानिक होने के नाते "आंदोलन का नेतृत्व प्रकट रूप में नहीं कर सकती थी, परन्तु उसके युद्ध-विरोधी कार्यक्रम की ओर जनता खिंची जा रही थी।"[2]

22 जून, 1942 को जर्मनी ने रूस पर आक्रमण कर दिया जिससे एक नई अंतर्राष्ट्रीय स्थिति पैदा हुई। यहां की कम्युनिस्ट पार्टी ने, जो अब तक युद्ध को साम्राज्यवादी कहकर उसके ख़िलाफ़ जनमत तैयार कर रही थी, फ़ासिज़्म को अपना प्रधान शत्रु घोषित किया और उसने फ़ासिज़्म के ख़िलाफ़ लड़ने वाले मित्रराष्ट्रों को, जिसमें सोवियत रूस प्रमुख था, समर्थन दिया। साथ ही फ़ासिज़्म के ख़िलाफ़ युद्ध को जनता का युद्ध बताया और भारत की जनता में प्रचार-प्रसार किया कि मित्रराष्ट्रों की विजय वास्तव में सोवियत रूस की और विश्व-जनता की विजय होगी।

युद्ध के इस चरित्र को कांग्रेसियों ने भी स्वीकार किया कि यह युद्ध अब सिर्फ़ साम्राज्यवादियों के बीच का नहीं है, बल्कि अब वह दुनिया की प्रगतिशील ताक़तों और घोर प्रतिक्रियावादी फ़ासिस्टों के बीच का है। युद्ध के प्रति बदले इस रुख़ का परिणाम हुआ कि कांग्रेसी और कम्युनिस्ट नेता रिहा कर दिए गए और 1942 की गर्मियों में भारत की कम्युनिस्ट पार्टी क़ानूनी घोषित कर दी गई।

---

1. अयोध्या सिंह : साम्राज्यवाद का उदय और अस्त, पृ. 456
2. यशपाल : रामराज्य की कथा, पृ. 100

विश्व-स्तर का यह दूसरा महायुद्ध था। फ़ासिस्टों की हार हुई। यह हार वस्तुतः फ़ासिज़्म पर सारी दुनिया की जनता की विजय थी। इस विजय ने मानव समाज की सभ्यता और संस्कृति की रक्षा की, घोर प्रतिक्रियावाद के अंधेरे से दुनिया को बचाया। लेकिन इस विजय की बहुत बड़ी क़ीमत युद्ध में फंसे सारे देशों की जनता को चुकानी पड़ी। जन-धन की हानि के आंकड़े बहुत विराट और दहलाने वाले हैं।

दूसरे महायुद्ध ने दुनिया के नक्शे पर कई महत्वपूर्ण परिवर्तन कर दिए। विश्व समाजवादी व्यवस्था का जन्म युद्धोत्तर काल की सबसे महत्वपूर्ण घटना है। दूसरी एक महत्वपूर्ण घटना थी औपनिवेशिक व्यवस्था का ध्वंस। पराधीन देशों की जनता ने आगे बढ़कर जगह-जगह साम्राज्यवाद पर आघात किए और उसे जर्जर कर दिया। चीन की सफल क्रांति ने समाजवादी व्यवस्था का पक्ष मज़बूत किया और भारत की राजनीतिक स्वतंत्रता प्राप्ति ने औपनिवेशिक व्यवस्था को अत्यंत कमज़ोर कर दिया।

दूसरी ओर दुनिया का सबसे बड़ा साम्राज्यवादी ब्रिटेन दुर्बल हो गया। अमरीकी साम्राज्यवाद विश्व का सबसे बड़ा शोषक बन गया। ऐसा इस कारण हुआ कि ब्रिटेन, फ्रांस, जर्मनी, जापान आदि दूसरे साम्राज्यवादी देश युद्ध के प्रांगण बने हुए थे। किंतु अमरीका युद्ध की चिनगारियों से काफ़ी दूर था। उसके कल-कारख़ाने एकदम सुरक्षित थे जबकि दूसरे साम्राज्यवादियों के कल-कारख़ाने युद्ध की भेंट चढ़ लिए थे।

युद्ध के बाद एक बात और हुई। समाजवादी व्यवस्था के विकास और औपनिवेशिक व्यवस्था का ध्वंस होता देख, दूसरे महायुद्ध के बाद अमरीकी-ब्रिटिश साम्राज्यवादियों ने कुचक्र रचना शुरू किया और शीतयुद्ध को जन्म दिया। उनके इस कुचक्र का लक्ष्य समाजवादी और राष्ट्रीय मुक्ति आंदोलनों की प्रगति को रोकना और पूर्व यूरोप के नए समाजवादी देशों को 'मुक्त' कराना था।

इस शीतयुद्ध की नीति की खुली घोषणा 5 मार्च, 1946 के भाषण में, अमरीका के फुल्टन शहर में ब्रिटेन के प्रधानमंत्री चर्चिल ने अमरीका के उपराष्ट्रपति ट्रूमैन के साथ सलाह-मशविरे के बाद की। भाषण में समाजवादी देशों को सोवियत संघ द्वारा खड़े किए गए 'लौह पट' के पीछे के देश कहा गया। शीतयुद्ध को क्रियान्वित करने के लिए मार्शल योजना बनी। योजना में ऊपर-ऊपर तो अमरीकी उदारता आदि की रंगीन बातें की गईं, किंतु उनका असल उद्देश्य था-यूरोप को समाजवाद से बचाना, यूरोप के पूंजीवादी देशों और उनके उपनिवेशों में अमरीकी साम्राज्यवादियों के अर्थनीतिक प्रवेश को आसान बनाना, पूंजीवादी दुनिया पर अमरीकी प्रभुत्व कायम करना और अपने नेतृत्व में यूरोप के सब

पूंजीवादी देशों को हथियारबंद करना और संगठित करना, जिससे कि सोवियत संघ एवं यूरोप की नई जनवादी शक्तियों पर एक साथ हमला किया जा सके।

उपरोक्त राष्ट्रीय एवं अंतर्राष्ट्रीय राजनीतिक-सामाजिक घटनाक्रम ने मुक्तिबोध की मूल चेतना का निर्माण किया। इसी बाह्य जगत ने उनके आभ्यंतर को झकझोरा। इन राजनीतिक-सामाजिक परिस्थितियों के समानांतर साहित्यिक-सांस्कृतिक परिदृश्य भी निश्चित रूप से बदल रहा था। इसी साहित्यिक-सांस्कृतिक परिदृश्य ने मुक्तिबोध की साहित्यिक चेतना का निर्माण किया था। अतः इससे आगे इस युग की यानी रूसी क्रांति के काल से स्वतंत्रता प्राप्ति-पूर्व के काल तक की साहित्यिक-सांस्कृतिक गतिविधियों का संक्षिप्त ब्यौरा प्रस्तुत है।

साहित्यिक-सांस्कृतिक परिदृश्य

सन् 1918 से भारतीय जनजीवन जिस नए आशा-उत्साह से उद्वेलित हो उठा था, साहित्य भी उससे अछूता न रहा। इस आशा और उत्साह की झलक उसमें भी दिखाई देने लगी थी। इस काल के कवियों के विषय में डा॰ जनेश्वर वर्मा लिखते हैं– "इन कवियों के स्वर, काव्य के पूर्ववर्ती परम्परागत स्वरों से भिन्न थे। शोषित एवं श्रमिक वर्ग के प्रति सहानुभूति, शोषण एवं अत्याचार का विरोध, श्रेणी सजगता तथा शोषक वर्ग के प्रति घृणा एवं विद्रोह की भावना, जनशक्ति में आस्था, विजय में विश्वास, अत्याचार, अनीति और विषमता को मिटाकर साम्य के आधार पर समाज के नवनिर्माण के लिए क्रांति का आवाहन, जीवन के प्रति आशावादी दृष्टिकोण, आत्मनिर्भरता एवं स्वाभिमान की भावना, मानवतावाद का समर्थन, सोवियत के प्रति सहानुभूति एवं प्रशंसा का भाव, समाजवादी विधान में विश्वास आदि अनेक ऐसी बातें थीं जो स्पष्ट रूप से इस बात का संकेत कर रही थीं कि परम्परागत हिन्दी काव्यधारा की एक शाखा उससे अलग होकर एक नया मोड़ ले रही है, जिसमें प्रवाहित होने वाला काव्यरूपी जल तो वही है, परन्तु उसके प्रवाह की दिशा नवीन है।"[1]

यहां ध्यान देने योग्य तथ्य यह है कि इस समय द्विवेदीयुगीन प्रवृत्तियों का बाहुल्य था। छायावाद अपने प्रारंभ का एक चरण पूरा कर रहा था। द्विवेदीयुगीन समस्त काव्य-प्रवृत्तियों में से राष्ट्रीय काव्यधारा ने हिन्दी काव्य-क्षेत्र में प्रगतिशील विचारधारा को जड़ जमाने और विकसित करने में अप्रत्यक्ष योग दिया। साहित्यकार क्रांति, साम्यवाद, वर्गसंघर्ष आदि की चर्चा करने लगे।

1. डा॰ जनेश्वर वर्मा : हिन्दी काव्य में मार्क्सवादी चेतना, पृ. 232

कविताओं से कुछ उदाहरण प्रस्तुत हैं–

– फैले हैं ये भाव नया युग लाने वाले।
घोर क्रांति का उलटफेर करवाने वाले।[1]

– यह साम्य प्रभा प्रकटाओ, परिवर्तन! स्वागत आओ।[2]

– उसी सुभग सिद्धांत का साम्यवाद शुभ नाम है,
जिस पर जग की शांति का अवलंबित सब काम है।[3]

– और पिसते को पीस देना, नित्त के चोंचले धनी के हैं।[4]

– सब भाई एक हैं हम, झंडा है लाल अपना,
इसमें हथौड़ा हंसिया है, अस्त्र यहां अपना।[5]

– विजय ध्वजा फहरा दे विजये।
साम्यभाव का भारत में तू, डंका आज बजा दे विजये।[6]

– दीन हितकारी, साम्राज्यवाद ध्वंसकारी,
साम्यवाद वारी लाल क्रांति चिरजीवी हो।[7]

– अत्याचार भार भू का हो, फैले ऐसी अमिट अशांति,
भ्रांति दूर हो, उथल-पुथल हो, क्रांति-क्रांति हो भीषण क्रांति।[8]

– निर्मल साम्य-समीकरण द्वारा प्रेम-सुरभि सरसाएंगे।[9]

– त्रस्त सभी हों दुष्ट विषमता दूर हों,
साम्य समक्ष असीम विषमता दूर हो।[10]

कहने का तात्पर्य यह है कि इस काल में एक ओर तो जाने-अनजाने साहित्य की प्रगतिशील धारा और स्वाधीनता आंदोलन एक दूसरे से संबद्ध होते गए, और दूसरी ओर साम्राज्यवादी शासकों के विरुद्ध बुर्जुआ नेतृत्व का जो

1. गयाप्रसाद शुक्ल 'सनेही' : 'साम्यवाद' शीर्षक कविता, *प्रताप* : 12 अप्रैल, 1920, पृ. 8
2. देवीदत्त मिश्र : 'आह्वान' शीर्षक कविता, प्रभा, जनवरी 1921, पृ. 29
3. शिवदास गुप्त 'कुसुम' : 'साम्यवाद' शीर्षक कविता, *प्रताप* , 26 मार्च, 1920, पृ. 8
4. हरिऔध : 'सबल और निबल' शीर्षक कविता, *सरस्वती*, नवम्बर 1919, पृ. 29
5. गयाप्रसाद शुक्ल 'सनेही' : मज़दूरों की तान, पृ. 13
6. दुर्गादत्त त्रिपाठी : 'विजयगीत' शीर्षक कविता, *मनोरमा*, अक्टूबर 1925, पृ. 44
7. अवधबिहारी मालवीय 'अवधेश' : 'रण-भेरी' शीर्षक कविता, *तरकस*, पृ. 3
8. छैलबिहारी दीक्षित 'कंटक' : रचनाकाल 1927, उद्धृत हिन्दी काव्य में मार्क्सवादी चेतना, पृ. 278
9. दीनानाथ अशंक : 'निश्चय' शीर्षक कविता, *सुकवि*, दिसबंर 1928, पृ. 14
10. रामविलास शर्मा : रूप तरंग, पृ. 46

उदारतावादी ढुलमुल रुख था उसकी परिणति साहित्यिक-सांस्कृतिक क्षितिज पर होने लगी। आदर्शवाद की सीमाओं में ही सही पर यथार्थवादी साहित्य रचा जाने लगा। कुल मिलाकर यह एक शुरुआत थी जो किसी बड़े आंदोलन की भूमिका बन सकती थी। और जब खुद कांग्रेस के मंच से समाजवाद का नारा उठा, राष्ट्रीय आंदोलन दक्षिण पंथ और वाम पंथ में विभक्त हुआ, यानी 1930 के लगभग जब राजनीति में आदर्शवाद की सीमाएं टूटीं तो साहित्य में भी टूटीं।

यह छायावाद के उतार का काल था। "छायावादी कविता का अति की अवस्था तक पहुंचा हुआ माधुर्य और सौंदर्य, नए युग की भूमिका में लोगों को लुभा सकने में सर्वथा असमर्थ और अशक्त साबित हो गया।"[1] इसका जन्म हमारे साहित्य की विशेष सामाजिक और सांस्कृतिक परिस्थितियों में हुआ और फिर विशेष परिस्थितियां उत्पन्न हो जाने के कारण इसका पर्यवसान भी हो गया।[2]

हम बता ही चुके हैं कि इन्हीं परिस्थितियों में समाजवादी चेतना के प्रसार की एक भूमिका तैयार थी। अनेकानेक पत्र-पत्रिकाएं समाजवादी विचारधारा को प्रचारित-प्रसारित कर रही थीं। 'जागरण' और 'हंस' जैसी पत्रिकाओं ने इस बीच रचे जाने वाले साहित्य को समाजवादी विचारधारा से संपृक्त करने में योग दिया। कहना न होगा कि छायावाद की पतनोन्मुखी पृष्ठभूमि और इस नई धारा का ही परिणाम था कि साहित्य में नए प्रगतिशील जीवन-मूल्यों के लिए एक वास्तविक ज़मीन तैयार हो सकी।

सन् 1934 में 'प्रगतिशील लेखक संघ' का गठन हुआ लेकिन भारत से हज़ारों मील दूर लंदन में। मुल्कराज आनंद, तथा सज्जाद ज़हीर आदि युवा साहित्यकारों ने उसका एक घोषणा-पत्र तैयार किया और भारत के लेखकों के पास भेजा। प्रेमचंद ने संगठन का स्वागत करते हुए 'हंस' में लिखा- "उसने अपना जो मेनिफेस्टो भेजा है, उसे देखकर यह आशा होती है कि अगर यह सभा अपने नए मार्ग पर जमी रही तो साहित्य में नवयुग का उदय होगा।"[3] हालांकि यह मेनिफेस्टो जिसके बारे में प्रेमचंद ने उपरोक्त टिप्पणी की, अपने चरित्र में बहुत विश्लेषणात्मक और प्रौढ़ नहीं था, यानी इसमें एक घोषणा-पत्र के अनुकूल सूत्र-कथन पद्धति का अभाव था और पिछली दो शताब्दियों के संपूर्ण साहित्य को भावुकतापूर्ण रूढ़िगत और हीन बताकर लज्जास्पद सिद्ध करना अपने आपमें एकांगी निर्णय था, लेकिन इसमें शक नहीं कि एक शुरुआत के

---

1. नामवर सिंह : छायावाद, पृ. 148
2. रामअवध द्विवेदी : हिन्दी साहित्य के विकास की रूपरेखा, पृ. 152
3. प्रेमचंद : उद्धृत, 'प्रगतिवाद : पुनर्मूल्यांकन' (हंसराज रहबर), पृ. 19-20

रूप में यह अत्यंत महत्वपूर्ण है।

इन युवा साहित्यकारों के भारत आने पर प्रगतिशील लेखक संघ का प्रथम सम्मेलन अप्रैल 1936 में लखनऊ में, प्रेमचंद की अध्यक्षता में हुआ। दूसरा सम्मेलन 1937 में इलाहाबाद में हुआ। जवाहरलाल नेहरू ने भी उसमें भाग लिया और कहा कि "हिन्दुस्तान के प्रगतिशील लेखक संघ जैसी संस्थाएं योरप में कई हैं और उन्होंने बड़े-बड़े काम किए हैं।. . .भावी क्रांतियों के लिए देश को तैयार करना, इसकी ज़िम्मेदारी लेखक पर होती है। हिन्दुस्तान में भी लेखकों ने बड़ा असर डाला है। लेकिन अभी ऐसे लेखक कम पैदा हुए हैं जो देश को अधिक आगे ले जा सकें। इसलिए प्रगतिशील लेखक संघ का स्थापित होना बहुत बड़ी ज़रूरत को पूरा करना है और हमने बड़ी-बड़ी उम्मीदें लगा रखी हैं।"[1]

मुक्तिबोध की रचनाधर्मिता ठीक इसी समय प्रारंभ हुई थी जब प्रगतिशील लेखक संघ नए लेखकों से बहुत उम्मीदें लगा रहा था। 1935 में मुक्तिबोध की पहली रचनाएं प्रकाशित हुईं लेकिन उन पर छायावाद का और अपने निकटस्थ आदर्श माखनलाल चतुर्वेदी का भरपूर प्रभाव रहा। प्रगतिशील लेखक संघ की गतिविधियों का अभी उतना प्रचार-प्रसार नहीं हो पाया था। आली, सखि, सजनी के संबोधनों वाली तथा जीवन-मरण के रहस्यवादी सवालों से घिरी मुक्तिबोध की प्रारंभिक कविताएं अभी प्रगतिवादी चेतना के ताप से अछूती थीं। लगभग 1936 तक वे छायावादी सौंदर्याभिरुचि से प्रभावित रहे।

इन दिनों मुक्तिबोध को समीक्षाई इतनी ज़रूरी नहीं लग रही थी जितनी कि कविताई। छायावादी ढब की कविता को समझने के लिए समीक्षा पर्याप्त औज़ार विकसित कर चुकी थी। लेकिन देखने की बात यह है कि छायावाद-प्रेरित होते हुए भी मुक्तिबोध की इस काल की रचनाओं में कहीं आगामी की गूंज सुनाई देती है। उन्हें जीवन के नित नए अनुभव अविश्राम गति से मिल रहे थे। संभवत: 1937 में लिखी उनकी कविता यह संकेत देती है-

नित चलता ही रहा है मेरा मनोधाम
गति के ही उसकी संसृति है।
नित नव जीवन में उन्नति है
नित नव अनुभव हैं अविश्राम
मन सदा तृषित सन्तत सकाम।[2]

---

1. जवाहरलाल नेहरू : उद्धृत, 'नया अदब' (उर्दू), फरवरी 1941
2. मुक्तिबोध रचनावली-1, पृ. 52

इन कविताओं में 'भविष्य आहट' आने लगी थी तथा नवभविष्य के प्रति एक उल्लसित भाव अभिव्यक्त होने लगा था–

जब डूब चला जाता अतीत
हम उषःकाल के विहग गीत
हम डाल-डाल पर गुंजित हैं
आकाश हमारी मधुर आश
हम आए हैं स्वागत करने
नभ का निर्झर नूतन प्रकाश
हम हैं जीवन के विहग गान
उन चलने वालों के अतीत
मेरी गति में भविष्य आहट
मेरे इंगित में सृजन गीत
हमें सदा है नव भविष्य।[1]

1637 में ही रची गई एक कविता 'क्षिप्रा धारा' में उनकी यथार्थवादी चिंतनधारा के उन्मेष की घोषणा है। कवि की अंतःक्षिप्रा धारा के छायावादी कूल टूटने लगते हैं–

युगों-युगों से प्रवाह जारी
पर अब बदला कूल-किनारा
असंख्य लहरें, असंख्य धारा
प्रथम बही जो प्रासादों के
सुन्दर श्यामल मैदानों में
आज वही निज मार्ग बदलकर
अपना जीवन-कार्य बदलकर
अधिक सबल हो, अधिक प्रबल हो,
अधिक मत्त होकर चंचल हो
खुल पड़ती है उन्हीं ग़रीबों
के प्यासे खेतों से होकर
उनके सूखे धूलि कणों से
अपना धारामय तन धोकर।[2]

उनके अंतर में पीड़ाओं का भयंकर संघर्ष होने लगा था और एक नए प्रकार

---

1. मुक्तिबोध रचनावली-1, पृ. 55
2. वही, पृ. 60-61

का 'अपनापन सहसा उत्तेजित होकर फूट पड़ना चाहता' था।[1] बांहें फैलाना चाहता था क्योंकि उसके मूल में यह चेतना थी कि समाज में स्वार्थ-भरा उत्पीड़न क्यों होता है–

फैला अपने हाथों को हम
बांध चलेंगे यह आलोड़न
हम सोचेंगे क्यों होता है
ऐसा स्वार्थ-भरा उत्पीड़न।[2]

अपनेपन के विस्तार की इस बलवती कामना के पीछे एक नई व्यवस्था की सुखद कल्पना सक्रिय थी। समाज में फैले हुए खल-बल को अपने बल से नियंत्रित करना होगा, यह तो वह महसूस करते थे, लेकिन वह बल एक समाजवादी क्रांति में कैसे रूपांतरित होगा यह इन प्रारंभिक कविताओं में स्पष्ट नहीं है। हां, एक नए राज्य का सपना ज़रूर है–

हम खल-बल का अपने बल से
नित्य करेंगे स्वयं नियन्त्रण
यह मुसकानों का बल होगा
यह फूलों का परिमल होगा
अन्तर्देशे करुणा-तट पर
होगा नए राज्य का स्थापन।[3]

प्रगतिशील चेतना के विकास को दृष्टिगत रखते हुए दूसरे सम्मेलन का विशिष्ट महत्व है। इसका प्रभाव हिन्दी साहित्य तक ही सीमित न रहकर अन्य भारतीय भाषाओं पर भी तेज़ी से पड़ा। इसके माध्यम से हिन्दी के प्रगतिशील लेखक, उर्दू, बंगला, गुजराती, मराठी, तेलुगु, मलयाली आदि अन्य भारतीय लेखकों के निकट संपर्क में आए।

यह सही है कि अपने प्रारंभ में प्रगतिशील लेखक संघ, वैज्ञानिक समाजवादी व्यवस्था को अंतिम लक्ष्य मानने के स्थान पर राष्ट्रीय आंदोलन के प्रगतिशील नारों तक ही सीमित था, फिर भी उसका स्थापित होना समय की मांग थी। उस मांग को किसी हद तक उसने पूरा किया, यह एक ऐतिहासिक तथ्य है।

सन् 1939-40 का समय मुक्तिबोध की रचनाधर्मिता का संक्रांति काल है। वैयक्तिक चेतना की प्रणयाधारित एवं रहस्यमूलक उद्भावनाओं के स्थान

---

1. मुक्तिबोध रचनावली-1, पृ. 62
2. वही, पृ. 62-63
3. वही, पृ. 63

पर बाह्य यथार्थ अधिक उत्प्रेरित करने लगा और नवोदित प्रगतिवादी चेतना पुराने छायावादी अभिव्यक्ति प्रकार पर रोक लगाने लगी। इस सक्रांति चेतना की अभिव्यक्ति 'लिख न सका हूं' शीर्षक कविता में स्पष्ट रूप से हुई है--

लिख न सका हूं जो कि चाहता हूं मैं लिखना
बाहर की बातें ही घिर घिर
आ जाती हैं
सहज रोक देती हैं मन के
अन्दर के स्वर
शब्द रोक देते भावों को
चित्र रोक देते स्वप्नों को
लेखन रोक चला अपने प्राणों के ही संवेदन को
सहज बाह्य में भटक भूलकर छूट चला जाता
धन मन का।[1]

सन् 1940 तक वे प्रगतिशील विचारधारा के प्रति एक निर्णयात्मक मन बना चुके थे। 'पूंजीवादी समाज के प्रति' शीर्षक कविता उनके वैचारिक आधार के संपुष्ट होने की गवाही देती है।

तीसरा सम्मेलन 1942 में दिल्ली में हुआ। राजनीतिक-सामाजिक परिदृश्य की चर्चा करते हुए हम देख चुके हैं कि इस समय फ़ासिज़्म विश्व-जन के अस्तित्व के लिए ख़तरा बना हुआ था। यह सम्मेलन फ़ासिज़्म का साहित्यिक-सांस्कृतिक स्तर पर विरोध करने के लिए ही आयोजित हुआ और इसीलिए इसे 'अखिल भारतीय फ़ासिस्ट-विरोधी लेखक सम्मलेन' की संज्ञा दी गई। इस सम्मेलन में उन लेखकों ने भी भाग लिया जो प्रगतिशील लेखक संघ के सदस्य न होते हुए भी साम्राज्यवाद-फ़ासीवाद विरोधी थे और जनवादी लक्ष्यों से अनुप्रेरित थे।

संघ का चौथा सम्मेलन श्रीपाद अमृत डांगे की अध्यक्षता में मई 1943 में बंबई में हुआ। तीसरे सम्मेलन की तुलना में इसका आधारफलक अधिक व्यापक था।

द्वितीय विश्वयुद्ध के बादल इस समय भी मंडरा रहे थे। संकटकालीन स्थिति के उक्त सामयिक संदर्भ से यह सम्मेलन किसी भी अर्थ में निरपेक्ष न था।

लेखक संघ की अन्य शाखाएं भी सम्मेलनों का आयोजन कर रही थीं।

---

1. मुक्तिबोध रचनावली-1, पृ. 77

स्वयं मुक्तिबोध ने 1944 के अंत में, इंदौर में राहुल जी की अध्यक्षता में 'फ़ासिस्ट-विरोधी लेखक कांफ्रेंस' का आयोजन किया।

कहने का तात्पर्य यह है कि सम्मेलनों के अनंतर और इनके बाद प्रगतिशील साहित्यधारा तेज़ी से बही। अंतर्राष्ट्रीय स्तर पर रूस के नेतृत्व में, 'फ़ासिस्ट-विरोधी मोर्चा' फ़ासिस्ट ताकतों से टक्कर ले रहा था, उसका प्रतिफलन भारतीय साहित्यकारों में व्यापक रूप से हुआ। सभी की दृष्टि रूस पर लगी हुई थी, वे रूस की सफलता की कामना कर रहे थे। सोहनलाल द्विवेदी जैसे गांधीवादी साहित्यकार लिख रहे थे--

> है आज विश्व की आंख लगी
> बस एक तुम्हीं पर रूस देश,
> तुम हारे तो जग हार गया
> तुम जीते तो है विश्व शेष।[1]

श्यामबिहारी शुक्ल, रामविलास शर्मा, नरेन्द्र शर्मा, पंत, गयाप्रसाद शुक्ल 'सनेही', शील, नागार्जुन, रामेश्वर करुण, शिवमंगल सिंह 'सुमन', 'अंचल' आदि साहित्यकार इन्हीं विषयों पर लिख रहे थे। स्वयं मुक्तिबोध ने सोवियत रूस और लाल सेना की प्रशस्ति में कविताएं लिखीं–

> फ़ासिस्तों की अंधकार मेघों की सेना चीर
> चली हजारों लाल किरण-सरिताएं तीव्र अधीर,
> वोल्गा के उस पार उगा है लाल सूर्य अनिवार
> फ़ासिस्तों के कुहर जाल को भेद रहा इस बार।
> साम्य सभ्यता के सागर में मज़दूरों की शान,
> मजलूमों का हुआ भयंकर क्रोध क्षोभ अभियान,
> उनमें नए सत्य का यौवन, प्रात पवन सा मुक्त,
> एक चुनौती निर्भय, चुम्बन एक हृदय संयुक्त,
> मानवता की अग्नि शक्तियों का जलता आलोक
> तरुण कपोलों पर प्रतिबिंबित, विश्व स्नेह बेरोक।[2]

सोवियत रूस के नेतृत्व में फ़ासिस्ट-विरोधी मोर्चे की भूमिका ने न केवल कम्युनिज़्म के प्रति दुराग्रहपूर्ण धारणाओं को तोड़ा, वरन् समाजवादी समाज की उत्कृष्टता को सभी के दिल-दिमाग़ में बैठा दिया। विविध पत्र-पत्रिकाएं मार्क्सवाद पर जमकर विचार करने लगीं। कहना चाहिए कि 1936 के बाद का दशक

---

1. सोहनलाल द्विवेदी : सोवियत रूस, पृ. 12-13
2. मुक्तिबोध : 'लाल सलाम' शीर्षक कविता, *लोकयुद्ध*, 11 जून, 1944, पृ. 8

प्रगतिशील आंदोलन के उत्कर्ष का काल रहा। इस बीच साहित्य और कला के अतिरिक्त अन्य उपकरणों के माध्यम से देश के सांस्कृतिक जीवन में, विशेषतया लोक संस्कृति के धरातल पर, नया जागरण दिखाई दिया। प्रगतिशील आंदोलन ने विभिन्न क्षेत्रों में अपना प्रसार किया और उसके लिए नई समितियां बनाईं, जिनका कार्य अपने क्षेत्र में व्यापक साहित्यिक-सांस्कृतिक उपलब्धि करना था। ये समितियां थीं-- (1) सांस्कृतिक सम्मेलन कमेटी (2) जन गायन कमेटी-ग्रामगीत, लोक नृत्य आदि (3) जन नाट्य शाला कमेटी- क्रांतिकारी नाटकों का अभिनय (4) दिवस समारोह कमेटी- तुलसी, कबीर, इक़बाल, रवीन्द्र, प्रेमचंद, गोर्की, राल्फ़ फ़ाक्स आदि के दिवस समारोहों का आयोजन (5) साहित्य रचना कमेटी- निबंध आदि साहित्यिक कृतियों का पठन-पाठन।[1] ये समितियां अपने कार्यक्रमों को अमल में भी लाईं।

अब तक हमने मुक्तिबोध के युग की उन सामाजिक-राजनीतिक एवं साहित्यिक-सांस्कृतिक स्थितियों का एक मोटा-मोटी ढांचा प्रस्तुत किया है जिन्होंने मुक्तिबोध की चेतना के एक उत्कर्ष को स्थायित्व दिया। सन् 1935 के लगभग ही मुक्तिबोध ने लिखना शुरू किया था और वे इसी धारा में थे। इस काल तक मुक्तिबोध की चेतना, युग-चेतना से अलग न थी, यानी उनकी चेतना का यह उत्कर्ष राष्ट्रीय स्वाधीनता आंदोलन की पृष्ठभूमि में साम्राज्यवाद-फ़ासीवाद-सामंतवाद विरोधी एवं राष्ट्रीय मुक्तिकामी था। इस चेतना-प्रक्रिया में, भारतीय राष्ट्रीय बुर्जुआ वर्ग के नेतृत्व में चलने वाले राष्ट्रीय मुक्ति आंदोलन के सभी पक्षों के लिए उदारता थी, क्योंकि ध्येय एक ही था- राष्ट्र की साम्राज्यवाद से मुक्ति का।

आज़ादी के बाद का राजनीतिक-सामाजिक नज़ारा

भारत को आज़ादी मिलने के साथ मुक्तिबोध की चेतना का एक उत्कर्ष पूरा हुआ। ऐसा हमने इसलिए कहा क्योंकि भारतीय स्वाधीनता के राजनीतिक चरित्र ने मुक्तिबोध की चेतना को दूसरा ही धरातल प्रदान किया। जो चेतना अपने प्रथम उत्कर्ष में मूलतः साम्राज्यवाद-सामंतवाद विरोधी थी, अब अपने देश के पूंजीवाद की विरोधी भी हो उठी। लगता है, उसका कारण भारत की आज़ादी का समझौतावादी चरित्र था। यहां हमें स्वाधीनता प्राप्ति की उन स्थितियों को देखना होगा जिनके कारण मुक्तिबोध की चेतना को दूसरा आयाम मिला।

---

1. शिवकुमार मिश्र : नया हिन्दी काव्य, पृ. 35

संघर्षों के बढ़ते ज्वार को देखकर, जिसके आम विद्रोह का रूप धारण करने का ख़तरा पैदा हो गया था, ब्रिटिश साम्राज्यवाद ने अनुभव किया कि अब अपना शासन जारी रख पाना संभव न होगा। दूसरी ओर कांग्रेस का नेतृत्व डर रहा था कि अगर साम्राज्यवाद के ख़िलाफ़ संघर्ष ने आम विद्रोह का रूप धारण कर लिया तो साम्राज्यवाद-विरोधी जन-आंदोलन का नेतृत्व उसके हाथ से निकल जाएगा। इन हालात में एक ओर ब्रिटिश साम्राज्यवादियों और दूसरी ओर राष्ट्रीय कांग्रेस तथा मुस्लिम लीग के नेताओं के बीच एक समझौता हो गया।

परिणाम यह हुआ कि देश भारत और पाकिस्तान में विभाजित कर दिया गया और भारत में 15 अगस्त, 1947 को राजनीतिक सत्ता कांग्रेस पार्टी के नेताओं के हाथ सौंप दी गई। इसके साथ ही भारतीय क्रांति की पहली मंज़िल यानी आम राष्ट्रीय संयुक्त मोर्चे की मंज़िल, जिसकी धारा मुख्यतः विदेशी साम्राज्यवादी शासन के विरुद्ध थी, समाप्त हुई।

ब्रिटिश साम्राज्यवादियों ने आशा की थी कि सत्ता के हस्तांतरण के बावजूद वे हमारी अर्थनीति में अपनी दृढ़ स्थिति की बदौलत हमारी स्वाधीनता को काग़ज़ी बनाने में समर्थ होंगे, किंतु उसके बाद का ऐतिहासिक विकास का पथ साम्राज्यवादियों के लिए निराशाजनक रहा और उनकी उम्मीदों पर पानी फिर गया। फिर भी अंतर्राष्ट्रीय स्तर पर शीतयुद्ध जारी किया गया। अप्रैल 1949 में 'नाटो' की स्थापना हुई।

देश की जनता ने आशा की थी कि नया राष्ट्रीय राज्य औपनिवेशिक अतीत के सारे अभिशापों को मिटा देगा, हमारी उत्पादक शक्तियों की सारी बेड़ियों को चूर-चूर कर देगा और जनता की रचनात्मक शक्तियों को मुक्त कर देगा। उसने बड़े चाव से आस लगाई थी कि भारत अपनी अर्थनीतिक पराधीनता और पिछड़ेपन को तेज़ी के साथ दूर कर देगा तथा संपन्न औद्योगिक शक्ति के रूप में उसका उदय होगा, साथ ही वह जनता की सांसारिक और सांस्कृतिक आवश्यकताओं को दिन-ब-दिन पूरा करेगा। उसकी सारी आशाओं पर पानी फिर गया।

भारतीय जनता की इन आशा-आकांक्षाओं को पूरा करने के लिए आवश्यक था कि जनतांत्रिक क्रांति की दूसरी मंज़िल पूरी की जाती। कांग्रेसी नेताओं के सत्तारूढ़ होने के बाद क्रांति की पहली मंज़िल समाप्त हो गई थी। दूसरी मंज़िल का तक़ाज़ा था कि ब्रिटिश पूंजी को अधिकार में कर लिया जाता और ज़मींदारी समाप्त कर खेत-मज़दूरों और किसानों में भूमि मुफ़्त बांट दी जाती। पहला क़दम नवजात राष्ट्रीय राज्य के हाथ में उद्योग और विदेशी व्यापार का

एक बहुत बड़ा क्षेत्र सौंप देता जिनका मुनाफ़ा देश का दोहन न बनकर उद्योग-धंधों में लगने वाली पूंजी का दिन-पर-दिन बढ़ता साधन बन जाता। दूसरा क़दम कृषि क्रांति का क़दम था। वह कृषि उत्पादन की पुरानी बेड़ियों को टूक-टूक कर देता।

ये दोनों क़दम भारत को स्वावलंबी बना देते, उसे एक शक्तिशाली राष्ट्र बना देते, लेकिन भारत के नए शासकों ने उल्टा रास्ता अपनाया। उन्होंने ब्रिटिश पूंजी को नई-नई सुविधाएं दीं और उसे बढ़ाया। साम्राज्यवादी देशों की पूंजी को भी, विशेषकर अमरीका की पूंजी को, देश के अंदर आने दिया, दूसरी ओर विश्व समाजवादी सहायता का उपयोग किया, किंतु उसका वास्तविक उपयोग साम्राज्यवादी इज़ारेदारी के साथ सौदेबाज़ी करने में ही अधिक रहा।

मुक्तिबोध इस सबको समझ कर ही लिख रहे थे– "असल में भारत में पूंजी तीनों ढंग से लगाई जा रही है। अगर भारत में रूसी इस्पात कारख़ाना सरकारी औद्योगिक क्षेत्र में खुल रहा है तो अमेरिकी सहायता से टाटा अपने इस्पात कारख़ाने का बहुत बड़ा विस्तार कर रहा है और बिड़ला ब्रिटिश सहायता से नया इस्पाती कारख़ाना खोल रहा है।. . .हाल ही की ख़बर है कि भारत सरकार ने अमेरिकी पूंजी की 'प्राइवेट-ट्रीटमैंट गारंटी स्कीम' मंजूर कर ली है, यानी वह आगामी पच्चीस वर्ष तक अमेरिकी पूंजी का राष्ट्रीयकरण न करने की गारंटी लेगी। ये गारंटी देने पर अरबों रुपये की अमेरिकी पूंजी निजी तौर पर भारत में लगेगी।. . .केन्द्रीय सरकार के सलाहकारों पर ब्रिटिश का बहुत बड़ा प्रभाव है।. . .अमेरिकी और ब्रिटिश पूंजी की बाढ़ को देखकर लगता है कि भारत में आगामी पच्चीस-तीस वर्षों के लिए समाजवादी ढंग टल गया है।"[1]

इस प्रकार भारत के नए शासकों ने पूंजीवाद के निर्माण का रास्ता अपनाया, यद्यपि जनता को भरमाने के लिए समाजवाद को अपना लक्ष्य घोषित किया। उपरोक्त उद्धरण सन् 55 में प्रकाशित 'नया ख़ून' (मासिक) में उनके एक लेख से लिया गया है, पर इसका पूर्वानुमान, एक प्रश्न के रूप में उनके मस्तिष्क में इससे पहले भी था। सन् 1952 में उन्होंने इसी मासिक पत्र में लिखा था– "चूंकि वर्गहीन समाज आज के युग की सबसे बड़ी पुकार है, इसलिए कांग्रेस भी अपना ध्येय वर्गहीन समाज बनाना चाहती है। पर प्रश्न उठता है कि क्या घोर पूंजीवादी व्यवस्था पर आधारित कांग्रेस-संगठन जनता को सिर्फ़ अपने ध्येय में परिवर्तन के आधार पर अपनी ओर आकर्षित कर सकता है।"[2]

---

1. मुक्तिबोध : *नया ख़ून* (मासिक), 23 दिसम्बर, 1955, पृ. 2
2. वही, 27 दिसम्बर, 1952, पृ. 5

कहने का तात्पर्य यह है कि आज़ादी के एकाध साल के पेटे में ही मुक्तिबोध को यह पता चल गया कि कांग्रेस का रास्ता 'घोर पूंजीवाद' का रास्ता है, समाजवाद का नहीं। लेकिन आश्चर्य तो इस बात का है कि कांग्रेस की इन दुहरी नीतियों ने तत्कालीन कम्युनिस्ट संगठन को भी भ्रमित कर दिया। परिणामत: राष्ट्रीय आंदोलन और राज्य-सत्ता के चरित्र को लेकर आंतरिक मतभेद पैदा हो गए। एक वर्ग का मत था कि कांग्रेस सरकार देश का नवनिर्माण करेगी और जनवादी क्रांति की दूसरी मंज़िल को पूरा करेगी। दूसरा वर्ग कहता था कि नहीं, इसका रास्ता हित-चिंतन नहीं, पूंजीपति-भूस्वामी वर्ग का ही हित-चिंतन है, अत: इसके प्रकट नारों से भ्रमित नहीं होना चाहिए। 1949 में तेलंगाना के किसान आंदोलन को जिस प्रकार अजनतांत्रिक ढंग से कुचला गया है उससे राज्यसत्ता के चरित्र को समझा जा सकता है। किंतु इन मतभेदों के होते हुए भी दिग्भ्रम बरक़रार रहा। संगठन में अंत:संघर्ष जारी रहा।

धीरे-धीरे अमरीकी साम्राज्यवाद ने भारत सरकार से सुविधाएं प्राप्त कर अर्थतंत्र, शिक्षा आदि सभी क्षेत्रों में घुसपैठ की। देश की राजनीति पर उसका प्रभाव पड़ा। देश में प्रतिक्रियावाद मज़बूत हुआ। सरकार द्वारा पूंजीपति, भूस्वामी वर्ग को पोसा जाना तो चल ही रहा था, शासक वर्ग की इन्हीं नीतियों के परिणामस्वरूप देश के अंदर हर क्षेत्र में संकट दिखाई देने लगा। बेकारी, महंगाई, भुखमरी, अकाल और बढ़े। कल-कारख़ाने बंद होने लगे, जनता में असंतोष बढ़ा। शासक दिन-पर-दिन दमन का सहारा लेने लगे।

मुक्तिबोध की चेतना में देशी शासकों के प्रति पूर्ण मोहभंग हुआ, उन्होंने लिखा- "जो समाज और राज्य नौजवानों को सतत उन्नतिशील पेशा नहीं दे सकता, वह राज्य और वह समाज टिक नहीं सकता। इतिहास के विशाल हाथ उसकी क़ब्र खोदने के लिए बड़ा भारी गड्ढा तैयार कर रहे हैं।"[1] "जी हां, शायलाक ने बसानियो से सिर्फ़ एक पौंड गरम-गरम जीवित देह का मांस मांगा था, लेकिन आज के हिन्दुस्तानी शायलाक तो पूरी की पूरी देह मांग रहे हैं।"[2]

वे जानते थे कि "धनी-निर्धन वर्ग के बीच की खाई गहरी होती जा रही है, उच्चवर्ग और निम्नवर्ग के बीच की दीवार बढ़ती जा रही है, भूदान-यज्ञ के बावजूद ज़मीन के लिए संघर्ष जारी है, सहकारी बैंकों और प्राथमिक शाखा-समितियों पर भी धनी किसानों का वर्चस्व हो गया है।"[3] 'समाज के पुनर्निर्माण' के कांग्रेसी नारे के शब्दाडंबर पर टिप्पणी करते हुए मुक्तिबोध ने लिखा है- "समाज के

---

1. मुक्तिबोध : *नया ख़ून* (मासिक), 'नौजवान अंक', 1952, पृ. 7
2. मुक्तिबोध : *सारथी*, 21 नवम्बर, 1954, पृ. 17
3. मुक्तिबोध : *नया ख़ून* (मासिक), 6 जनवरी, 1956, पृ. 6

पुनर्निर्माण की प्राप्ति के लिए सरकारी प्रयत्नों से सहयोग कीजिए– शब्द अपने आप में अर्थवान होते हुए भी कितने निरर्थक हैं। शब्द जितने पीटे जाते हैं, उतने ही बजते हैं, बोलते नहीं। शब्दाडंबर से जनता का दिल नहीं बदला जा सकता।"[1]

युगीन परिस्थितियों में समाचारपत्रीय तथ्यों को लेकर उनकी कुछ प्रतिक्रियाएं देखी जा सकती हैं–

– कांग्रेस द्वारा देश में जनतंत्र के ख़ात्मे की तैयारी।[2]
– कलेक्टर मित्रा जी के नाम दस-सूत्री कच्चा चिट्ठा।[3]
– नेक इरादे और कमज़ोर दिल– चुनाव के वायदे जिन्हें कांग्रेस पूरा नहीं कर सकती।[4]
– सांप्रदायिक कट्टरपंथियों की हलचलों से ख़तरा।[5]

मतलब यह कि शासक वर्ग बहुत समय तक अपना छद्म बनाए न रख सके। अधकचरे पूंजीवाद के विकास का रास्ता तो नित नए संकटों को जन्म देता ही है। संकट जैसे-जैसे बढ़ा, अमरीकी साम्राज्यवादियों पर शासन की निर्भरता उतनी ही बढ़ती गई, उतना ही वह प्रगतिशील नीतियों को त्याग कर प्रतिक्रियावादी नीति अपनाने लगी।

उत्पादन में वृद्धि के बावजूद जनता की हालत में कोई सुधार नहीं हुआ, क्योंकि धन का अधिकांश भाग शोषक वर्गों के हाथ में इकट्ठा होने लगा। मज़दूर वर्ग, किसान, मध्यवर्ग और यहां तक कि छोटे तथा मंझले उद्योगपति और व्यापारी भी सरकार की नीतियों एवं एकाधिकारी पूंजीपतियों के बढ़ते आधिपत्य पर क्रोध प्रकट करने लगे। मोहभंग की स्थिति पैदा हुई। मेहनतकशों का असंतोष संघर्ष के विभिन्न रूपों में प्रकट होने लगा।

किंतु इसके बावजूद "हमारे हिन्दुस्तान की जनता अपने दुःख-दर्द की कराह के अलावा निर्णायक रूप से कुछ नहीं कर पा रही है,"[6] मुक्तिबोध की यह एक स्थायी पीड़ा बन गई। वे हिन्दुस्तान की मज़दूर-किसान जनता से अपेक्षा रखने लगे कि "यदि उसे भारत को स्वाभाविक मानव जीवन का

---

1. मुक्तिबोध : *नया ख़ून* 16 दिसम्बर, 1955, पृ. 2
2. मुक्तिबोध : *सवेरा संकेत*, 18 जून, 1956, पृ. 5
3. वही, 16 जुलाई, 1956, पृ. 5
4. वही, 28 दिसम्बर, 1955, पृ. 5
5. वही, 19 अक्टूबर, 1961, पृ. 5
6. मुक्तिबोध : *नया ख़ून*, दीपावली विशेषांक, 1957, पृ. 5

स्वर्ग बनाना है तो शोषण और अत्याचारों के पहाड़ों को चीर कर नीचे के रेगिस्तान की अपार शक्ति से नयी प्राणधारा बहानी होगी। (क्योंकि) तभी हमारे जीवन में मानवोचित स्वाभाविकता और समृद्धि आ सकती है।"[1]

और साहित्यिक-सांस्कृतिक परिदृश्य भी

भारत की आज़ादी का चरित्र, उसके परिणाम और उनके बारे में मुक्तिबोध की समझ का एक ब्यौरा हमने ऊपर दिया। लेकिन विडंबना यह रही कि स्वयं प्रगतिशील आंदोलन भी मुक्तिबोध जैसी समझ हासिल न कर सका। साहित्य-संस्कृति पर इसका पूरा असर हुआ। सन् 1947 की राजनीतिक स्वाधीनता मिलने पर समाज में फैला वह असंतोष प्रकटत: शांत हो गया जिस पर प्रगतिवाद की नींव पड़ी थी। शोषित जनता भ्रम में थी कि इस राज्य में बिना संघर्ष राहत मिल जाएगी। इसके साथ ही शासक दल द्वारा कम्युनिस्ट पार्टियों पर सीधे चोट करने से, जनांदोलन के ठंडे पड़ जाने से एवं कम्युनिस्ट नेतृत्व में आज़ादी और राज्यसत्ता के सवाल पर मतभेद से और इस मतभेद के कारण आई टूट से प्रगतिशील आंदोलन का मनोबल क्षीण होने लगा। नेतृत्व में कमज़ोरी आने लगी।

दूसरी ओर अंतर्राष्ट्रीय स्तर पर शीतयुद्ध के प्रचार-प्रसार ने समाजवादी देशों और समाजवादी विचारधारा के विरुद्ध प्रचार करने में कोई कोर-कसर नहीं छोड़ी। शीतयुद्धीय उद्देश्यों को रखने वाला एक सम्मेलन सन् 1950 में बर्लिन में हुआ था-- 'कांग्रेस फ़ॉर कल्चरल फ़्रीडम'। इस सम्मेलन में समाजवाद, पूंजीवाद जैसे शब्दों को कृत्रिम लफ़्फ़ाज़ी कहा गया और यथास्थिति को बरक़रार रखने के लिए अमेरिकी बमों को शांति के रक्षक कह कर यह पुकार लगाई कि समाजवाद को विश्व से उखाड़ फेंके बिना शांति कायम नहीं हो सकती। बंबई में 'अज्ञेय' के नेतृत्व में जो 'कांग्रेस फ़ॅार कल्चरल फ़्रीडम' हुई थी वह इसी अंतर्राष्ट्रीय अभियान का अंग थी।[2] कहना न होगा कि शीतयुद्ध की राह चलने वाले स्वयं अपने ही देश के लेखकों ने मौक़े का लाभ उठाकर प्रगतिवाद पर धावा बोल दिया। "नई कविता के बुर्ज से शीतयुद्ध की गोलंदाज़ी की गई।"[3] समग्र सांस्कृतिक क्षेत्र में ये शीतयुद्धीय इरादे अनेकानेक नवीन रूपों में अभिव्यक्त हुए। कलाकार की स्वतंत्रता, कला की राजनीति से मुक्ति, वाक्य का विशेष

1. मुक्तिबोध : *नया ख़ून*, दीपावली विशेषांक, 1957, पृ. 2
2. डा॰ रामविलास शर्मा : स्वाधीनता और राष्ट्रीय साहित्य, पृ. 4
3. मुक्तिबोध : नये साहित्य का सौन्दर्यशास्त्र, पृ. 57

पैटर्न, विशिष्ट सौंदर्यानुभूति का सिद्धांत, लघुमानववादी मान्यताएं, क्षणवाद, अनुभूति की प्रामाणिकता, भोगा हुआ यथार्थ जैसी शब्दावली एवं अवधारणाओं का प्रयोग प्रगतिवाद के मूलोच्छेद के लिए किया जाने लगा। मुक्तिबोध के शब्दों में– "यह साफ़-साफ़ दिखाई पड़ने लगा कि लेखकों के मस्तिष्क पर, उनके मन-प्राण पर अधिकार जमाने के लिए लड़ाई लड़ी जा रही है, अर्थात भिन्न प्रकार की जीवन व्याख्या उनके हृदय में मूलबद्ध करने का प्रयत्न किया जा रहा है।"[1]

लेकिन प्रगतिवादी आंदोलन के क्षीण पड़ने के केवल यही कारण नहीं थे। ऊपर गिनाए कारण, देखा जाय तो साहित्येतर हैं, वस्तु-स्थिति संबद्ध हैं, किंतु ह्रास के कारण साहित्यिक भी थे, यानि प्रगतिवादी आंदोलन की आत्मगत स्थिति के भी थे। और ये साहित्यिक कारण इतने अधिक असहनीय थे कि स्वयं नव-प्रगतिवादी धारा के नए रचनाकारों ने भी उनकी आलोचना की। इस प्रकार एक ओर जहां विरोधी विचारधारा के लेखकों ने प्रगतिवाद के सैद्धांतिक आधार मार्क्सवादी दर्शन पर सीधे प्रहार किए, वहां दूसरी ओर नए मार्क्सवादी रचनाकारों को भी प्रगतिवाद की भयंकर ग़लतियां सह्य न हो सकीं।

स्वयं मुक्तिबोध ने उन पर आरोपों की बौछार की और कहा– "प्रगतिवादियों ने भावों के कठघरे बना लिए थे, जिनसे वे पक्ष और विरोध का निर्माण करने लगे, उनका जीवन से संपर्क टूट गया और फलस्वरूप वे सिद्धांतों के आइवरी टावर पे बैठकर आदेश देने लगे, उन्होंने नए कवियों से अवांछित शत्रुता का भाव रखा और इस प्रकार उन्हें विरोधी खेमे में डाल दिया।"[2] "किन्तु यह भी सही है कि इस नेतृत्व की कमज़ोरी ने हिन्दी के वास्तविक प्रगतिशील साहित्य के और आगे विकास में बाधा उपस्थिति की है और उनके व्यक्तिगत दुराग्रहों ने (जिस पर मार्क्सवाद का मुलम्मा चढ़ाया जाता है) उसका गला घोंटने में कोई कसर नहीं रखी है।"[3]

मुक्तिबोध ने अन्यत्र प्रगतिवाद पर लिखते हुए कहा है– "प्रगतिवादियों के पास एक सांगोपांग और सुस्पष्ट विचारणा थी। प्रगतिवादियों ने साहित्य की आध्यात्मिक व्याख्या का विरोध किया। बड़ा ही कठोर युद्ध रहा। उस काल के अनंतर, आध्यात्मिक व्याख्या का प्रभाव दुर्बल होता गया। निस्संदेह प्रगतिवाद के भारतीय व्याख्याता पर्याप्त अपरिपक्व थे। और, उनमें ख़ूब भेद भी था। अंतर्बाह्य कारणों से प्रगतिवाद का प्रभाव, वैसे ही क्षीण हो रहा था। नई कविता

1. मुक्तिबोध : नयी कविता का आत्मसंघर्ष तथा अन्य निबंध, पृ. 162
2. वही, पृ. 125
3. मुक्तिबोध : नये साहित्य का सौन्दर्यशास्त्र, पृ. 75

के कुछ क्षेत्रों द्वारा किए गए हमले के बाद, उसका प्रभाव अत्यंत अल्प हो गया।"[1]

यहां एक बात बहुत साफ़ है कि प्रगतिवादी समीक्षा और समीक्षकों पर जब और जहां मुक्तिबोध ने आरोप-आक्रोश व्यक्त किया, बिना किसी लाग-लपेट के किया। किंतु इसके बावजूद वे उनके हितू, बंधु, साथी, उनमें से एक थे। उन्हें प्रगतिवादियों से बहुत-बहुत शिकायतें थीं। उनका दु:ख कटूक्तियों में व्यक्त होता था। वे उनकी पथभ्रष्टता के विरुद्ध निरंतर संघर्ष करते रहे। अपनी व्यावहारिक समीक्षाओं द्वारा वैज्ञानिक द्वंद्वात्मक एवं ऐतिहासिक भौतिकवाद का अर्थ उन्हें समझाते रहे, साहित्य समीक्षा की नवीन शब्दावली के विकास का उदाहरण उनके सामने रखते रहे। लेकिन फिर भी यह एक तथ्य था कि अंतर्राष्ट्रीय स्तर पर प्रगतिशील समीक्षा में जो रुग्ण प्रवृत्तियां काफ़ी दबी-दबी पनपीं, हिन्दी की प्रगतिशील समीक्षाई अपने जन्म के साथ उन्हें लेकर उठी।

कुल मिलाकर यह कि जिस समय प्रगतिवाद की सर्वाधिक महत्वपूर्ण भूमिका हो सकती थी, उस समय अपनी ग़लत समझ, ग़लत अनुमानों एवं अनेक अंतर्बाह्य कारणों से प्रगतिवाद क्षीण होता गया। इस समय होना यह चाहिए था कि भारतीय जनता को मोहग्रस्तता की स्थिति से निकाला जाता और समाज में व्याप्त विषमता और शोषण को अभिव्यक्ति देने वाला आधुनिक साहित्य अधिकतम मात्रा में रचा जाता, देशी शासकों के ख़िलाफ़ साहित्य का इस्तेमाल होता, एक सही आधुनिक भावबोध के अनुकूल साहित्य को दिशा दी जाती जो आधुनिक भावबोध समाजवादी विचारधारा से संबद्ध होता। किंतु हुआ इसके विपरीत।

स्थितियों का लाभ उठाकर शीतयुद्धीय इरादे साहित्य में फलीभूत होने लगे। आधुनिक भावबोध के नाम पर दबे-ढके समाजवाद-विरोध मुखरित हुआ। मुक्तिबोध ने लिखा– "यह तो स्पष्ट है कि इस आधुनिक भावबोध में उन उत्पीड़नकारी शक्तियों का बोध शामिल नहीं जिन्हें हम शोषण कहते हैं, पूंजीवाद कहते हैं, साम्राज्यवाद कहते हैं तथा उन संघर्षकारी शक्तियों का बोध भी शामिल नहीं है जिन्हें हम जनता कहते हैं, शोषित वर्ग कहते हैं। यहां तक कि इस आधुनिक भावबोध में उस देश का निर्माण-स्वप्न भी नहीं है जिसके अंतर्गत हमारे यहां औद्योगीकरण हो रहा है, न उस देश-निर्माण का जबकि गरीब-अमीर रहेंगे ही नहीं।"[2] इस तथाकथित आधुनिक भावबोध को मुक्तिबोध ने अपनी समीक्षाई में 'नकारात्मक आधुनिक भावबोध' की संज्ञा दी।

---

1. मुक्तिबोध : नयी कविता का आत्मसंघर्ष तथा अन्य निबंध , पृ. 31
2. मुक्तिबोध : नये साहित्य का सौन्दर्यशास्त्र, पृ. 59

हिन्दी में प्रयोगवाद के रूप में आधुनिक भावबोध के नाम पर लघुमानववाद, कुंठावाद, क्षणवाद, दु:खवाद, व्यक्ति-स्वातंत्र्य आदि अनेक प्रवृत्तियां प्रचलित हो गईं। मुक्तिबोध ने इसके कारणों को बार-बार और बलपूर्वक समझाया- "ध्यान में रखने की बात है कि एक कला-सिद्धांत के पीछे एक विशेष जीवनदृष्टि होती है, उस जीवन-दृष्टि के पीछे एक जीवन-दर्शन होता है, उस जीवन-दर्शन के पीछे आजकल के ज़माने में, एक राजनैतिक दृष्टि भी लगी रहती है।"[1] इस नकारात्मक भावबोध का प्रकट या अप्रकट उद्देश्य प्रगतिवाद का विरोध करना था, इसके पीछे 'शीतयुद्ध के उद्देश्य छिपे हुए थे।'[2]

अस्तु, यह नकारात्मक आधुनिक भावबोध हिन्दी साहित्य की हर विधा में, जिसे नई कहा गया, स्थापित हुआ और उसके स्थापकों द्वारा उसके कारण भी गिनाए जाने लगे। अज्ञेय के नेतृत्व में मध्यवर्गीय बुद्धिजीवी कलाकार इस बोध की ओर आकर्षित हुए। हिन्दी साहित्य पर एक प्रकार का यह आरोपित नकारात्मक भावबोध हावी होने लगा।

'आत्मपरायापन', 'अकेलापन' और 'कटे होने' को सामाजिक संदर्भों में जोड़ कर कहा गया कि यह स्थिति का विश्लेषण है न कि जस्टीफ़िकेशन, वह अभिशापों की प्रक्रिया है न कि आत्यंतिक सत्य।[3] और इस तरह उनके (हिन्दी कवियों के) कथन की शब्दावली 'अजनबीपन', 'अकेलेपन', 'अलगाव' आदि के सूट पहन कर सामने आती है।[4]

लक्ष्मीकांत वर्मा एवं विजयदेव नारायण साही ने लघुमानववाद की प्रतिष्ठा की। उनके अनुसार लघुमानव की प्रतिष्ठा इसलिए आवश्यक थी कि "इतिहास के सुपरमैन या जनसत्ता के अधिनायक अथवा देवदूत या मसीहा ने अपनी समस्त महानता को लघुमानव की बलि देकर ही अपनाया है।. . .ईश्वर आरूढ़ तर्क, इतिहास की भक्तिवादी या साम्यवादी परिणति तथा सुपरमैन में यह लघुमानव क्रमश: पापों के पुंज, वर्ग-चेतना का प्रतीक तथा कृत्रिम रुग्ण और जघन्यता के प्रतिनिधि के रूप में ही अभिव्यक्त हुआ है।"[5] साही कहते हैं- "लघुमानवता मानव की विशिष्टता है और उसका भावबोध किसी पूर्व निर्धारित नियति या चमत्कार से प्रभावित नहीं होता।"[6]

---

1. मुक्तिबोध : नये साहित्य का सौन्दर्यशास्त्र, पृ. 57
2. वही, पृ. 57
3. धनंजय वर्मा : आस्वाद के धरातल, पृ. 268
4. राजीव सक्सेना : आत्म निर्वासन तथा अन्य कविताएं, पृ. 99
5. लक्ष्मीकांत वर्मा : नयी कविता के प्रतिमान, पृ. 161-62
6. विजयदेव नारायण साही : उद्धृत, नयी कविता के सात अध्याय (देवेश ठाकुर), पृ. 201

कुंठावाद रचा गया। नई कविता के अनेक आचार्यों ने साहित्य-सृजन का मूल ही कुंठा को माना। नए कवियों के अग्रगण्य अज्ञेय ने कहा "आज के मानव का मन यौन-परिकल्पनाओं से लदा हुआ है और वे कल्पनाएं सब दमित और कुंठित हैं। उनकी सौंदर्य-चेतना भी इससे आक्रांत है उसके उपमान सब यौन प्रतीकार्थ रखते हैं।"[1] कुंठा की परिभाषा यों दी गई– "कुंठा वहीं हो सकती है जहां किसी निषेध के कारण प्रकृति और आचरण में विरोध की गांठ पड़ जाय।"[2]

क्षणवाद के अंतर्गत 'क्षण' और 'क्षणभोग' को व्याख्यायित किया गया। उनके अनुसार क्षण वह नहीं है जो विज्ञान-सिद्ध होता है, बल्कि वह है जिसमें इतिहास के परे की स्मृति के संसर्ग से अदूषित, संसार से मुक्त, परंपराविहीन, केवल 'शुद्ध वर्तमान' को अनुभूत किया जाता हो। अनुभूत के प्रति सच्चाई बताते हुए 'क्षण' के विषय में अज्ञेय लिखते हैं– "सच्चा वर्तमान ऐसा क्षण है, जिसके साथ न तो स्मृति का आभास है और न प्रत्याशा या अपेक्षा का– क्योंकि एक अतीत का लक्षण है और दूसरा भविष्य का। दोनों प्रकार की छायाओं से मुक्त असंपृक्त 'क्षण' ही वर्तमान है।"[3] इस प्रकार क्षणवाद ने प्रकारांतर से मानव के मुक्त-प्रयत्न को ही नकारा। इतिहास का ज्ञान होना इसलिए ग़ैरज़रूरी माना गया ताकि मानव सदियों की अपनी शोषण शृंखला एवं शोषक वर्ग को न चीन्ह सके, और किसी शोषणहीन समाज के भविष्य की कल्पना करना तो असंगत है ही। एक प्रकार से इस क्षणवाद ने मानव जीवन में अनास्था भरनी प्रारंभ की, क्योंकि भविष्य के प्रति आस्था का भाव ही मनुष्य को मुक्ति की दिशा में प्रेरित करता है।

इन सबके अतिरिक्त एक अन्य चीज़ उभरी, व्यक्ति-स्वातंत्र्य का नारा। यह नारा विशुद्ध रूप से शीतयुद्ध की देन रहा है। हिन्दी का आम मध्यवर्गीय बुद्धिजीवी इसके प्रभाव में आ गया। मुक्तिबोध इस छद्म से परिचित थे। वे लेखकों को आगाह भी करते रहे कि "उच्च मध्यवर्गीय आभिजात्य मानवतावादी आध्यात्मिकता व्यक्तिस्वातंत्र्यवादी प्रणाली के नाम पर साहित्य क्षेत्र से सामाजवादी प्रभाव का उन्मूलन करना चाहती है।"[4]

इन युगीन स्थितियों का ब्यौरा देते हुए मुक्तिबोध कहते हैं– "एक विशेष प्रकार की काव्याभिरुचि की औचित्य-स्थापना के लिए सिद्धांत लाए गए अथवा

1. अज्ञेय : तार सप्तक, पृ. 76
2. अज्ञेय : लिखि कागद कोरे, पृ. 84
3. वही, पृ. 82
4. मुक्तिबोध : नये साहित्य का सौन्दर्यशास्त्र, पृ. 15

सिद्धांतों की पुनर्व्याख्या की गई। दूसरे शब्दों में अपनी काट की कविता– अपने फ्रेम में फिट होने वाली कविता को तो कविता माना गया, चाहे वह महत्वहीन गद्य ही क्यों न हो, पर इसके विपरीत, राजनैतिक भावावेश से संपन्न काव्य विद्रूप करार दिया गया अथवा उसकी जानबूझकर उपेक्षा की गई। जहां भी ऐसा प्रतीत हुआ कि अन्य की जीवनदृष्टि उत्पीड़ित जनता का पक्ष ले रही है, वहीं नाक-भौं सिकोड़े जाने के चिन्ह दिखाई दिए। विशाल व्यापक मानव जीवन में पाए जाने वाले भयानक संघर्ष के रौद्ररूप तो उनकी सौंदर्याभिरुचि के फ्रेम के बाहर थे। आप मुझे क्षमा करेंगे यदि मैं यह कहूं कि नई कविता में आवेश के पंख काट दिए गए, कल्पना को अपने पिंजरे में पालकर रखा गया– उसे मानव जीवन को मूर्त और साक्षात करने वाली रचनात्मक शक्ति के रूप में उपस्थित नहीं किया गया, क्योंकि वह एक विशेष प्रकार की भद्रजनोचित सौंदर्याभिरुचि के फ्रेम के ख़िलाफ़ जाती थी। व्यक्ति मन की बात करके, आत्मा की महान, दुर्दम, विप्लवकारिणी ज्ञानमूलक शक्ति को भुला दिया गया। 'लघुमानव' के सिद्धांत का प्रचार किया गया। संक्षेप में विषम ह्रासग्रस्त सभ्यता को उलटने वाली महान भावनाओं को परित्यक्त करके तथाकथित आधुनिक भावबोध को उद्घोषित किया गया।"[1]

इस सबका परिणाम यह हुआ कि काव्य की रचना-प्रक्रिया का विवेचन भी काव्य की अंत:प्रेरणा को केंद्र में रखकर किया गया। रचना-प्रक्रिया में 'क्षण' और 'अचेतन मन' को महत्व दिया जाने लगा और मज़े की बात यह कि रचना-प्रक्रिया की इस व्याख्या को मानवीय धरातल से की गई व्याख्या कहा गया। डा॰ धर्मवीर भारती लिखते हैं– "कलाकृति चाहे वह शब्दों में हो, चाहे संगीतात्मक ध्वनियों में, चाहे वह रंगों और रेखाओं में हो या स्थापत्य में, किन्तु उससे कलाकार के अंतर्जगत का निकट संबंध रहता है। कलाकार के अंतर्जगत में घटित होने वाली सृजन-प्रक्रिया का मूल अंत:प्रेरणा है।"[2]

रचना-प्रक्रिया को समझने के लिए 'क्षण' का विमर्श आवश्यक समझा गया। डा॰ जगदीश गुप्त लिखते हैं कि "नया कवि क्षण की अनुभूति पर बल इसलिए देता है कि वह अपने को समसामयिक जीवन के प्रति प्रतिक्षण उत्तरदायी समझता है– जीवन-क्रम की स्वाभाविक अखंडता उसे क्षण की अनुभूति में भी उन तत्वों की यथेष्ट उपलब्धि करा देती है, जो वास्तव में नित्य है।"[3] कहने का तात्पर्य यह है कि इस तथाकथित आधुनिक भावबोध ने समीक्षाई

1. मुक्तिबोध : नयी कविता का आत्मसंघर्ष तथा अन्य निबंध, पृ. 15
2. डा॰ धर्मवीर भारती : मानव मूल्य और साहित्य, पृ. 156
3. डा॰ जगदीश गुप्त : नयी कविता : स्वरूप और समस्याएं, पृ. 153

को किसी वैज्ञानिक सिद्धांत पर पहुंचाने के बजाय उसे लगातार उलझाने का प्रयास किया।

जैसा हम देख चुके हैं-- मुक्तिबोध ने जिन दिनों अपना साहित्य रचा एवं समीक्षाई के अपने मान-मूल्यों को विकसित किया, तब साहित्य क्षेत्र में प्रगतिवादी समीक्षा और शीतयुद्ध रणनीति की पृष्ठभूमि वाली नकारात्मक भावबोध की नई समीक्षा जैसी दो परस्पर विरोधी विचार-सरणियों के आक्रमण-प्रत्याक्रमण चल रहे थे। साहित्य में प्रगतिवाद ने आध्यात्मिक दृष्टिकोण को तोड़कर अत्यंत महत्वपूर्ण सामाजिक ऐतिहासकि कार्य किया था, किंतु प्रगतिवादी विचारणा के भारतीय व्याख्याता किंचित अपरिपक्व थे, व्यावहारिक स्तर पर इनकी आलोचना अंतश्चेतना का सुसंगत वैज्ञानिक विश्लेषण प्रस्तुत कर पाने के अभाव में दिन-ब-दिन कोरे समाजशास्त्रीय आग्रहों से ग्रस्त हो रही थी।

इसी वक्त विपक्षियों ने शीतयुद्ध के उद्देश्यों से परिचालित होकर भीषण आक्रमण किया। ये नए समीक्षक अधिक कलामर्मज्ञ थे, कला के आंतरिक नियमों व मानव की सूक्ष्म संवेदनाओं की इनकी पकड़ अधिक मज़बूत थी, इसीलिए जनविरोधी चरित्र व मान्यताओं के बावजूद ये अधिकांश नए लेखकों के मन पर शीघ्रता से अधिकार जमाने में सफल हो गए।

प्रगतिवादी समीक्षा इस संघर्ष में कमज़ोर पड़ गई। इस कमज़ोरी का एक परिणाम तो यह हुआ कि एक लंबे अर्से तक साहित्य और जीवन से संबंधित मूलभूत प्रश्नों को भी नहीं उठाया गया, दूसरे, नया लेखक घनघोर प्रगतिवाद-विरोधी तथा उसकी नीयत पर शक करने वाला होने लगा।

इन युगीन स्थितियों में मुक्तिबोध ने अपनी समीक्षाई में जहां एक पुराने प्रगतिशील साहित्यांदोलन की सीमाओं को रेखांकित किया एवं तथाकथित आधुनिक भावबोध पर आक्रमण किया, वहीं दूसरी ओर प्रगतिशील चिंतन-धारा को नए सिरे से विकसित करने के लिए सही और प्रगतिशील आधुनिक भावबोध की स्थापना की। समीक्षाई के मानमूल्यों को नए समाजशास्त्रीय, मनोविश्लेषणात्मक एवं सौंदर्यशास्त्रीय आधार दिए। रचना-प्रक्रिया का विवेचन करके मानो उन्होंने कलाकार के आत्मसंघर्ष को विश्लेषित करने का प्रयास किया और उसके आधार पर संपूर्ण मानदंड विकसित करने की कोशिश की।

मुक्तिबोध के समीक्षाई आधार

मुक्तिबोध ने साहित्य की सत्ता जीवन से निरपेक्ष न तो कभी मानी न स्वीकार की। साहित्य और जीवन को उन्होंने वस्तुवादी द्वंद्वात्मक आधारों पर विवेचित किया। उनका निश्चित मत था कि "साहित्य जीवन से उपजता है और अंततः उसका प्रभाव भी जीवन पर ही होता है।"[1] इतना ही नहीं, उन्होंने साहित्य का निकष भी जीवन को ही माना है– "जब साहित्य जीवन से प्रसूत होकर जीवन को प्रभावित करता है तो वस्तुतः उसकी खरी कसौटी भी जीवन ही है। और यह जीवन वस्तुतः एक कॉम्पलैक्स चीज़ है। उसके विविध पक्ष और पहलू एक दूसरे में समाहित, प्रविष्ट और परस्पर सन्निहित हैं।"[2] जीवन की जटिलताओं को उन्होंने अपनी प्रगतिवादी दृष्टि से व्याख्यायित, विश्लेषित किया। अपने मंतव्य को स्पष्ट से स्पष्टतर करने के लिए साहित्य और जीवन के अंतःसंबंधों पर उन्होंने पुनरावृत्ति का संकोच किए बिना बार-बार विवेचन किया। वे मूलतः कवि थे, किंतु अपने वैचारिक वस्तुवादी आधार को स्पष्ट करने के लिए पर्याप्त से कहीं अधिक सचेष्ट थे। अपनी तीनों समीक्षा कृतियों में उन्होंने साहित्य को जीवन के समकक्ष देखे जाने की अपेक्षा की। 'नयी कविता का आत्मसंघर्ष तथा अन्य निबंध' पुस्तक के प्रारंभ में उन्होंने लिखा– "मैं मुख्यतः विचारक न होकर केवल कवि हूं। किन्तु आज का युग ऐसा है कि विभिन्न विषयों पर उसे भी मनोमंथन करना पड़ता है। अपने काव्य--जीवन की यात्रा में जो चिंतन करना पड़ा, वह विज्ञ पाठकों के सम्मुख प्रस्तुत कर रहा हूं।"[3]

उपर्युक्त उद्धरण में 'चिंतन करना पड़ा' वाक्यांश विचारणीय है। नए साहित्य-संदर्भों और जीवन-जगत के प्रति अपने नए दृष्टिकोण के कारण विचारधारा पक्ष पर चिंतन करना वे इसलिए भी अनिवार्य मानते थे कि अभी तक चली आती समीक्षा मार्क्सवादी वस्तुवादी आधारों से अबोधता की हद तक अपरिचित थी। वे मार्क्सवादी थे, लेकिन इस बात से परिचित थे कि मार्क्सवादी शब्दावली

1. मुक्तिबोध रचनावली-4, पृ. 69
2. वही, पृ. 70
3. मुक्तिबोध : नयी कविता का आत्मसंघर्ष तथा अन्य निबंध, पृ. 1

और 'जार्गन' को मनस्थ करने की स्थिति में अभी हिन्दी साहित्य आलोचना नहीं है। उन्होंने सायास और सोद्देश्य, मार्क्सवादी शब्दावली से स्वयं को बचाया। इस मानसिकता के मूल में माओ त्से-तुंग की यह टिप्पणी द्रष्टव्य है– "दुनिया, समाज, कला और साहित्य के निरीक्षण या प्रत्यक्षीकरण के क्रम में द्वन्द्वात्मक भौतिकवादी और ऐतिहासिक भौतिकवादी दृष्टिकोण को लागू करने के लिए हम मार्क्सवाद का अध्ययन करते हैं– न कि अपनी कलात्मक साहित्यिक कृतियों में दार्शनिक संलाप को लिपिबद्ध करने के लिए। मार्क्सवाद कलात्मक साहित्यिक सर्जन में यथार्थवाद को अपनाता है लेकिन वह यथार्थवाद को साहित्य का पर्याय नहीं बना सकता। जैसे कि वह एटामिक्स और इलैक्ट्रानिक्स को भौतिकी में स्थान देता है, मगर उन्हें भौतिकी का पर्याय नहीं बना सकता। खोखली, पिटी-पिटाई उलझी हुई रूढ़ियां और फार्मूले निश्चय ही सर्जनात्मक आवेग को नष्ट कर देंगे और बहुत करके सबसे पहले वे मार्क्सवाद को ही नष्ट कर डालेंगे।"[1]

मुक्तिबोध की सतर्कता उपरोक्त टिप्पणी के प्रकाश में समझी जा सकती है, किंतु उनकी समीक्षाओं और टिप्पणियों को पढ़ने से साफ़ ज़ाहिर होता है कि जीवन को देखने-परखने की उनकी दृष्टि मूलतः मार्क्सवादी है और उनकी साहित्य समीक्षाई, जीवन और समाज के प्रति इसी दृष्टिकोण का परिणाम है। कई स्थान पर उनकी टिप्पणियों में और मार्क्स के वक्तव्यों में अद्भुत अर्थसाम्य दिखाई देता है, जैसे मुक्तिबोध की टिप्पणी है– "हमारी आत्मा में जो कुछ है वह समाज प्रदत्त है, हमारा सामाजिक व्यक्तित्व ही हमारी आत्मा है।"[2]

इसके समानांतर मार्क्स का कथन द्रष्टव्य है– "इट इज़ नाट द कांशसनैस ऑफ़ ह्यूमन बीइंग्स विच डिटरमिंस देअर ऐग्ज़िस्टैंस, इट इज़ देअर सोशल ऐग्ज़िस्टैंस विच डिटरमिंस देअर कांशसनैस।"[3]

मार्क्सवादी समीक्षा के मूल तत्व

मुक्तिबोध की सौंदर्यशास्त्रीय स्थापनाओं तथा साहित्यिक मान्यताओं को हम तब तक ठीक-ठीक नहीं समझ सकते जब तक मार्क्सवादी चिंतन के मूल बिंदु हमारे सामने स्पष्ट न हों, और चूंकि साहित्य समीक्षा संबंधी मान्यताएं मार्क्स के संपूर्ण सिद्धांत के भीतर से ही निगमित की गई हैं अतः यहां मार्क्स की

1. माओ त्से-तुंग : उद्धृत, *बातचीत*, अंक-4, पृ. 34-35
2. मुक्तिबोध : नयी कविता का आत्मसंघर्ष तथा अन्य निबंध, पृ. 157
3. कार्ल मार्क्स : उद्धृत, द्वारा कॉडवैल, फ़रदर स्टडीज़ इन अ डाइंग कल्चर (अंग्रेज़ी), पृ. 13

द्वंद्वात्मक तथा ऐतिहासिक भौतिकवादी दृष्टियों को संक्षेप में प्रस्तुत करना अनावश्यक न होगा। वस्तुतः इन्हीं के आधार पर तो मुक्तिबोध की समीक्षा-दृष्टि और कला-सिद्धांत अवलंबित हैं।

भौतिकवाद जीवन तथा जगत के प्रति भाववाद से सर्वथा भिन्न एवं विपरीत दृष्टिकोण है। समस्त जीवन-जगत और उसकी बुनियादी समस्याओं का हल ये दोनों दृष्टियां अपने-अपने ढंग से देती हैं। एंगेल्स के शब्दों में उनकी मुख्य दार्शनिक समस्या "अस्तित्व के साथ विचार के तथा प्रकृति के साथ आत्मा के संबंध निर्धारण की समस्या है।"[1] कुल मिलाकर विवाद का मुद्दा यह है कि विचार (चेतना) प्राथमिक है या अस्तित्व, और आत्मा प्राथमिक है या प्रकृति। भाववाद मन, चेतना, विचार, भावना, आत्मा आदि को प्राथमिकता देता है जबकि भौतिकवादी इसके विपरीत प्रकृति को यानी पदार्थ को प्राथमिक महत्व का मानता है। उसके अनुसार मानसिक या आध्यात्मिक चेतना भी पदार्थ पर ही आश्रित है। मौरिस कौर्नफ़ोर्थ के शब्दों में– "भौतिकवाद का अर्थ है– ऐसा दृष्टिकोण जो भौतिक जगत की हर वस्तु की, जिसमें मानव-जीवन की सभी घटनाएं शामिल हैं, व्याख्या स्वयं भौतिक तत्वों के आधार पर ही करता है।"[2]

मनुष्य को लेकर प्रकृति के संपूर्ण क्रियाकलाप को समझने का जो मार्क्सवादी दृष्टिकोण है, उसे द्वंद्वात्मक भौतिकवाद कहा जाता है। यह दृष्टिकोण द्वंद्वात्मक और भौतिकवाद, इन दो विचार-पद्धतियों के संयोग से विकसित हुआ है। द्वंद्ववादी धारणा के अनुसार समस्त जड़ और चेतन प्रकृति निरंतर विकास एवं परिवर्तन की अवस्था में है। "छोटी से छोटी वस्तु से लेकर बड़ी से बड़ी वस्तु तक, बालू के कण से लेकर सूर्य तक, छोटे जीवकोश से लेकर मनुष्य तक सम्पूर्ण प्रकृति सतत गतिमय और परिवर्तनशील है। उसकी स्थिति निर्माण और निर्माण के अविराम प्रवाह में है।"[3] दूसरी बात यह कि क्योंकि भौतिक जगत की वस्तुएं एवं व्यापार नाना प्रकार के हैं, इस कारण उनके अंतःसंबंध और परस्पर संबंध भी नाना प्रकार के हैं। मार्क्सवादी द्वंद्ववाद सबका नहीं, बल्कि सबके आम अंतःसंबंधों का ही अध्ययन करता है। हर प्रकार के अंतःसंबंधों के लिए द्वंद्वात्मक भौतिकवाद की कुछेक निष्पत्तियां हैं।

द्वंद्वात्मक भौतिकवाद की प्रथम निष्पत्ति यह है कि वस्तु-जगत के तत्वों का अध्ययन उनकी पृथकता में नहीं किया जा सकता। उनका सम्यक् अध्ययन

---

1. मार्क्स-एंगेल्स : उद्धृत, सैलेक्टेड वर्क्स, वॉल्यूम 1 (अंग्रेज़ी), पृ. 430
2. मौरिस कौर्नफ़ोर्थ : डायलैक्टिकल मैटीरियलिज़्म (अंग्रेज़ी), पृ. 19
3. मार्क्स एंगेल्स : सैलेक्टेड वर्क्स (इन्ट्रोडक्शन टु डाइलेक्टिक्स ऑफ़ नेचर, एंगेल्स), वॉल्यूम 2 (अंग्रेज़ी), पृ. 65

तभी संभव है जबकि अन्य उपकरणों तथा तत्वों की सापेक्षता में हम उनके स्वरूप तथा उनकी सक्रियता का विश्लेषण करें। अर्थात किसी वस्तु, व्यक्ति, घटना या विचार को अन्य वस्तुओं, व्यक्तियों, घटनाओं और विचारों के अविभाज्य प्रसंग में ही देखना होगा। वस्तुओं, व्यक्तियों, घटनाओं और विचारों में सदैव एक परस्परता रहती है।

द्वंद्वात्मक भौतिकवाद की दूसरी निष्पत्ति है कि प्रत्येक वस्तु निरंतर एक गतिशील स्थिति से गुज़रती है, परिवर्तन तथा विकासक्रम उसके साथ हमेशा जुड़ा रहता है।[1] मार्क्स के अनुसार पदार्थ और गत्यात्मकता परस्पर सापेक्ष हैं, जिस प्रकार पदार्थ के अभाव में गति की कल्पना नहीं की जा सकती, उसी प्रकार गति के अभाव में पदार्थ की स्थिति भी संभव नहीं है।[2] इस धारणा के अनुसार वस्तुओं, व्यक्तियों, घटनाओं और विचारों को गतिशील, परिवर्तनशील और क्रमबद्ध रूप में देखना होगा।

तृतीय निष्पत्ति यह कि, प्रकृति तथा समाज का गत्यात्मक व्यापार अथवा उनकी विकास-प्रक्रिया सामान्य न होकर विशिष्ट है। प्रथमतः इसकी अभिव्यक्ति विभिन्न उपकरणों (यानी वस्तुओं, व्यक्तियों, विचारों, घटनाओं) के परिमाणमूलक संबंध में लक्षित होती है, जो कालांतर में एक ऐसे धरातल को स्पर्श करती है जहां परिमाणमूलक संबंध गुणात्मक परिवर्तन के साथ एक नई अवस्था को जन्म देते हैं।[3]

और चौथी निष्पत्ति यह कि विकास की प्रक्रिया मूलतः उन असंगतियों तथा अंतर्विरोधों पर आधारित है जो वस्तु-जगत के प्रत्येक व्यापार में आतंरिक रूप से विद्यमान रहते हैं। लेकिन वास्तविक असंगति विरोधी तत्वों की एकता है। किसी वस्तु अथवा प्रक्रिया या संबंध के अंतर्गत जब विरोधी वृत्तियों का समाहार इस प्रकार हो ताकि एक के अभाव में दूसरे का अस्तित्व संभव न रहे, उक्त वस्तु अथवा प्रक्रिया या संबंध के अंतर्गत विरोधी तत्व परस्पर निर्भरता के संबंध से युक्त रहते हैं जहां प्रत्येक का अस्तित्व दूसरे के लिए अनिवार्य है।[4]

द्वंद्वात्मक भौतिकवाद का अंतिम निष्कर्ष– 'विकास का ऊर्ध्वमुखी उन्नयन', पूर्वोक्त निष्पत्तियों से संबद्ध है। द्वंद्वात्मक विकास की प्रक्रिया बताते हुए मार्क्स ने कहा था कि "पूर्व रूप का निषेध किए बिना किसी भी क्षेत्र में विकास

---

1. मौरिस कौर्नफ़ोर्थ : डायलैक्टिकल मैटीरियलिज़्म (अंग्रेज़ी), पृ. 19
2. मार्क्स : उद्धृत, द्वारा एंगेल्स, एंटी-ड्यूहरिंग (अंग्रेज़ी), पृ. 86
3. एंगेल्स : एंटी-ड्यूहरिंग (अंग्रेज़ी), पृ. 81
4. मौरिस कार्नफ़ोर्थ : डाइलैक्टिकल मैटिरियलिज़्म (अंग्रेज़ी), पृ. 105

संभव नहीं है।"[1] किंतु चूंकि कोई भी निषेध अपने आपमें अंतिम नहीं होता, इसलिए "विकास की प्रक्रिया भी वस्तु-जगत में निरंतर चलती रहती है और प्रत्येक क्रमागत निषेध अंततः स्वयं निषेधित हो जाता है।"[2] वस्तुतः विकास की नई अवस्था उसके अंतर्गत विद्यमान असंगति का ही परिणाम होती है। लेकिन इस नई अवस्था के अंतर्गत भी एक दूसरी असंगति निहित रहती है, जो भविष्य में विकसित होकर विकास के दूसरे धरातल की स्थापना करती है। इस अर्थ में प्रत्येक विकास की प्रकृति स्वयं में प्रगतिशील होती है, जिसे मार्क्सवादी विचारक ऊर्ध्वमुखी विकास कहते हैं।

द्वंद्वात्मक भौतिकवाद की निष्पत्तियों के अनुसार मानव-समाज के इतिहास की विश्लेषण-पद्धति को ऐतिहासिक भौतिकवाद कहते हैं। जिस प्रकार प्रकृति का रहस्य पूर्णतः ज्ञेय है उसी प्रकार इतिहास का रहस्य भी पूर्णतः ज्ञेय है। "जिस प्रकार प्रकृति के विकासक्रम का अध्ययन एक विज्ञान है उसी प्रकार सुव्यवस्थित नियमों के द्वारा संचालित इतिहास के विकासक्रम का भी एक विज्ञान है।"[3] ऐतिहासिक भौतिकवाद "समाज के वैज्ञानिक संधान और उसकी पुनर्रचना का सामान्य सिद्धान्त तथा प्रणाली दोनों है।"[4]

ऐतिहासिक भौतिकवाद प्रथमतः ऐतिहासिक विकास की महत्वपूर्ण आम समस्याओं को लेता है। जैसे सामाजिक अस्तित्व और सामाजिक चेतना का संबंध, जनता के जीवन में भौतिक उत्पादन का महत्व, सामाजिक भावनाओं और तत्संबद्ध संस्थाओं की उत्पत्ति और भूमिका। ऐतिहासिक भौतिकवाद यह समझने में समर्थ बनाता है कि इतिहास में जनगण या व्यक्ति क्या भूमिका अदा करते हैं, वर्ग एवं वर्ग-संघर्ष का उदय कैसे हुआ, राज्य का कैसे आविर्भाव हुआ, सामाजिक क्रांतियां क्यों होती हैं और ऐतिहासिक प्रक्रिया में उनका महत्व क्या है। इसी तरह वह सामाजिक विकास की अनेक अन्य समस्याओं को भी सुलझाता है।

ऐतिहासिक भौतिकवाद उन तत्संबद्ध परिकल्पनाओं या धारणाओं का भी विशदीकरण करता है जो सामाजिक विकास के सर्वसामान्य एवं सारभूत पहलुओं को प्रतिबिंबित करते हैं। इनमें आते हैं– 'सामाजिक अस्तित्व', 'सामाजिक चेतना', 'उत्पादन पद्धति' तथा 'मूलाधार तथा बाह्य ढांचा।'[5]

---

1. मार्क्स : उद्धृत, 'फंडामेंटल्स ऑफ़ मार्क्सिज़्म-लेनिनिज़्म' (अंग्रेज़ी), पृ. 101
2. वही, पृ. 102
3. जे॰ स्टालिन : प्रॉब्लम्स ऑफ़ लेनिनिज़्म (अंग्रेज़ी), पृ. 578
4. व॰ पादोसेतनिक, अ॰ स्पीर्किन : ऐतिहासिक भौतिकवाद पर एक दृष्टि, पृ. 7-8
5. वि॰ अफ्नास्येव : मार्क्सवादी दर्शन, पृ. 183-84

ऐतिहासिक भौतिकवाद की बुनियादी मान्यता यह है कि मनुष्य का सामाजिक अस्तित्व ही उसकी चेतना को तय करता है। अस्तित्व (या भौतिक जीवन) से तात्पर्य व्यक्ति के अस्तित्व (या भौतिक जीवन) से नहीं, समाज के अस्तित्व और उसके भौतिक जीवन से है। सामाजिक चेतना, राजनीति और विधि संबंधी सिद्धांतों, धार्मिक, दार्शनिक तथा नैतिक विचारों का जो किसी समाज में प्रचलित होते हैं, कुल योगफल होती है। इनके अलावा उसके अंतर्गत सामाजिक विज्ञान, कला तथा मनोविज्ञान जैसी बातें भी आती हैं। इस तरह 'सामाजिक अस्तित्व' में, अपनी सारी जटिलताओं और अंतर्विरोधों के साथ समाज का भौतिक जीवन मूर्त होता है।[1]

समाज के भौतिक जीवन का प्रारंभिक प्रकरण है– मानव की श्रममूलक प्रक्रिया, जिसके माध्यम से वह उन भौतिक मूल्यों (भोजन, वस्त्र, आवास आदि) को प्राप्त करता है जो उसके जीवन के लिए आवश्यक हैं। उत्पादन-यंत्र तथा विशिष्ट क्षमतायुक्त उत्पादन कार्य में संलग्न व्यक्ति अथवा व्यक्ति-समूह संयुक्त रूप से समाज की उत्पादन शक्ति का विधान करते हैं।[2] व्यक्ति की उत्पादन क्रिया वस्तुतः व्यापक सामाजिक क्रिया का एक अंग बन जाती है। परस्पर सापेक्षता के कारण सामाजिक संबंध निर्धारित होने लगते हैं। मार्क्स और एंगेल्स ने इस प्रकार के संबंधों को उत्पादन संबंध अथवा आर्थिक संबंध कहा है। उत्पादन शक्ति और उत्पादन संबंध के संयुक्त रूप को उत्पादन प्रणाली कहा जाता है।

अब तक के समाज-विकास का इतिहास, ऐतिहासिक भौतिकवादी मान्यताओं के अनुसार पांच तरह की उत्पादन प्रणालियों से परिचित कराता है। ये क्रमशः इस प्रकार हैं– आदिम साम्य-समाज, दास समाज, सामंती समाज, पूंजीवादी समाज तथा समाजवादी समाज। ऐतिहासिक भौतिकवाद इन पांचों अवस्थाओं का विस्तृत विश्लेषण करता है।

ऐतिहासिक भौतिकवाद के ही अंतर्गत एक चीज़ और रह जाती है– 'मूलाधार तथा बाहय ढांचा।' इतना तो स्पष्ट है कि श्रम-प्रक्रिया के द्वारा मानव बाहय प्रकृति को प्रभावित और परिवर्तित करता है, लेकिन इसके साथ इस दौरान वह खुद को भी विकसित करता है। प्रत्येक परिवर्तन नए संबंधों की भूमिका बन कर प्रस्तुत होता है, केवल मनुष्य और प्रकृति के बीच के संबंध का ही नहीं, बल्कि उन व्यक्तियों के बीच का भी जो उत्पादन कार्य में संलग्न रहते हैं। उत्पादन संबंधों का यह धरातल ही 'आर्थिक आधार' या 'मूलाधार' कहा

1. डा० शिवकुमार मिश्र : मार्क्सवादी साहित्य चिंतन, पृ. 69
2. मार्क्स : उद्धृत, फंडामेटल्स ऑफ़ मार्क्सिज़्म' (अंग्रेज़ी), पृ. 146

जाता है। इन परिवर्तनों के आधार पर उत्पादन विधियों में जो विकास परिलक्षित होता है, वह समाज के बौद्धिक जीवन तथा उसके वैचारिक पक्ष को भी प्रभावित करता है। भौतिक परिवर्तनों के आधार पर विचारधारा के नए रूपों तथा नई संस्थाओं का निर्माण होता है। समाज के इस वैचारिक धरातल को ऐतिहासिक भौतिकवाद के अंतर्गत 'बाह्य ढांचे' की संज्ञा दी गई है।[1] साहित्य-कला-संस्कृति इस बाह्य ढांचे के अंतर्गत ही स्वीकारे जाते हैं।

आर्थिक मूलाधार की तुलना में बाह्य ढांचा अत्यधिक संश्लिष्ट है। यह सही है कि समाज का आर्थिक मूलाधार ही बाह्य ढांचे को प्रभावित करता है, किंतु इसका यह अर्थ नहीं कि बाह्य ढांचा निष्क्रिय प्रभाव ही ग्रहण करता है, एंगेल्स के अनुसार-- "वैधानिक, दार्शनिक, धार्मिक, साहित्यिक और कलात्मक विकास आर्थिक मूलाधार पर आधारित रहते हैं किन्तु ये सभी एक दूसरे पर भी अपनी प्रतिक्रिया व्यक्त करते हैं और अंतत: आर्थिक मूलाधार पर भी।"[2]

वर्गीय समाज में बाह्य ढांचे में मूलाधार के अनुकूल शासक वर्ग की विचारधारा ही प्रमुख रहती है, किंतु ऐसा नहीं है कि शोषित वर्ग अपनी विचारधारा या अपनी संस्थाएं रखते ही न हों। वास्तविकता तो यह है कि इन्हीं के माध्यम से ये वर्ग अपने हितों के लिए संघर्ष करते हैं। इस तरह ऐतिहासिक भौतिकवाद के सहारे मनुष्य अपने इतिहास पर ही नहीं बल्कि इतिहास विधायक दृष्टिकोण पर भी निर्भर करता है।

ऊपर संक्षेप में हमने द्वंद्वात्मक भौतिकवाद एवं ऐतिहासिक भौतिकवाद का परिचय दिया। मुक्तिबोध के 'ज्ञानात्मक आधार' की वैचारिक-दार्शनिक भूमिका का निर्माण यही द्वंद्वात्मक एवं ऐतिहासिक भौतिकवाद करते हैं, और यही 'ज्ञानात्मक आधार' उनके सृजन, सृजन-प्रक्रिया, समीक्षा-दृष्टि और व्यावहारिक समीक्षा में क्रियाशील रहा है। कुल मिलाकर यही उनकी समीक्षाई का मुख्य आधार है।

मुक्तिबोध एक मार्क्सवादी होने के नाते साहित्य को सामाजिक वस्तु मानते हैं। समाज कोई स्थिर बिंदु नहीं है, उसका विकास आर्थिक विकास के समानांतर होता है, यानी सामाजिक परिवर्तन एवं विकास का प्रमुख सूत्र-- अर्थ एवं उत्पादन के साधनों पर अवलंबित होता है। इसी धारणा के सहारे मुक्तिबोध कहते हैं-- "सामाजिक उत्पादन प्रणाली, कार्य-विभाजन के अनुसार विविध वर्ग तथा उनके जीवनयापन की विशेष प्रणालियां ही मानव संबंधों को निर्धारित करती हैं। एक वर्ग के भीतर सामाजिक संबंध सभी मानव संबंध हैं। . . .ये

1. मार्क्स : उद्धृत, 'फंडामेंटल्स ऑफ मार्क्सिज़्म-लेनिनिज़्म' (अंग्रेज़ी), पृ. 147
2. एंगेल्स : उद्धृत, 'मार्क्स एंगेल्स : लिटरेचर एंड आर्ट' (अंग्रेज़ी), पृ. 8

मानव संबंध समाज के विकास के साथ परिवर्तित होते रहते हैं तथा समाज की विशेष स्थितियों की उनमें विशेषताएं प्रकट होती रहती हैं। विशेषता-संयुक्त ये मानव-चेतना की मूलभूत नीवें हैं, जिनके आधार पर कला, दर्शन, धर्म तथा साहित्य की सृष्टि होती है।'[1]

साहित्य एवं समाज के इन द्वंद्वात्मक अंत:संबंधों के कारण ही मुक्तिबोध साहित्य, समीक्षा और कला को सामाजिक जीवन के परिप्रेक्ष्य में देखने पर बल देते हैं। उनके अनुसार साहित्य-समीक्षा का संबंध जीवन के तत्वों से है-- "जीवन में जिये जाने वाले तत्व साहित्यिक समीक्षा के क्षेत्र के बाहर की चीज़ हैं-- यह आपत्ति एकदम निराधार है। साहित्य के प्रकट तत्व की सत्यता की जांच की कसौटी क्या है? सिद्धान्त? समीक्षक की कल्पनाएं? नहीं, बिलकुल नहीं। साहित्य में प्रकट तत्व की जांच की कसौटी है– वास्तविक जीवन में पाए जाने वाले तत्व।"[2]

कवि की रचना-प्रक्रिया और उसका जीवन भी वास्तविक जीवन से निरपेक्ष नहीं होता। मुक्तिबोध लिखते हैं-- "कवि के पार्श्व और प्रेक्ष्य की खोज, जीवन के पार्श्व और प्रेक्ष्य की खोज से अलग नहीं की जा सकती। कवि जीवन हमारे दैनिक जीवन का, आपेक्षिकतया, एक छोटा सा अंग है। इस कवि जीवन का ताना-बाना हमारे वास्तविक जीवन के ताने-बाने से गुंथा हुआ है।"[3] कवि के जीवन-मूल्य वास्तविक जीवन के मूल्यों पर अवलंबित होते हैं– "वास्तविक जीवन अपने विशिष्ट उद्‌भासपूर्ण क्षणों में ही कवि-जीवन हो जाता है। यह कवि-जीवन किसी उच्च मनोवैज्ञानिक स्तर पर आविर्भाव है, वास्तविक जीवन का ही। अतएव कवि-जीवन का आधार है वास्तविक जीवन। कवि-जीवन के मूल्य और नियम वास्तविक जीवन के मूल्यों और नियमों के आधार पर टिके हुए हैं, न कि इसके विपरीत।"[4]

कवि-जीवन, कवि की रचनाधर्मिता, उसका सृजन, उसके सृजन की समीक्षा और कुल मिलाकर साहित्य और कलाएं चूंकि जीवन से उद्‌भूत हैं इसलिए मुक्तिबोध के अनुसार उनकी खरी कसौटी भी जीवन ही है।

जीवन के प्रति मुक्तिबोध की एक त्रिकोणात्मक धारणा है। उन्होंने जीवन को एक त्रिकोण के रूप में देखा है, जिसकी एक भुजा बाह्य जगत है, दूसरी भुजा अंतरंग जीवन एवं जीवन के इस त्रिभुज की आधार रेखा हमारी अपनी

---

1. मुक्तिबोध : नये साहित्य का सौन्दर्यशास्त्र, पृ. 113
2. मुक्तिबोध : नयी कविता का आत्मसंघर्ष तथा अन्य निबंध, पृ. 104
3. मुक्तिबोध रचनावली-4, पृ. 116
4. वही, पृ. 116

चेतना है कि जो चेतना उपर्युक्त दो भुजाओं के बिना अपना स्वरूप और आकार ही स्थापित नहीं कर सकती।[1] "जीवन स्वरूपतः त्रिकोणात्मक होने के कारण, उसकी व्याख्या, किसी एक भुजा की उपेक्षा करके, पूरी नहीं की जा सकती। न केवल यह अधूरी रहेगी वरन् विकृत और एकांगी भी।"[2]

वस्तुतः यही मुक्तिबोध के लिए जीवन के प्रति एक समग्र अवधारणा है। इसी धारणा के आधार पर वे कहते हैं– "साहित्य-समीक्षा के मूल बीज वास्तविक जीवन के तजुर्बों के बतौर उपलब्ध होने वाले ज्ञान संवेदन और संवेदन ज्ञान में ही हैं।"[3] मुक्तिबोध का यह कथन उनकी समीक्षाई का मूल आधार है। वास्तविक जीवन का संवेदन ज्ञान ही मनुष्य को वह क्षमता देता है, जिसके आधार पर वह जीवन की आलोचना करता हुआ अपना मार्ग बनाता चलता है। इस क्षमता को मुक्तिबोध 'संवेदनात्मक समीक्षा शक्ति'[4] कहते हैं और उसे समीक्षक में होना अनिवार्य मानते हैं।

मुक्तिबोध कलाकार के लिए विश्व-दृष्टि भी अनिवार्य मानते हैं। इनकी यह विश्व-दृष्टि प्रायः मार्क्सवाद प्रदत्त है। वे कहते हैं– "आज बहुत से कवियों के अंतःकरण में जो बेचैनी, जो ग्लानि, जो अवसाद, जो विरक्ति है उसका एक कारण एक ऐसी विश्व-दृष्टि का अभाव है जो उन्हें आभ्यंतर आत्मिक शक्ति और मनोबल प्रदान कर सके तथा उसकी पीड़ाग्रस्त अगतिकता को दूर कर सके।"[5] यही कारण है कि वे जीवन-मूल्य और दृष्टि-विकास के लिए लेखक को मानवता के उद्धार-लक्ष्य को लेकर चलने वाले राजनीतिक संघर्ष के संदर्भ से संबद्ध करना चाहते हैं–"दुःख-कष्टग्रस्त मनुष्यता के मूर्त रूप, वास्तविक उद्धार-लक्ष्यों की उपलब्धि के लिए चलने वाले सांस्कृतिक-सामाजिक, राजनीतिक संघर्ष के संदर्भ से ही तथा उनमें योग देते हुए, हम नैतिकता के मानदण्ड, अपनी दिशा, दृष्टि, अपने जीवन-मूल्य तथा अपनी विश्व-दृष्टि विकसित कर सकते हैं।"[6] इतना ही नहीं, मुक्तिबोध के अनुसार लेखक के लिए यह भी आवश्यक है कि वह वर्तमान अनाचार एवं उत्पीड़न पर टिकी पूंजीवादी व्यवस्था को समाप्त कराने में पूंजीवाद के विरुद्ध छेड़े गए सर्वहारा के मुक्ति-संग्राम में हाथ बंटाए। उनकी दृष्टि में बहुत ज़रूरी है कि लेखक "विश्व-जनता के अभ्युत्थान को देखे, समाज की उत्पीड़न करने वाली शक्तियों से सचेत हो

---

1. मुक्तिबोध : कामायनी : एक पुनर्विचार, पृ. 1
2. वही, पृ. 2
3. मुक्तिबोध : नयी कविता का आत्मसंघर्ष तथा अन्य निबंध, पृ. 98
4. वही, पृ. 99
5. मुक्तिबोध : नये साहित्य का सौन्दर्यशास्त्र, पृ. 53
6. मुक्तिबोध : कामायनी : एक पुनर्विचार, पृ. 72

और उसके प्रति विद्रोह करने वाली ताकतों से सक्रिय सहानुभूति रखे।"[1]

मार्क्सवादी अवधारणाओं को मुक्तिबोध ने हिन्दी साहित्य के संदर्भ में विस्तार से विवेचित किया है। उन धारणाओं पर क्रमशः विचार करें।

कला-प्रक्रिया के वर्गीय आधार

कला का वर्गीय आधार होता है– मार्क्सवाद की यह एक प्रमुख मान्यता है। इस मान्यता के अनुसार एक ही समाज में विभिन्न वर्गों के व्यक्तियों के पारस्परिक संबंधों का आधार उनकी आर्थिक स्थिति होती है। इन वर्गों का निर्माण अचानक और आकस्मिक रूप से नहीं होता, बल्कि यह धीमी प्रक्रिया के अंतर्गत होता है। आर्थिक आधार में अलगाव होने के कारण एक ही समाज में विभिन्न वर्गों की रुचियों, दृष्टियों तथा सामाजिक एवं नैतिक संस्कारों में भेद होता है। व्यक्ति पर्याप्त सीमा तक चेतन अथवा अचेतन रूप में इन संस्कारों से बंधा होता है। किसी भी कवि के वर्गीय संस्कार, उसकी कविता में नियोजित जीवन-दृष्टि में देखे जा सकते हैं। अभिप्राय यह है कि उसकी जीवन-दृष्टि उसके वर्गगत सामाजिक संबंधों के साथ अनेक रूपों में अभिव्यक्त होती रहती है।

आज का समाज एक वर्ग-विभक्त समाज है। सामाजिक स्थितियों एवं उसके भीतर चलने वाले विभिन्न वर्गों के बीच असामंजस्य अधिक हो जाता है तो वह सामाजिक तनाव को जन्म देता है और इस स्थिति में जनमानस में जिस नए बोध एवं स्थायी भाव का उदय होता है उससे साहित्यकार भी प्रभावित होता है क्योंकि वह तो समाज का सर्वाधिक जागरूक, संवेदनशील एवं चेतना संपन्न प्राणी होता है। इस प्रकार का वर्ग-संघर्ष साहित्य में ऐसे मनोभावों को जन्म देता है जिनमें अविश्वास, घृणा, तिरस्कार आदि की प्रमुखता रहती है। इसी रूप में सामाजिक (वर्गीय) संघर्षों का लेखक एवं समाज पर मनोवैज्ञानिक प्रभाव पड़ता है। इस तरह वर्ग-संघर्ष की परिणति साहित्य में होती है।[2]

सामाजिक संघर्षों के कारण विभिन्न वर्गों के जीवन-मूल्य भी विभिन्न हो जाते हैं। 'मानवता' शब्द का किसी एक वर्ग के लिए ठीक वही अर्थ नहीं होता जो किसी दूसरे वर्ग के लिए हो सकता है। मुक्तिबोध ने लिखा है–"असल में मेरे नज़दीक तो कई मानवताएं हैं, एक मानवता नहीं। जब गोलियों से आए-दिन आदमी भूने जाते हैं, तब किस मानवता की सेवा आप करना चाहते हैं?

---

1. मुक्तिबोध : एक साहित्यिक की डायरी, पृ. 148
2. मुक्तिबोध : नयी कविता का आत्मसंघर्ष तथा अन्य निबंध, पृ. 46-48

सरकार और पुलिस की मानवता की या गोली से भूने जाने वाली मानवता की?[1]

अलग-अलग वर्गों के लिए जीवन-मूल्य उनके अलग-अलग वर्गीय स्वार्थों के सापेक्ष होते हैं। वर्गीय स्वार्थों को जानने के लिए समाज और युग के अंतर्विरोधों, उनके आर्थिक आधारों और उत्पादन संबंधों का जानना आवश्यक है। अनुभववादी ढंग से प्राप्त किया हुआ ज्ञान, अधूरे सत्यों से निकाले गए निष्कर्ष, वस्तुस्थिति तक नहीं पहुंचने देते। मुक्तिबोध ने इसी कारण वर्गीय आधारों के ज्ञान की आवश्यकता पर पर्याप्त बल दिया। उन्होंने लिखा– "आज की कविता का मूल प्रश्न जीवन-जगत के ज्ञान के अधूरेपन या पूरेपन, विकारग्रस्तता या शुद्धता के प्रश्न के साथ अटूट रूप से जुड़ा हुआ है, आज के कवि को अर्थात् हमें ज्ञान पक्ष के विकास की जितनी अधिक आवश्यकता है, उतनी पहले कभी नहीं रही।"[2]

मुक्तिबोध ज्ञान की आवश्यकता पर बल इसलिए देते हैं क्योंकि आज का कवि एक असाधारण, असामान्य और जटिल युग में रह रहा है। समाज में शोषकों, उत्पीड़कों का ज़ोर बढ़ता जा रहा है। साहित्य एवं समीक्षा जनता से विमुख होते जा रहे हैं। चारों ओर पूंजीवादी ह्रासोन्मुखी प्रवृत्तियां युग और समाज को विकारग्रस्त किए जा रही हैं। ज्ञानपक्ष की अनिवार्यता का कारण बताते हुए वह लिखते हैं– "आज का कवि एक ऐसे युग में रह रहा है जहां मानव सभ्यता संबंधी प्रश्न महत्वपूर्ण हो उठे हैं। चारों ओर नैतिक ह्रास के दृश्य दिखाई दे रहे हैं। शोषण और उत्पीड़न पहले से बहुत अधिक बढ़ गया है। नोच-खसोट, अवसरवाद, भ्रष्टाचार का बाजार गर्म है। कल के मसीहा आज उत्पीड़क हो उठे हैं। अध्यात्मवादी विचारक जनता से दूर जा बैठे हैं। अधिकांश समीक्षकों का जीवन से कोई संबंध नहीं रहा– वे जीवन के कलात्मक-साहित्यिक बिम्बों की तो व्याख्या करेंगे, किन्तु जीवन से दूर रहेंगे। सर्वत्र क्षोभ, कष्ट, अन्याय और उत्पीड़न के दृश्य दिखाई दे रहे हैं। समाज के भीतर के विभिन्न वर्गों की खाइयां और भी चौड़ी हो गई हैं।"[3]

मुक्तिबोध को अपने समकालीन साहित्य-समीक्षकों से शिकायत है कि ये साहित्य-समीक्षा और कला के वर्गीय आधारों की पड़ताल नहीं करते। जीवन के कलात्मक बिंबों का विश्लेषण जीवन से दूर रह कर कैसे किया जा सकता है? वस्तुत: वे समीक्षक वर्गीय खाइयों को अनदेखा कर देते हैं। मुक्तिबोध चाहते हैं कि कवि इस जीवन के बृहत्तर यथार्थ को उसके वस्तुवादी वर्गीय

---

1. मुक्तिबोध रचनावली-4, पृ. 31
2. मुक्तिबोध : नयी कविता का आत्मसंघर्ष तथा अन्य निबंध, पृ. 14
3. वही, पृ. 14

आधारों पर पहचाने। वर्गों की बढ़ती हुई खाइयों पर टिप्पणी करते हुए मुक्तिबोध लिखते हैं– "यहां तक कि मध्य वर्ग में भी दो श्रेणियां पैदा होकर अपनी परस्पर दूरी खतरनाक तरीके से गहरी और चौड़ी कर रही हैं। जनपद स्कूल के शिक्षक और यूनिवर्सिटी प्रोफेसर के बीच, ग़रीब जनता और खादीधारी नेता के बीच, क्लर्क और अफ़सर के बीच, दूरियां और खाइयां मुंह फाड़े खड़ी हैं– किसान-मज़दूर और पूंजीपति-ज़मींदार के बीच की दूरियों का तो क्या कहना ? मानव संबंध टूट-फूट गए हैं। समाज में शोषकों, उत्पीड़कों और उनके साथियों का ज़ोर बढ़ गया है।"[1]

साहित्य के वर्गीय आधार का ज्ञान मुक्तिबोध के शब्दों में 'जीवन-विवेक' है। इस 'जीवन-विवेक' के बिना लेखक-कवि सामाजिक यथार्थ को विकृत अथवा अर्धविकृत रूप में उपस्थित करता है। जीवन की गतिमानता विभिन्न वर्गों में समान नहीं रहती। जीवन-गति की असमानता उसके अंतर्विरोध और टूटे-फूटे सामाजिक संबंधों का वैज्ञानिक ज्ञान आज के कवि-लेखक के लिए मुक्तिबोध इन्हीं अर्थों में आवश्यक मानते हैं। उन्होंने लिखा है– "जीवन से दूर अपनी आराम कुर्सी पर बैठा हुआ समीक्षक, बड़ा विद्वान ही क्यों न हो, जीवन का वैज्ञानिक विवेचन नहीं कर सकता। फिर उसकी साहित्यिक अभिव्यक्ति के विश्लेषण की तो बात ही क्या ? बगैर जीवन को जाने, बगैर जीवन को पहचाने, जो आलोचक केवल जीवन की गूंजों (साहित्यिक अभिव्यक्ति) का विश्लेषण करता है, उसको किसी न किसी हद तक यांत्रिकता का सहारा लेना ही पड़ता है। अर्थात् दूसरे शब्दों में, जो व्यक्ति जीवन की गतिमान प्रक्रियाओं को नहीं जानता, (वह) इन प्रक्रियाओं के साहित्यिक प्रतिबिम्ब के स्वरूप को भी नहीं पहचान सकता।"[2]

जीवन के यांत्रिक ज्ञान और वैज्ञानिक ज्ञान में बहुत अंतर है। यांत्रिक ज्ञान को मुक्तिबोध जीवन का विश्लेषण नहीं बल्कि जीवन की गूंजों का विश्लेषण मानते हैं। गूंज मूलध्वनि से उत्पन्न होते हुए भी एक विकृत प्रतिध्वनि है। विकृत प्रतिध्वनि या प्रतिक्रिया से जो प्रतिबिंब बनेंगे वे जीवन का स्वरूप पहचानने में पूर्ण मदद नहीं कर सकते। ऐसा नहीं है कि अपूर्ण विश्लेषण अनायास हो, देखकर भी अनदेखा करना वर्गीय स्वार्थों की मजबूरी के कारण होता है। समसामयिक कविता में उभरने वाली वर्गीय प्रवृत्ति की ओर संकेत करते हुए मुक्तिबोध कहते हैं– "नयी कविता के क्षेत्र में भी दल तैयार हो रहे हैं। एक दल वह है जो उच्च व मध्य वर्ग का अंग है, दूसरे वे हैं जो निचले ग़रीब

---

1. मुक्तिबोध रचनावली-5, पृ. 64
2. वही, पृ. 52

वर्ग से संबंधित हैं। उनकी वर्गीय प्रवृत्ति न केवल उनके काव्य में वरन् साहित्य संबंधी उनके सिद्धान्तों में भी परिलक्षित होती है।"[1]

कला के वर्गीय आधार के संबंध में कुछ अन्य मार्क्सवादी आलोचकों की टिप्पणियों पर ध्यान दें तो बात अधिक स्पष्ट हो जाती है। कला के वर्गाधार पर अमृतराय लिखते हैं– "वर्गहीन कला वर्गहीन समाज में ही उत्पन्न हो सकती है, अब तक चूंकि वर्गहीन समाज विश्व के किसी भी देश में स्थापित नहीं हो सका है अतः अब तक की सारी कला, सारा साहित्य वर्ग-युक्त समाज की उपज है।"[2]

मानवीय सदाचार, नैतिकता, कला एवं साहित्य के प्रतिमानों का उद्गम यथार्थ जीवन है, वर्गीय स्थितियां हैं, वर्गीय सामाजिक संबंध हैं। डा० रामविलास शर्मा ने नैतिकता को लेकर टिप्पणी की है– "समाज का विकास वर्ग-संघर्ष के माध्यम से हुआ है। इसलिए नैतिकता भी सदैव वर्ग-नैतिकता ही रही है। यानी वर्गों से परे मानवीय नैतिकता की परिकल्पना निराधार है, क्योंकि साहित्यकार अपने युग की ऐतिहासिक सीमाओं से पूर्णतया मुक्त नहीं रह सकता।"[3]

मुक्तिबोध ने वर्गीय आधार को सिर्फ़ सामाजिक एवं सांस्कृतिक स्तरों पर ही नहीं देखा, बल्कि मानसिक स्तर पर भी पहचाना। उन्होंने लिखा– "वर्ग-विभाजित समाज में व्यक्ति का मन भी विभाजित होता है।"[4] हिन्दी के मार्क्सवादी आलोचक प्रायः मनोविज्ञान को मार्क्सवादी सौंदर्यशास्त्र से बाहर की चीज़ मानते रहे हैं। मुक्तिबोध ने मन के विभाजन को उसके अनेक प्रच्छन्न एवं अप्रच्छन्न रूपों में देखा। वे मध्यवर्गीय कमज़ोरियां जिन्हें व्यक्ति प्रकट रूप में सहजता से स्वीकार नहीं करता, मनोविश्लेषण से ही ज्ञात हो सकती हैं। युगांतरकारी घटनाओं का आघात व्यक्ति पर चाहे-अनचाहे होता रहता है, जिनकी जानकारी से वह स्वयं अनभिज्ञ रहता है, मध्यवर्गीय लेखक इससे अछूते नहीं हैं। बौद्धिक स्तर पर अपनी मानसिक सीमाओं के कारण लेखक कमज़ोरियों का शिकार हो जाता है और युगांतरकारी घटनाओं से संबंधित जीवन-विषयों को साहित्यिक अभिव्यक्ति नहीं दे पाता, वस्तुस्थिति का कला-निरूपण नहीं कर पाता। मुक्तिबोध और स्पष्ट करते हुए लिखते हैं – "मैं असाधारण साहित्यिक व्यक्तियों की बात नहीं कर रहा हूं, जिनके व्यक्तित्व में 'सिद्धान्त और कार्य' (थियरी एण्ड प्रैक्टिस) का आपस में टकराता हुआ, और एक दूसरे को पंगु

---

1. मुक्तिबोध : नयी कविता का आत्मसंघर्ष तथा अन्य निबंध, पृ. 15
2. अमृतराय : नयी समीक्षा, पृ. 8
3. डा० रामविलास शर्मा : भाषा, संस्कृति और साहित्य, पृ. 141
4. मुक्तिबोध रचनावली-4, पृ. 20

और निष्क्रिय बनाता हुआ, द्वन्द्व नहीं है। वस्तुतः वर्ग-विभाजित समाज में व्यक्ति इसी प्रकार के द्वन्द्वों से पीड़ित रहता है। उससे उबरने वाले व्यक्ति थोड़े होते हैं, डूब जाने वाले अधिक।"[1]

मुक्तिबोध ऐसे कवि-लेखकों को भी अमान्य ठहराते हैं जो लेखन में तो वर्गीय पक्षधरता और क्रांतिकारिता की बात करते हैं, लेकिन अपने निजी जीवन में विपरीत आचरण करते हैं–"आश्चर्य की बात है कि जो कवि कला में एकदम भेरी या ढोल के निनाद सरीखी ऊर्जस्वल क्रान्तिवाणी गुंजाता रहता है, वही कवि ठीक व्यावहारिक जीवन में (और आन्तरिक जीवन में भी), सामान्य जनों की जो नैतिक मानवीय इयत्ताएं हैं, उससे भी गिरा हुआ बहुत बार पाया जाता है। क्रान्तिवाणी गुंजाने वाले अन्य कवियों में इतना साहस भी नहीं होता कि वह ऐसे कवि को स्थानच्युत करें। राजनैतिक क्षेत्र के हिसाब से ही देखें तो यह पाया जाएगा कि ऐसे बहुत कम क्रान्तिकारी कवि हैं, जिनके जीवन में वे राजनैतिक सिद्धान्त बरते जाते हों।"[2]

लेखन जब तक मानसिक मजबूरी न बन जाए तब तक वह ईमानदार लेखन नहीं हो सकता। वर्गीय पक्षधरता मात्र लेखन में रहे, यह लेखकीय दायित्व की इति नहीं है, मानसिक, आत्मिक, आंतरिक ईमानदार आवेग भी उसके मूल में होना चाहिए। युगांतरकारी घटनाओं का वर्णन करने के लिए ऐसे सर्जक व्यक्तित्व भी आवश्यक हैं जो मानसिक एवं सामाजिक रूप से उन घटनाओं से अपना व्यावहारिक जुड़ाव रखते हैं। मुक्तिबोध ने लिखा है– "युगान्तरकारी घटनाक्रम से प्रेरणा प्राप्त कर तत्संबंधी साहित्य के उत्पन्न होने के लिए ऐसे व्यक्तित्व की भी आवश्यकता होती है, जो अपने युग का, उसके किसी महत्वपूर्ण अंग का, प्रतिनिधित्व करके, उस घटनाक्रम से आक्रान्त होकर उसे प्रकट करने के लिए, किसी न किसी तरह मजबूर हो जाए। जब तक यह मजबूरी पैदा न होगी, तब तक साहित्यिक उन समस्त घटनाओं को अपनी सृजन मनोवैज्ञानिक परिधि से बाहर ही रखेगा।"[3]

कला के वर्गीय आधार की बात करते समय मुक्तिबोध एक तथ्य की ओर जानकारी देते हैं कि वर्गीय आधार होने के बावजूद साहित्य और समाज का संबंध यांत्रिक नहीं होता। मुक्तिबोध लिखते हैं– "जब मार्क्सवादी यह कहते हैं कि साहित्य का विकास समाज के विकास पर अवलम्बित है तो उसका आशय यह नहीं कि सामाजिक-राजनैतिक घटनाक्रम से यन्त्रानुबद्ध होकर साहित्य

1. मुक्तिबोध रचनावली-4, पृ. 21
2. वही, पृ. 25
3. वही, पृ. 20

अपना मार्ग बनाता चलता है। उसका अभिप्राय यह है कि जिन सामाजिक, ऐतिहासिक शक्तियों की अभिव्यक्ति मात्र वे घटनावलियां हैं, वे ताकतें ही साहित्य के रूप और स्वरूप, तत्व और विचार को जन्म देती तथा विकसित करती रहती हैं। समाज के विकास, ह्रास तथा परिवर्तन के साहित्य में उस विकास, ह्रास अथवा परिवर्तन का स्वरूप ही नहीं दिखाई देता, वरन् साहित्य स्वयं उस विकास, ह्रास अथवा परिवर्तन का अंग हो जाता है।"[1]

वस्तुत: सांस्कृतिक- वैचारिक धरातल पर वर्ग-विभाजन उतना स्पष्ट नहीं दिखाई दे पाता, जितना कि आर्थिक, सामाजिक, राजनैतिक क्षेत्र में चीन्हने योग्य होता है। कला में वर्गीय आधार खोजने पर प्राय: वह नहीं मिल पाता, यद्यपि वह होता अवश्य है। मुक्तिबोध ने एक जगह लिखा है– "प्रत्येक युग अपनी सामाजिक, ऐतिहासिक स्थिति की अनुभूत आवश्यकता के अनुसार अपना साहित्य निर्माण किया करता है।"[2] और इस प्रश्न के उत्तर में कि "आख़िर युग का अर्थ क्या है ?" मुक्तिबोध कहते हैं कि युग-स्थिति का सच्चा अर्थ है उस विशेष श्रेणी की स्थिति जो सांस्कृतिक-साहित्यिक क्षेत्र का नेतृत्व कर रही हो। इस नेतृत्व करने वाली श्रेणी पर राजनैतिक शासन होता है तत्कालीन सर्वोच्च शासक वर्ग का, जो कि सांस्कृतिक-साहित्यिक नेतृत्व प्रदान करने वाली श्रेणी से मिला-जुला तथा संबद्ध होता है। अतएव शिष्ट साहित्य एक ओर बढ़ता है, समाज के निम्न वर्गों की वास्तविकता के अनुसार शोषितों की कला दूसरा मार्ग ग्रहण करती है– यद्यपि यह निम्नवर्गीय कला अपने कुछ उपादान और मूल विचार उच्च वर्गीय श्रेणी से भी ग्रहण करती है।[3] किंतु अंततोगत्वा कला पर हावी वही प्रधान वर्ग रहता है जो समाज का नेतृत्व करता है।

तालस्ताय का उदाहरण देते हुए मुक्तिबोध ने शासक वर्ग के प्रभाव के बावजूद क्रांतिकारी शोषित वर्ग के समर्थक साहित्य के अस्तित्व पर टिप्पणी की है– "साहित्य का समाज से संबंध यांत्रिक नहीं है। ह्रासकालीन पूंजीवादी समाज के अंदर, एक ओर, ह्रासग्रस्त अत्याचारी शोषक वर्ग होता है, तो दूसरी ओर क्रान्तिकारी शोषित वर्ग भी सिर उठाता है। जो लेखक इन दोनों तत्वों को देखता है, और उस क्रान्तिकारी शोषित वर्ग की हिमायत करता है, उसका साहित्य ह्रासकालीन पूंजीवादी-सामन्तवादी समाज के अन्दर जन्म लेकर भी स्वयं ह्रासग्रस्त नहीं हो पाता।"[4] ह्रासग्रस्त समाज में शोषित वर्गों की हिमायत न करने

1. मुक्तिबोध रचनावली-5, पृ. 24
2. मुक्तिबोध : नये साहित्य का सौन्दर्यशास्त्र, पृ. 120
3. वही, पृ. 120
4. मुक्तिबोध रचनावली-5, पृ. 24

वाला साहित्य ह्रासग्रस्त होगा ही, यह उसकी अनिवार्य परिणति है। जब "लेखक ह्रासग्रस्त शोषक वर्ग की परिधि में ही रहकर कला का सृजन करता है तब उसकी कला स्वयं ह्रासग्रस्त हो जाती है। साहित्यिक ह्रास के सभी चिह्न उसमें मौजूद होते हैं। इसका अर्थ यह कदापि नहीं कि शुद्ध कलात्मक दृष्टि से, अनिवार्यतः ह्रासकालीन साहित्य निकृष्ट होता है, वरन् यह कि मानव के स्वरूप का आकलन उस साहित्य में एकांगी, दूषित और आस्थाहीन होता है। हमारा रीतिकालीन साहित्य भी इसी प्रकार का है। मानव का रूप और तत्संबंधी भावना जो हमें रीतिकाल में दिखाई देती है वह उत्थानशील समाज की विशेषता कदापि नहीं हो सकती।"[1]

वर्ग-संबंधों के लिए मुक्तिबोध ने कहीं-कहीं 'मानव संबंध' शब्द-युग्म का प्रयोग किया है। मानव के वर्ग-संबंध सामाजिक-ऐतिहासिक संदर्भों के बिना गतिशील नहीं हो सकते। मुक्तिबोध लिखते हैं– "मानव संबंध समाज के विकास के साथ परिवर्तित होते रहते हैं, तथा समाज की विशेष स्थितियों की उनमें विशेषताएं प्रकट होती हैं। विशेषता-संयुक्त ये मानव संबंध, मानव चेतना की मूलभूत नीवें हैं, जिनके आधार पर कला, दर्शन, धर्म, तथा साहित्य की सृष्टि होती है। इन्हीं मानव संबंधों की अवस्था विशेष के अनुसार मानव की विश्वदृष्टि भी बनती है।"[2]

समाज में वर्गों की स्थिति और उनका गणित यदि ऐतिहासिक परिप्रेक्ष्य में समझा नहीं गया होता तो विश्व-दृष्टि भी नहीं बन पाती। वर्ग-संबंधों से उद्‌भूत हुए कला, साहित्य, दर्शन एवं धर्म पुनः विश्व-दृष्टि के प्रकाश में परिवर्तित होते हैं। दोनों के मध्य की द्वंद्वात्मकता कला-संस्कृति के विकास को सक्रिय रखती है।

कला के विषय में वर्गीय प्रवृत्तियों पर जो कहा गया है वह सभी कलाओं पर खरा उतरता है। कविता कुछ अधिक सूक्ष्म कला है क्योंकि उसका संबंध विचारों और सूक्ष्म संवेदनाओं से भी होता है। मुक्तिबोध ने इस वर्गीय चेतना के सूक्ष्म तंतुओं का विश्लेषण किया है और इसकी मनोवैज्ञानिकता को भी परखा है। लेखक अपनी वर्गीय सीमाओं से बंधने के बाद भी कभी-कभी ऊपर उठ सकता है क्योंकि चिंतन और अध्ययन से उसकी चेतना का विकास होता है। फलस्वरूप उसके भीतर उसकी वर्गगत चेतना के समानांतर एक अन्य चेतना भी जन्म ले लेती है जो उसकी वर्ग-चेतना के एकदम समानांतर नहीं होती और ऐसी स्थिति में कभी-कभी लेखक अपनी वर्गीय स्थितियों से, वर्गीय चेतना

1. मुक्तिबोध रचनावली-5, पृ. 24
2. वही, पृ. 26

से अलग जाने लगता है, उसके अंतर में ही दो विरोधी प्रवृत्तियों और मूल्यों का संघर्ष होने लगता है क्योंकि जिस समाज का वह सदस्य है उसके मूल्यों के साथ उसकी संगति नहीं बैठ पाती है। इसका आशय यह हुआ कि संघर्षों एवं विरोधों की परिधि मात्र बाहरी संबंध नहीं हैं वरन् उसके अपने मन के भीतर भी अनेक प्रकार की द्विधाएं और नए और पुराने के बीच के अनेकानेक मानसिक द्वंद्व होते हैं। यह द्वंद्वात्मकता जब व्यापक विश्व-दृष्टि और यथार्थबोध को छू लेती है तो व्यक्ति को संवेदनात्मक ज्ञान की ओर बढ़ा देती है, उसकी दृष्टि उससे सवाल करती है 'किस ओर हो तुम', तो वह अपने वर्गीय सामाजिक मूल्यों से कतई पटरी न खा पाने के कारण शोषित वर्ग का पक्षधर हो जाता है। उसका वर्गापसारण (डिक्लासीफ़िकेशन) होने लगता है। एक मध्यवर्गीय कलाकार इसी प्रक्रिया से वर्गापसारित-व्यक्तित्वांतरित होकर निचले वर्ग से जुड़ता है।

मुक्तिबोध के अनुसार वर्गीय चेतना बाह्य की स्थूल सीमा को अतिक्रांत कर मनुष्य के मनोलोक तक फैली है। उसके बाह्य पक्ष के साथ एक आंतरिक पक्ष भी है, जिसे एक ही व्यक्ति में होने वाले दो विपरीत संस्कारों के द्वंद्व रूप से देख सकते हैं। मार्क्सवादी चिंतक प्लेखनोव कहते हैं कि एक ही समय में एक व्यक्ति का, सामाजिक प्राणी होने के कारण एक व्यक्तिगत इतिहास होता है और साथ ही सामाजिक इतिहास भी। इन दोनों के मध्य द्वंद्व की संभावना रहती है और उसका सामाजिक इतिहास वैयक्तिक इतिहास को बहुत दूर तक प्रभावित करता है। फिर भी कला एवं साहित्य में इसका अर्थ यह कदापि नहीं है कि सामाजिक 'टाइप' का वैयक्तिक 'टाइप' के ऊपर आधिपत्य हो।[1] इसका आशय इतना भर है कि प्रत्येक समाज-विशेष का, उसमें रहने वाले वर्ग का, अपना निजी तथा एक सीमा तक स्वतंत्र मनोविज्ञान होता है, उसके अपने अंतर्विरोध होते हैं और किसी भी कलाकृति में इनकी भूमिका उपेक्षणीय नहीं हो सकती।

इस विषय पर अर्न फिशर भी मुक्तिबोध के समान विचार रखते हैं। मुक्तिबोध की तरह उनकी भी धारणा है कि कलाकार की चेतना दो धरातलों पर सक्रिय रहती है। एक ओर उसकी सामाजिक और वर्गीय चेतना होती है और दूसरी ओर वैयक्तिक चेतना, जो स्थितियों के कारण स्वयं परोक्ष रूप से वर्गीय चेतना के निकट होती है या होती जाती है। इन दोनों चेतनाओं के बीच संघर्ष की स्थिति तब आती है, जब उनके बीच का अंतराल बहुत बड़ा हो जाता है, खाई गहरी हो जाती है। अर्थात् किसी वर्ग या समाज के प्रगतिवादी

1. जी॰ वी॰ प्लेखनोव : आर्ट एंड सोशल लाइफ़ (अंग्रेजी), पृ. 66

तत्व एकदम कम हो जाते हैं।[1] यही वह स्थिति होती है जबकि लेखक अपने युग की धारा से अलग हटकर सृजन करने लगता है। मुक्तिबोध ने कहा है कि यद्यपि "यह सही है कि कोई भी लेखक अपने व्यक्तित्व से, अपने इतिहास से अर्थात अपने देशकाल से स्वतंत्र नहीं है, किन्तु जब वह सचमुच स्वतंत्र होने का प्रयास करता है तो इसका अर्थ यह है कि युग बदलने के लक्षण सामने आ रहे हैं।"[2]

किसी विशेष साहित्य-युग में विषयों का चयन भी वर्ग-स्थितियों के अनुसार होता है। साहित्य के विशेष विषयों को निश्चित करने वाली मनोवृत्तियां स्थिति-सापेक्ष होती हैं। कभी-कभी किसी मनोवृत्ति के प्रणेता के रूप में किसी व्यक्ति-विशेष का नाम जोड़ दिया जाता है लेकिन वस्तुतः कोई विशेष प्रवृत्ति व्यक्ति-प्रदत्त न होकर समाज-प्रदत्त होती है। हमारा छायावादी आंदोलन हो या यूरोप का रोमैंटिसिज़्म, इनका श्रेय पंत, प्रसाद, महादेवी, निराला या शैले, कीट्स, वर्ड्सवर्थ आदि को दिया जाता है, किंतु मुक्तिबोध इनके मूल में मध्यवर्गीय जीवन-मूल्यों के प्रति विरक्ति भाव मानते हैं– "यह विरक्ति जीवन की गतिहीनता का लक्षण तथा प्रतिबिंब था। ब्रिटिश साम्राज्यवाद (तथा विश्व साम्राज्यवाद), पूंजीवादी समाज रचना के ह्रासकाल का ही द्योतक था।"[3]

कहना न होगा कि मुक्तिबोध ने साहित्य विवेचन और वस्तुवादी समीक्षा के लिए वर्गीय आधार आवश्यक समझा। 'कामायनी : एक पुनर्विचार' नामक पुस्तक में 'कामायनी' की व्यावहारिक समीक्षा उन्होंने कला के वर्गीय आधारों पर की है।

सौंदर्यानुभव और जीवनानुभव

मुक्तिबोध की दृष्टि में सौंदर्यानुभूति और जीवनानुभव का संबंध द्वंद्वात्मक है। वे मानते हैं कि सौंदर्यानुभव वास्तविक जीवनानुभव के गुणात्मक रीति से परिवर्तित रूप का ही नाम है। उन्होंने लिखा है– "सौन्दर्यानुभूति उच्चतर स्तर पर, अधिक उदात्त स्तर पर, जीवनानुभूति का ही एक रूप है, जीवनानुभवों का ही वह एक कल्पनोद्भासित पुनः अनुभव है। उसमें जीवनानुभवों का पुनः सृजन होता है, संवेदनापूर्ण कल्पना द्वारा।"[4]

---

1. ई० फिशर : द नेसेसिटी ऑफ़ आर्ट (अंग्रेज़ी), पृ. 151
2. मुक्तिबोध : नये साहित्य का सौन्दर्यशास्त्र, पृ. 83
3. मुक्तिबोध रचनावली-5, पृ. 34
4. वही, पृ. 161

जीवन के अनुभव उदात्तीकृत होकर कल्पनाओं के प्रकाश में पुनः अनुभव की प्रक्रिया में ढलकर सौंदर्यानुभूति बन जाते हैं। सौंदर्यानुभूति के मूल में संवेदनात्मक उद्देश्य सदैव बने रहते हैं, अत: जीवन-अर्थों में भी नई व्याप्ति आने लगती है, इसीलिए मुक्तिबोध ने कहा कि संवेदनापूर्ण कल्पना द्वारा जीवनानुभवों का पुनः सृजन होता है। यही इन दोनों के अंत:संबंधों की द्वंद्वात्मकता है।

सौंदर्यानुभव कब होता है ? वे उत्तर देते हैं– "किसी वस्तु, दृश्य या भाव से मनुष्य जब एकाकार हो जाता है तब सौन्दर्यबोध होता है।"[1] इस प्रकार सौंदर्य-विशेष, दृश्य-विशेष या भाव-विशेष का आनंददायी गुण होता है, इनसे पृथक् इसकी कोई सत्ता नहीं होती। मूर्त वस्तु का सौंदर्य कला में आकर सूक्ष्म और संवेदनात्मक बन जाता है, लेकिन उसकी सूक्ष्मता, उस सीमा से आगे नहीं जा सकती, जहां वह यथार्थ वस्तु से कट कर और एकदम अलग होकर, वस्तुगत सौंदर्य से पृथक् किसी अलौकिक सौंदर्य का जाल बुने। मुक्तिबोध ने कला के सौंदर्य को जीवन के सौंदर्य से पृथक् करके देखने के सिद्धांत का विरोध किया है। उनके लिए "सौन्दर्यानुभव और वास्तविक जीवनानुभव इन दो का सार-स्वरूप एक ही है।"[2]

भाववादी दार्शनिक सौंदर्य की सत्ता वस्तु में न मान कर उससे पृथक् दर्शक के मन में मानते हैं। ऐसे चिंतकों के लिए मन एक निरपेक्ष सत्ता है जिसका वस्तु-जगत से कोई संबंध नहीं होता। अज्ञेय इसी प्रकार के एक भाववादी चिंतक हैं। भाववादी चिंतनधारा का 'अनुभूति' के बारे में मत जानने के लिए, उदाहरणार्थ, उनका वक्तव्य पर्याप्त होगा– "अनुभूति अद्वितीय होती है क्योंकि कोई दूसरे की अनुभूति भोग नहीं सकता. . .और कवि साधारणीकरण द्वारा जिस अनुभूति का प्रेषण करता है वह काव्यानुभूति जीवन की अनुभूति से अलग होती है।"[3]

कहना न होगा कि भाववादी विचारक सौंदर्यानुभूति और जीवनानुभूति को भिन्न मानते हैं। उनके लिए सौंदर्य बहिर्जगत से नहीं बल्कि अंतर्जगत से संबंध रखता है। सौंदर्यानुभूति को लेकर पश्चिमी साहित्य में भी ख़ूब साहित्यिक बहसें छिड़ीं। मुक्तिबोध ने पाश्चात्य चिंतन को सार-रूप में इस प्रकार प्रस्तुत किया– "वास्तविक जीवनानुभूति सौन्दर्यानुभूति से भिन्न स्तर की और भिन्न श्रेणी की वस्तु है। सौन्दर्यानुभूति जीवन के एक निगूढ़ क्षण में कल्पनोद्भासपूर्ण मानसिक द्रवण है। जीवनानुभूति सौन्दर्यानुभूति से पृथक् तो है ही, वह समानान्तर

1. मुक्तिबोध : एक साहित्यिक की डायरी, पृ. 7
2. मुक्तिबोध : नयी कविता का आत्मसंघर्ष तथा अन्य निबंध, पृ. ३४
3. अज्ञेय : आत्मनेपद, पृ. 169

भी है।"[1] मुक्तिबोध ने इन तीनों धारणाओं का विरोध किया। इन धारणाओं को पुनः प्रस्तुत करें–

1. जीवनानुभूति सौंदर्यानुभूति से भिन्न स्तर और भिन्न श्रेणी की वस्तु है।
2. यह जीवन के एक निगूढ़ क्षण में कल्पनोद्भासपूर्ण मानसिक द्रवण है।
3. ये परस्पर पृथक् तो हैं ही, समानांतर भी हैं।

इन धारणाओं के विषय में मुक्तिबोध का कहना है– "उपर्युक्त प्रकार की मनोभूमि और तत्संबंधित सौन्दर्यवादी सिद्धान्त नयी कविता के क्षेत्र से किए गए शीतयुद्ध की उपज हैं। और चूंकि वे एक विशेष प्रकार की मनोवृत्ति वाले कवियों के कुछ आंतरिक आग्रहों को सन्तुष्ट करते थे, इसलिए उनका प्रचार भी काफी हुआ, और अभी उनका पर्याप्त प्रभाव है।"[2] मुक्तिबोध मानते हैं कि "इन महोदयों का सारा ज़ोर जीवनानुभूति तथा सौन्दर्यानुभूति की विलगता और परस्पर असमानता पर ही है। सौन्दर्यानुभूति और जीवनानुभूति इन दोनों के अन्तर्निहित परस्पर सघन संबंधों पर, उनकी मूलभूत एकता पर, ध्यान देने से उनका काम बिगड़ता था।"[3]

भाववादी सौंदर्य धारणाओं पर मुक्तिबोध ने गहराई से विचार किया। वे इन दोनों को भिन्न स्तर और भिन्न श्रेणी की वस्तु इसलिए मानते हैं क्योंकि सौंदर्यानुभूति के मूल में संवेदनात्मक उद्देश्यों की भूमिका को नज़रअंदाज करते हैं। सौंदर्यानुभूति क्यों और किस प्रकार होती है तथा जीवनानुभवों का उस पर गहरा प्रभाव किस प्रकार है, इस प्रथम प्रश्न का उत्तर देते हुए मुक्तिबोध लिखते हैं– "मानसिक अथवा बाह्य उत्प्रेरक तत्वों द्वारा एकाएक हृदय में हलचल पैदा होने से, उसमें संचित जीवनानुभव तीव्र गति से मनस्पटल पर मूर्तिमान होकर बहने लगते हैं– संवेदनात्मक उद्देश्यों की दिशा में– इस तरह से बहने लगते हैं कि मनुष्य तन्मय होकर उन्हीं में डूब जाता है, और उनका रस लेने लगता है। ऐसी स्थिति में, मनुष्य की आत्मबद्ध दशा का परिहार हो जाता है (तभी तो वह तन्मय होता है, और उन प्रगतिमान कल्पना चित्रों द्वारा ही), उसे नवीन संवेदनाएं प्राप्त होने लगती हैं, आनन्दात्मक अनुभव होने लगता है, रसात्मक अनुभव प्राप्त होता है।"[4]

1. मुक्तिबोध रचनावली–5, पृ. 161
2. वही, पृ. 262
3. वही, पृ. 161
4. वही, पृ. 161

स्पष्ट है कि संचित जीवनानुभवों के मनस्पटल पर आए बिना मनुष्य तन्मय नहीं हो सकता और सौंदर्यानुभूति के जो दो लक्षण हैं– आत्मबद्ध दशा का परिहार तथा आनंदात्मक अनुभव, वे नहीं हो सकते थे।

आंतरिक या बाह्य तत्व जो उत्प्रेरक का कार्य करते हैं और सौंदर्यानुभव की भूमिका बनाते हैं, वस्तुतः उनका प्राथमिक कार्य जीवन के संचित अनुभवों को एक चित्रमाला के रूप में मन के सम्मुख प्रस्तुत करना है। मनुष्य उनमें तन्मय तो होता है लेकिन उसकी विचारधारा, उसकी विश्व-दृष्टि या उसके संवेदनात्मक उद्देश्य उन चित्रों में अपनी संगति या असंगति मिला देते हैं। असंगति प्राप्त निषेधात्मक चित्र तन्मयता में बाधा उत्पन्न करेंगे तो या तो वे तिरोहित हो जाएंगे अन्यथा चित्रावलियों में उनकी भूमिका भी नकारात्मक होगी और इस प्रकार तन्मयता भंग नहीं हो पाएगी। यही सौंदर्यानुभूति है, और इसके दो लक्षण हैं– आत्मबद्ध दशा का परिहार तथा आनंदात्मक अनुभव। मुक्तिबोध की इस व्याख्या के आधार पर वास्तविक जीवनानुभूति को सौंदर्यानुभूति से भिन्न स्तर की और भिन्न श्रेणी की वस्तु मानना ग़लत है। वस्तुस्थिति तो यह है कि "सौन्दर्यानुभव के तत्व जीवन द्वारा प्रदत्त होते हैं।"[1]

दूसरी बात भाववादी धारणाओं के अनुसार यह कि सौंदर्यानुभूति जीवन के एक निगूढ़ क्षण में कल्पनोद्भासपूर्ण मानसिक द्रवण है। उनके अनुसार कलाकार का धर्म यही है कि मानसिक द्रवण के उत्कर्ष के क्षण का, अर्थात सौंदर्यानुभूति के क्षण का भरपूर इस्तेमाल करे। वह अपने इस क्षण का लाभ उठाते हुए सुंदर से सुंदर बिंबमालाएं बनाए और श्रेष्ठ आकृतियां प्रस्तुत करे। उनका यह भी मानना है कि इस क्षण पर कोई बाहरी दबाव न हो, क्योंकि जीवनानुभूतियां सौंदर्यानुभूतियों से पृथक् और स्वतंत्र होती हैं। मुक्तिबोध ने इस दूसरी बात का उत्तर देते हुए कहा कि– "कला का प्रसव सौंदर्यानुभूतियों के क्षण में ही होता है, यह एक अनिवार्य नियम नहीं है। यदि सचमुच वैसा होता तो महाकाव्य और खंडकाव्य न लिखे जाते। तुलसीदास जी रामायण न लिख पाते। एज़रा पाउंड लंबे कांड न लिख पाता। आधुनिक प्रदीर्घ काव्य केवल मानसिक द्रवण के क्षण के उत्कर्ष रूप नहीं लिखे गए हैं।"[2] आधुनिक भाववादियों का मत मुक्तिबोध के उपरोक्त निषेध से कहीं नहीं टिक पाता। सौंदर्यानुभूति का क्षण, यदि वह क्षण है तो, निरंतर नहीं बना रह सकता। रचनाधर्मिता के दौरान यह अनिवार्य नहीं है कि काग़ज़-क़लम पकड़ते ही सौंदर्यानुभूति उत्कर्षीभूत और क्षणीभूत होने लगे। या तो महाकाव्यों के लिए

---

1. मुक्तिबोध : नयी कविता का आत्मसंघर्ष तथा अन्य निबंध, पृ. 38
2. मुक्तिबोध रचनावली-5, पृ. 262

कहा जाएगा कि वे सौंदर्यानुभूतियों की उपज नहीं हैं या फिर सौंदर्यानुभूति की अविरल बारंबारता की अप्राकृतिकता को स्वीकार करना पड़ेगा। मुक्तिबोध लिखते हैं– "कलाकृति के रचनाकार्य में, सौंदर्यानुभूतियों की इतनी गतिमानता या बारंबारता या दीर्घकालिकता नहीं रहती जितनी कि बताई जाती है। वास्तविकता कुछ और ही है। सच तो यह है कि सौंदर्यानुभूति के क्षण रास्ते चलते भी हो सकते हैं, और काग़ज़-क़लम हाथ में लेते ही लुप्त भी हो सकते हैं। संक्षेप में, कलाकार को अपनी कलाकृतियों की रचना के लिए सौंदर्यानुभूतियों के क्षण की प्रतीक्षा करने की, उस पर सर्वथा निर्भर रहने की, आवश्यकता नहीं होती।"[1]

जिसे आधुनिक भाववादी मानसिक द्रवण के उत्कर्ष का क्षण कहते हैं वह वस्तुत: बहुत कम समय के लिए होता है और रचना में उसका पूरा इस्तेमाल हो पाए, यह भी अनिवार्य नहीं है। उस विशिष्ट क्षण की अनुभूति का अर्थात सौंदर्यानुभूति का योगदान रचना में कुछ ही अंशों में हो पाता है। इसका कारण यह भी है कि अभिव्यक्ति की मंज़िल तक पहुंचने के रचना-प्रक्रिया के मार्ग में काव्य उपादानों के अनेक सोपान पार करने होते हैं। अत: सौंदर्यानुभूति के उत्कर्ष के विशिष्ट क्षण को बाहरी दबावों से बचाकर और सहेज-संभालकर रखने और इस्तेमाल करने की बात बेमानी है। भाववादी इस बात को स्वीकार करने में हिचकिचाते हैं कि सौंदर्यानुभूति का विस्तार उस उत्कर्ष के क्षण मात्र के कारण नहीं होता बल्कि उसे विकसित करने में बाह्य वस्तु-स्थितियों की भारी भूमिका होती है। जिन बाहरी दबावों से मुक्ति की बात कही जाती है, वस्तुत: उनके बिना तो सौंदर्यानुभूति का विस्तार ही नहीं हो सकता। इसे और स्पष्ट करते हुए मुक्तिबोध लिखते हैं– "कलात्मक चेतना का विस्तार रचनाकाल तक सीमित नहीं, वरन् मुख्यत: उस काल के बाहर होता है। रचनाकाल और सौंदर्यानुभूति एक दूसरे के पर्याय हो भी सकते हैं, नहीं भी हो सकते। मुख्य बात यह है कि सौंदर्यानुभूति का काल मुख्यत: रचनाकाल के बाहर ही होता है। दूसरे शब्दों में, कलात्मक चेतना का विस्तार जीवन-जगत में विचरण करते हुए, संवेदनात्मक क्रिया-प्रतिक्रिया करते हुए, होता है।"[2]

कलात्मक चेतना के विस्तार के लिए स्थान, काल, परिस्थिति उतनी महत्वपूर्ण नहीं हैं, जितनी कि कलाकार का सचमुच कलाकार होना। जीवन के किसी भी मोर्चे पर किसी भी स्थिति में वह अपनी सौंदर्यानुभूति का विस्तार कर सकता है। और ज़रूरी नहीं है कि वह अपनी अर्जित सौंदर्यानुभूति का इस्तेमाल करने के लिए फ़ौरन काग़ज़-क़लम उठा ले और लिखने बैठ जाय।

---

1. मुक्तिबोध रचनावली-5, पृ. 262
2. वही, पृ. 262

"कलाकार केवल कलाकृति उपस्थित करते समय ही कलाकार नहीं होता, वरन् उस समय के बाहर भी वह कलाकार होता है।"[1]

क्षणवादी धारणा में स्वयं अंतर्विरोध निहित है। उनके अनुसार तो कलाकार केवल तभी कलाकार हो सकता है जिस समय मानसिक द्रवण के उत्कर्ष के क्षण वह जिए। शेष काल में गोया उसे कलाकार नहीं कह सकते। ऐसी स्थिति में उसे विशिष्ट मानना या समाज में एकांगी स्थान देना भी ग़लत होगा। दरअसल यह धारणा अनुभववादी होने के कारण तत्काल तो प्रभाव डालती है लेकिन गहराई में जाने पर इसकी निस्सारता भी खुल जाती है।

कलाकार का कलाकार होना ज़रूरी है, मुक्तिबोध की यह बात ऊपर से आधुनिक भाववादियों जैसी लगती है किंतु कलाकार की उनकी व्याख्या काफ़ी व्यापक है। कलाकार होने की पहली शर्त है मनुष्य होना। उन्होंने लिखा है– "यह सौंदर्यानुभूति केवल कलाकार की विशेषता नहीं है वरन् उन सबकी विशेषता है जिन्हें हम मनुष्य कहते हैं। वह मनुष्यत्व का एक लक्षण है। लोक कथाओं में विभोर होकर, बीच-बीच में नृत्य कर उठने वाले आदिवासी नर्तक में वह उत्पन्न होती है, किसी की जीवन कथा को मनोनेत्रों के सामने उपस्थित कर उन कल्पना-चित्रों से प्रभावित और आप्लावित होने वाले क्षण में मनुष्य के हृदय में भी उसका रसात्मक बोध होता है। वह राह चलते भी हो सकता है, वह कभी भी हो सकता है।"[2]

डा॰ लल्लन राय ने सौंदर्यानुभूति के क्षण की खंडता-अखंडता के विषय में मुक्तिबोध का समर्थन करते हुए लिखा है– "कलाकार जब रचना-कर्म में प्रवृत्त होता है तो वह मानसिक द्रवण के क्षण में ही बंधा नहीं रहता, उससे अनुशासित भले ही रहे। कला साधना का अधिकांश भाग सौंदर्यानुभूति और कला रचना के क्षणों के बाहर होता है।"[3] मुक्तिबोध के समर्थन जैसी लगने वाली उपरोक्त पंक्तियों में एक बात ऐसी है जो संभवतः मुक्तिबोध को स्वीकार नहीं होती। डा॰ राय ने यह तो माना कि कलाकार अंत तक मानसिक द्रवण के क्षण में ही बंधा नहीं रहता लेकिन साथ में क्षेपक जोड़ दिया– "उससे अनुशासित भले ही रहे"। यह विरोधाभासपूर्ण बात है। जब बंधा ही नहीं रहेगा तो अनुशासित कैसे होगा ? अनुशासन सांगोपांग और आद्योपांत होता है। अस्थायी और अंशों में नहीं। मुक्तिबोध ने मानसिक द्रवण के क्षण का महत्व 'अंशतः' ही स्वीकार किया है। जिस तत्व का प्रयोग अंशतः हुआ हो वह समग्र को

---

1. मुक्तिबोध रचनावली-5, पृ. 263
2. वही, पृ. 261
3. डा॰ लल्लन राय : मुक्तिबोध का साहित्य-विवेक और उनकी कविता, पृ. 124

अनुशासित नहीं कर सकता। द्रव का अपना ही अनुशासन नहीं होता, अनुशासन होता है ठोस का। मानसिक द्रवण जिसका स्वयं का रूपाकार एक निश्चित परिधि नहीं रखता वह पूरी कलाकृति की परिधि कैसे बन सकता है? इसका तात्पर्य यह नहीं कि कलाकृति अनुशासनविहीनता में होती है। अनुशासन होता है, मानसिक द्रवण के क्षण का नहीं बल्कि कवि की विचारधारा और उसके संवेदनात्मक उद्देश्यों का।

मानसिक द्रवण के उत्कर्ष क्षण को सौंदर्यानुभूति का क्षण मानने के पीछे साजिश कुछ दूसरी ही है। मुक्तिबोध लिखते हैं– "इन नए महोदयों का यह सौंदर्यवाद, कलाकार की क्षणजीवी सौंदर्यानुभूति के छोटे से मानसिक बिंदु में ही उसे समेटकर, बांधकर रखना चाहता है, ताकि वह अपने समस्त व्यक्तित्व और समस्त अंतर्जीवन की प्राणधाराओं को भूमिगत करके, केवल ऊपरी सतह पर उछाले गए बिंदुओं में अपने आपको तृप्त मान ले और शेष को भूल जाए, या उस शेष को महत्व न दे। संक्षेप में वह एक प्रकार का क्षणवाद है। किंतु उस क्षण को उत्पन्न और आविर्भूत करने वाले, व्यक्त करने वाले, गहन और व्यापक जीवन-प्रवाह से, उस अन्तःसलिला से, उन्हें कोई मतलब नहीं, जो अन्तःसलिला वास्तविक जीवन ही का एक आत्मरूप है।"[1]

केवल एक क्षण को और उसके विशिष्ट अनुभव को ही महत्व प्रदान करने के पीछे दूसरा स्पष्ट ख़तरा और रहा, जिसकी ओर मुक्तिबोध ने साफ़-साफ़ शब्दों में संकेत किया– "हमारे नए विद्वान मित्रों को इसकी बड़ी चिंता थी कि समाज में प्रचलित समाजवादी भावों और प्रगतिवादी झुकावों को लेखक कहीं मूलबद्ध रूप से स्वीकार न कर ले। अतएव उनका यह प्रधान आग्रह था कि लेखक, सौंदर्यानुभूति का जो विशेष क्षण होता है, उस क्षण-सत्ता की परिधि के बाहर न जाए, अर्थात सौंदर्यानुभूति के क्षण ने जो अंतर्तत्व उपस्थित किए हैं, उनके क्षेत्र से बाहर न निकले।"[2] सौंदर्य के क्षणवादी सिद्धांत को उन्होंने लेखक की सर्जनात्मक ईमानदारी के साथ कुछ इस तरह जोड़ा कि ऊपर से तो यह सिद्धांत सही मालूम पड़े लेकिन अंदरखाने वे अपने उद्देश्य में सफल हों। कला को सामाजिक, राजनीतिक भावनाओं से दूर रखने का यह एक शीतयुद्धीय षड्यंत्र था, मुक्तिबोध ने ठीक ही कहा है।

आधुनिक भाववादियों की तीसरी बात यह कि जीवनानुभूति तथा सौंदर्यानुभूति पृथक् होने के साथ-साथ समानांतर भी हैं, मुक्तिबोध स्वीकार नहीं करते। समानांतर स्वीकार करने का मतलब भी यही होगा कि जीवन और

---

1. मुक्तिबोध रचनावली-5, पृ. 165
2. वही, पृ. 167

सौंदर्य की सत्ता अलग-अलग स्वीकार की जाए, जबकि वह अन्योन्याश्रित हैं। समानांतर मानने का अर्थ यह भी होगा कि दोनों की गति की कक्षाएं अलग-अलग मानी जाएं। सौंदर्यानुभूति को जीवनानुभूति के समानांतर कहकर एक तरह से आधुनिक भाववादियों ने अपनी ओर से दी गई उदारता दिखाई है। कोई यह न कहे कि जीवनानुभव को उन्होंने महत्व ही नहीं दिया।

दरअसल समानांतर कहकर उन्होंने एक निश्चित दूरी तो पैदा कर ही दी, जबकि वे एकमेक हैं। इस संबंध में डा॰ लल्लन राय का यह कथन सर्वथा उचित है कि "दोनों की समानांतरता की धारणा कवियों-विचारकों के दोहरे स्तर और दोहरे व्यक्तित्व की सूचक है, उनके निजी व्यक्तित्व और कवि व्यक्तित्व के अंतराल की सूचक है।. . .इस प्रकार का अंतराल पूंजीवादी औद्योगिक सभ्यता की उपज है-- लाभ-लोभ पर आधारित और अनेक अंतर्विरोधों से ग्रस्त पूंजीवादी उत्पादन प्रणाली की देन है। श्रम विभाजन पर आधारित इस प्रकार उत्पादन प्रणाली, अतिरिक्त मूल्य निर्माण की प्रक्रिया से गुज़र कर अतिरिक्त लाभ के रूप में पूंजी संचयन की एक ऐसी प्रकृति को जन्म देती है जिसमें उत्पादन के श्रम से नियोजित उत्पादन एक स्वतंत्र और सक्रिय शक्ति का रूप धारण कर लेता है। इससे आर्थिक ही नहीं वरन् सामाजिक, राजनीतिक, बौद्धिक एवं कला के क्षेत्र में भी एक व्यापक नियोजन की भावना का प्रसार होता है जिससे खंडित और विभाजित व्यक्तित्व पैदा होते हैं।"[1] पूंजीवादी औद्योगिक सभ्यता व्यक्ति के व्यक्तित्व को दोहरा और विभाजनपूर्ण बना देती है। वह स्वयं इस भ्रम का शिकार हो जाता है कि वह घर में कुछ और है, दफ़्तर में कुछ और, तथा मित्रमंडली में कुछ और। अपने सभी परिवेशों में तार्किक तालमेल बिठाने की बजाय वह अपनी सभी स्थितियों को एक दूसरी से निरपेक्ष रखकर और काटकर देखता है। वह उनको परस्पर संबद्ध मानने की बजाय परस्पर समानांतर मानने लगता है। स्थितियों का समानांतरत्व उसे झूठा सैद्धांतिक तोष देता है कि वह ग़लत नहीं है। उसे अपनी मुक्ति का मार्ग भी नहीं सूझ पाता तथा अपने शुभैषियों को शत्रु समझ बैठता है। समानांतरता के सिद्धांत की सफलता शीतयुद्धीय सेनानियों की एक घातक मार सिद्ध हुई क्योंकि वे जीव-चेतना को यथार्थ संबंधों से काट देने में सफल हुए। नई कविता आंदोलन का बृहत्तर भाग इसका शिकार हुआ। मुक्तिबोध ने लिखा-- "अंतस्तल में प्रवाहित यह जो जीवन चैतन्य है, उसके विविध यथार्थ संबंध अर्थात जीवन-जगत संबंध, हृदय में आलोकित रहते हैं। उन सबको काटकर फैंक देना, मेरी दृष्टि से, अपने स्वयं का अंगभंग करना है, जानबूझकर अपंग बनना है, और उस अपंगत्व को

1. डा॰ लल्लन राय : मुक्तिबोध का साहित्य-विवेक और उनकी कविता, पृ. 123

'नई कविता' का नाम देना है।"[1]

निष्कर्षत: यह कि सौंदर्य की सत्ता वस्तु में है न कि व्यक्ति में। विविध यथार्थ-संबंधों वाले जीवन-जगत के वस्तुगत सौंदर्य को कलाकार रूप अथवा वाणी देने की चेष्टा करता है। भाववादियों की तीनों बातों का उत्तर देने के क्रम में यह नहीं समझा जाना चाहिए कि कलाकार वस्तु-यथार्थ का मात्र एक फ़ोटोग्राफ़र है। वस्तुत: ये सौंदर्यानुभव विधायक कल्पना के हाथों निराला रूप धारण कर उद्दीप्त हो उठते हैं। "जीवनानुभवों के निराले, तरह-तरह के पैटर्न कल्पना तैयार करती है। इस प्रक्रिया में सौंदर्यानुभव तब घटित होता है जब मनस्पटल पर बिंबित कल्पना रूपों में डूबकर मन, साधारण जीवन की अपनी निजबद्धता का परित्याग करता है। संक्षेप में तन्मयता और तटस्थता, निजबद्धता से मुक्ति और मनस्पटल पर अंकित बिंबों में अपने स्वयं की व्यस्तता, संलग्नता–इन दो द्वंद्वों की एक मनोदशात्मक परिणति ही सौंदर्यानुभव है।"[2] यहां कॉडवैल की मान्यता का उल्लेख कर देना भी अप्रासंगिक न होगा क्योंकि एक ओर कला का संबंध उन्होंने श्रम से जोड़ा है तो दूसरी ओर सौंदर्य के विभाजन में इंद्रिय संवेदना को प्रमुख माना है। उनके सौंदर्य विवेचन में भाव-पक्ष एवं विभाव-पक्ष दोनों को समान स्थान प्राप्त है। उनके अनुसार इंद्रिय चेतना की तीव्रता ही सौंदर्य है। इंद्रिय संवेदना स्वयं भौतिक तत्वों पर निर्भर रहती है।[3] कॉडवैल ने इंद्रिय बोध को सौंदर्य विवेचन में प्रमुखता देकर अपनी वस्तुवादी सौंदर्य-दृष्टि की पुष्टि की है।

मुक्तिबोध अनेक शब्दों में अनेक प्रकार से अनेक स्थानों पर सौंदर्य चेतना और जीवनानुभव के अंत:संबंधों को स्पष्ट करते रहे हैं। वे जानते थे कि सौंदर्यानुभूति के सिलसिले में गढ़े गए विभिन्न सिद्धांत न केवल आधुनिक भाववादियों की डिफैंस हैं बल्कि प्रगतिवाद पर शीतयुद्धीय गोलाबारी भी हैं। फिर भी प्रसन्नता की बात यह है कि यह विचारधाराएं भारत में पूर्ण रूप से पनप नहीं सकीं, विकसित नहीं हो सकीं, "चूंकि भारत ब्रिटेन--अमरीका की उन सामाजिक विकासावस्थाओं को अभी तक पार नहीं कर सका है जो, संभवत: उन्होंने सौ साल पहले ही पार कर ली थीं, इसलिए ब्रिटेन-अमरीका की वर्तमान भावात्मक प्रवृत्तियां इस देश में उपजाऊ ज़मीन नहीं पा सकतीं, भले ही कुछ लोग और कुछ क्षेत्र इसे बड़े चाव के साथ ग्रहण कर लें।"[4]

---

1. मुक्तिबोध रचनावली-5, पृ. 168
2. मुक्तिबोध : नयी कविता का आत्मसंघर्ष तथा अन्य निबंध, पृ. 38
3. क्रिस्टोफ़र कॉडवैल : इल्यूज़न एंड रिएलिटी (अंग्रेज़ी), पृ. 172-73
4. मुक्तिबोध रचनावली-5, पृ. 126

अभिव्यक्ति की स्वतंत्रता का सवाल

रचनाकार की अभिव्यक्ति की स्वतंत्रता के विषय में मुक्तिबोध ने अपने कई समीक्षा निबंधों में लिखा है। उन्होंने इस सवाल को मानवोचित जीवन-रचना और समाज-रचना के सवाल के साथ संबद्ध करके देखा है। उनके लिए व्यक्ति-स्वातंत्र्य का नारा विशुद्ध पूंजीवादी नारा है, शीतयुद्ध की देन है। शोषणग्रस्त समाज में इसका मूल्य शून्य-तुल्य है। स्पष्ट है कि मुनाफ़ाख़ोरों और उत्पीड़कों के व्यक्ति-स्वातंत्र्य के लक्ष्य और जनता के व्यक्ति-स्वातंत्र्य के लक्ष्य में अंतर है, केवल अंतर ही नहीं विरोधाभास है। केवल विरोधाभास ही नहीं, विपरीत दिशाएं भी हैं।"[1] समाज की ऐसी आर्थिक और सामाजिक स्थिति पैदा हो गई है कि जिसके कारण, व्यक्ति-स्वातंत्र्य केवल व्यक्ति-केन्द्रिता का दूसरा नाम बन गया है।[2] व्यक्ति-स्वातंत्र्य की इस पूंजीवादी अवधारणा को साम्यवाद- विरोधी, राजनीति-विरोधी मानते हुए, व्यंग्य-भाषा में वे अपनी तीखी प्रतिक्रिया व्यक्त करते हैं– "व्यक्ति अपना स्वतंत्र निर्णय तब तक नहीं कर सकता जब तक वह भीड़ का अंग है। समाज में जब तक व्यक्ति पृथक्-पृथक् हैं और मनन के जगत में रहकर निर्णय करने को स्वतंत्र हैं तब तक ही वह व्यक्ति है।. . .परिणामत: लेखक– जो कि अकेले में रहता है– इसे अकेले में रहना ही अच्छा है।. . . जनवाद, समाजवाद. . .भीड़ की मनोवृत्ति के परिचायक हैं। जुलूस-हड़ताल आदि राजनैतिक-सामूहिक कार्य ग़लत हैं। जनता ढोर है, वह पशु है, क्योंकि वह नेताओं के बहकावे में आती है, क्योंकि उसमें स्वतंत्र निर्णय करने की शक्ति नहीं है। व्यक्ति अपनी व्यक्ति-सत्ता में अद्वितीय है, नि:संग है और ऐसी बाह्य प्रभावहीन नि:संग स्थिति में ही वह स्वतंत्र निर्णय कर सकता है अन्यथा नहीं।"[3] महत्व की बात केवल यही है कि यह भावधारा नितांत प्रतिक्रियावादी है।[4] यह शीतयुद्ध के उद्देश्य से परिचालित है और जन के प्रति घृणा पर आधारित है, और बुद्धिजीवियों को जनता से अलग करने का एक उपाय है।[5] इस नारे के पीछे छिपे सामाजिक-राजनीतिक दर्शन की ओर संकेत करते हुए वे और स्पष्टता से लिखते हैं– "ध्यान में रखने की बात है कि एक कला-सिद्धांत के पीछे एक विशेष जीवन-दृष्टि होती है, उस जीवन- दृष्टि के पीछे एक जीवन-दर्शन होता है और उस जीवन-दर्शन के पीछे आजकल के ज़माने में

1. मुक्तिबोध : नयी कविता का आत्मसंघर्ष तथा अन्य निबंध, पृ. 181
2. वही, पृ. 181
3. मुक्तिबोध : नये साहित्य का सौन्दर्यशास्त्र, पृ. 27
4. वही, पृ. 28
5. मुक्तिबोध : एक साहित्यिक की डायरी, पृ. 40

एक राजनैतिक दृष्टि भी लगी रहती है। निःसन्देह नयी कविता की एक फ़िलासफ़ी के रूप में कला सिद्धांत के पीछे, सामाजिक-साहित्यिक मनोवृत्तियों का विश्लेषण करने वाला आधुनकि भावबोध का सिद्धान्त आया और व्यक्ति-स्वातंत्र्य के नाम पर एक सामाजिक-राजनैतिक दर्शन भी प्रस्तुत हुआ और ये सब नयी कविता के समर्थन और विस्तार में आए। यह एक ऐतिहासिक तथ्य है।"[1] व्यक्ति-स्वातंत्र्य संभव भी कैसे हो सकता है- "जिस समाज में हर चीज़ ख़रीदी और बेची जाती है, जहां बुद्धि बिकती है, और बुद्धिजीवी वर्ग बुद्धि बेचता है, अपने शारीरिक अस्तित्व के लिए, जहां उदारवादी की जगह उदारवादी हुआ जाता है, जहां स्त्री बिकती है, श्रम बिकता है, वहां अन्तरात्मा भी बिकती है।. . . जहां सच्चा व्यक्ति-स्वातंत्र्य अगर किसी को है तो धनिक वर्ग को है, क्योंकि वह दूसरों की स्वतंत्रता ख़रीदकर अपनी स्वतंत्रता बढ़ाता है।. . .वहां हम लोगों के लिए वास्तविक व्यक्ति-स्वातंत्र्य-रक्षा का युद्ध अपनी अंतरात्मा की रक्षा का युद्ध, अपने भौतिक-जैविक अस्तित्व-अपने पारिवारिक अस्तित्व की रक्षा के युद्ध में परिणत हो जाता है। मेरे लेखे व्यक्ति-स्वातंत्र्य, जैसा कि हमारे पूंजीवादी समाज में देखा जाता है- एक अच्छा-खासा मुहावरा है।"[2]

अन्य प्रगतिशील विचारकों ने भी व्यक्ति-स्वातंत्र्य के सवाल पर ऐसी ही प्रतिक्रियाएं की हैं। डा० नामवर सिंह इस नारे के छद्म पर टिप्पणी करते हैं- "हर आदमी स्वतंत्र रूप से सोचे और अपने विवेक के अनुसार कार्य करे इससे अच्छी बात और क्या हो सकती है। व्यक्ति-स्वातंत्र्य का जो लोग इतना ढोल पीटते हैं, क्या वे विचार की दृष्टि से स्वतंत्र हैं। बड़ी-बड़ी सरकारी, अर्द्धसरकारी और ग़ैरसरकारी एजेंसियों द्वारा प्रसारित रेडियो और अख़बारों की सूचनाओं पर पलने वाले युग में कोई अगर किसी विवेक का दम भरता है तो वह कोरा दम्भ है।"[3] शिवदानसिंह चौहान के लिए यह नारा "एक सपना ही है यदि जनवाद की उपस्थिति में नहीं है तो। क्योंकि जनवाद के बिना व्यक्ति-स्वातंत्र्य का स्वप्न शोषक वर्ग ही देख सकता है, जनसाधारण नहीं देख सकते। इसीलिए व्यक्तित्व के विकास और व्यक्ति--स्वातंत्र्य की समस्या जनवाद के अंतर्गत मानव-संबंधों के नियमन की समस्या है। लेखक के विशेषाधिकारों या आभिजात्य की समस्या नहीं है।"[4] डा० रांगेय राघव व्यक्ति की तुलना में सामाजिक स्वतंत्रता का समर्थन करते हुए लिखते हैं कि "व्यक्ति की वास्तविक

---

1. मुक्तिबोध : नये साहित्य का सौन्दर्यशास्त्र, पृ. 28
2. मुक्तिबोध : नयी कविता का आत्मसंघर्ष तथा अन्य निबंध, पृ. 179-80
3. डा० नामवर सिंह : उद्धृत, द्वारा डा० शिवकुमार मिश्र, आधुनिक कविता और युग-दृष्टि, पृ. 53
4. शिवदानसिंह चौहान : साहित्य की समस्याएं, पृ. 9

स्वतंत्रता उसके समाज की स्वतंत्रता है और स्वतंत्र समाज में स्वतंत्र व्यक्तित्व के विकास की क्षमता प्राप्त करना है।"[1]

प्रगतिशील चिंतकों के समक्ष यह स्पष्ट है कि व्यक्तिवाद पूंजीवाद के पक्षधर ही, व्यक्ति-स्वातंत्र्य की बात करते हैं, जिनके लिए स्वतंत्रता का अर्थ समाज से स्वतंत्र होना होता है, वे कलाकार को शेष जीवन-जगत से स्वतंत्र कर देना, काट देना, मुक्त कर देना चाहते हैं। यह व्यक्ति-स्वातंत्र्य बुर्जुआ वर्ग के लिए ही है अतः इसे बुर्जुआ व्यक्ति-स्वातंत्र्य कहना अधिक संगत है। बुर्जुआ व्यक्ति-स्वातंत्र्य पर एक टिप्पणी और देखिए, डा॰ कुंवरपाल सिंह की– "अजीब विचार-स्वातंत्र्य है, जहां गालियां बकने और कीचड़ उछालने की स्वतंत्रता तो है लेकिन वास्तविक तथ्यों का उद्घाटन करने और सच कहने की स्वतंत्रता नहीं है। परदे के बाहर की बातों पर तो आप अपनी राय दे सकते हैं लेकिन रंगमंच के पीछे होने वाले क्रियाकलापों के विषय में न तो इस देश के साधारण नागरिक को जानने का हक है, न कहने का, यदि कोई साहस करता है तो उसे अन्यायपूर्ण परिणामों की चुनौती का सामना करना पड़ता है।"[2]

बुर्जुआ व्यक्ति-स्वातंत्र्य का एक नमूना यह भी है कि मध्यप्रदेश शासन द्वारा मुक्तिबोध की एक पुस्तक 'भारत : इतिहास तथा संस्कृति' 19 दिसम्बर, 1962 के दिन ग़ैरक़ानूनी घोषित कर दी गई। उन्होंने भारतीय इतिहास और संस्कृति को वस्तुवादी नज़रिये से जो देखा था।

प्रतिबद्धता या पक्षधरता

व्यक्ति-स्वातंत्र्य के प्रश्न के साथ दूसरा प्रश्न है प्रतिबद्धता या पक्षधरता का, जिसे प्रश्न न कहकर उत्तर कहना चाहिए। आस्था में मार्क्सवादी होने के कारण, साहित्य के वर्गीय आधार को स्वीकारते हुए मुक्तिबोध पक्षधरता पर बेहद बल देते हैं– "विषमतायुक्त समाज में जबकि साहित्यकार भी वर्गों के हिमायती बनकर प्रकट होते हैं तब प्रश्न उठता है कि लेखक किस वर्ग के साथ है? अंतर्विरोधग्रस्त समाज में वह किन प्रवृत्तियों से तदाकार है?"[3] 'तय करो किस ओर हो तुम' का प्रश्न मुक्तिबोध के लिए अहम् है– "सुनहले ऊर्ध्व आसन के दबाते पक्ष में अथवा अंधेरी निम्न कक्षा में तुम्हारा मन, कहां हो तुम?"[4]

---

1. डा॰ रांगेय राघव : काव्य, कला और संस्कृति, पृ. 148
2. डा॰ कुंवरपाल सिंह : *वातायन* (त्रैमासिक), दिसम्बर 1972, पृ. 21
3. मुक्तिबोध : नयी कविता का आत्मसंघर्ष तथा अन्य निबंध, पृ. 58
4. मुक्तिबोध : चांद का मुंह का टेढ़ा है, पृ. 148

उन लोगों को जो प्रतिबद्धता के प्रश्न पर आनाकानी करते हैं, कन्नी काटते हैं, और समझते हैं कि किसी ओर प्रतिबद्ध होकर वे अपनी सौंदर्य-दृष्टि की रक्षा कैसे कर पाएंगे, मुक्तिबोध उत्तर देते हैं– "हम साहित्यकार जो पीड़ित मध्यवर्गीय श्रेणी से आए हैं, अपना विकल्प सामाजिक प्रगति और मानव-मुक्ति ही चुनते हैं और इस पक्ष में हमें कलाकार के मानव-व्यक्तित्व के हनन, सौंदर्य की उपेक्षा तथा व्यक्ति की अवहेलना नहीं दिखाई देती, क्योंकि उसी राह पर हमें सौंदर्य का साक्षात्कार होता है।"[1] वे इस प्रश्न को आरोपण का नहीं, अंतरात्मा का प्रश्न मानते हैं क्योंकि कलाकार का संवेदनात्मक उद्देश्य वस्तुतः पक्षधरता के कारण ही होता है। वे उद्घोषणा करते हैं– "हम अपनी अंतरात्मा की पक्षधरता को मज़बूत बनाएंगे।"[2]

डा॰ श्यामबिहारी राय ने अपनी पुस्तक 'शुक्लोत्तर समीक्षा : पाश्चात्य परिप्रेक्ष्य' में व्यक्ति-स्वातंत्र्य और प्रतिबद्धता के प्रश्नों पर प्रगतिवादी धारणाओं का सार-संक्षेप प्रस्तुत किया है– (1) स्वतंत्रता की कल्पना दायित्व की धारणा से पृथक् करके नहीं देखी जा सकती। (2) स्वतंत्रता की समस्या मानव-संबंधों के नियमन की समस्या है, मानव-मूल्यों को रचनात्मक दिशा में अग्रसर करने की समस्या है। (4) वर्गीय समाज में स्वतंत्रता का अर्थ सभी लोगों के लिए एक जैसा नहीं हो सकता। (5) प्रतिबद्धता का स्वरूप निर्माणपरक ही होना चाहिए, इसे भी निरपेक्ष तत्व मानकर नहीं चला जा सकता, इसकी स्थिति, व्यक्ति के अहं से बाहर होती है।[3]

डा॰ राय के इस पांच-सूत्री सार-संक्षेप में उक्त समस्या के लगभग सभी पक्ष समाहित हो गए हैं। प्रतिबद्धता और व्यक्ति-स्वातंत्र्य का सवाल इन दिनों एक बार फिर चर्चा का विषय बन रहा है और संभवतः तब तक बना रहेगा जब तक कला-संस्कृति में बुर्जुआ मूल्य हावी रहेंगे।

वस्तु और रूप पर विमर्श

वस्तु और रूप के प्रश्न पर मार्क्सवादी समीक्षकों ने विस्तार से विचार किया है। मुक्तिबोध ने भी अपने विभिन्न समीक्षा निबंधों में इस सवाल पर चिंतन किया है। रचनावली-5 में 'वस्तु और रूप' शीर्षक से उनके चार निबंध प्रकाशित

1. मुक्तिबोध : नयी कविता का आत्मसंघर्ष तथा अन्य निबंध, पृ. 59
2. वही, पृ. 108
3. डा॰ श्यामबिहारी राय : शुक्लोत्तर समीक्षा : पाश्चात्य परिप्रेक्ष्य, पृ. 376

हुए हैं। वस्तुतः वह एक ही लेख के चार रूप हैं। लेकिन अलग-अलग सवाल उठाकर उन्होंने इस समस्या पर सर्वांगीण विचार प्रस्तुत करने का प्रयास किया है। लेखों में पुनरावृत्ति है, किंतु सार्थक है। इन निबंधों के विषय में रचनावली के संपादक नेमिचंद जैन लिखते हैं– "अनेक प्रकार की पुनरावृत्तियों के बावजूद, प्रत्येक में किसी न किसी अलग और विशिष्ट पक्ष पर ज़ोर है। इस तरह से वे मिलकर मूल विषय को अधिक समग्रता में और कई स्तरों पर प्रस्तुत करते हैं। साथ ही उनसे मुक्तिबोध की चिंतन और लेखन-प्रक्रिया की बड़ी उत्तेजक जानकारी मिलती है।"[1]

रचनावली में प्रकाशित उपर्युक्त चार लेखों में से पहला उज्जैन से प्रकाशित होने वाले मासिक 'कालिदास' के दो अंकों (दिसम्बर 1961, जनवरी 1962) में प्रकाशित हुआ था। शेष तीन रचनावली में प्रकाशन से पूर्व प्रकाश में नहीं आए थे। उन तीनों लेखों का प्रथम वाक्य लगभग समान है। किंतु आगे उठाए गए मुद्दे इस समस्या के पृथक् कोणों से संबंध रखते हैं। यहां उन तीनों लेखों के प्रारंभिक अंश प्रस्तुत हैं, जिनसे यह स्पष्ट होगा कि मुक्तिबोध वस्तु और रूप की समस्या को किन अर्थों में सुलझाना चाहते थे।

वस्तु और रूप : रचनावली-पूर्व अप्रकाशित लेख-1

"काव्य के 'वस्तु और रूप' के संबंध में सोचते हुए, मैं किन्हीं विशेष बातों पर रुक जाता हूं। 'वस्तु' का क्या अर्थ है? क्या 'वस्तु' से हमारा अभिप्राय काव्य विषय से है? किन्तु विषय स्वयं अपने आप में काव्य का विषय नहीं होता। उदाहरण के लिए, तुलसी का मानस, और बाल्मीकि की रामायण, दोनों का विषय एक होते हुए भी, मेरे ख़्याल से, दोनों के काव्यगत वस्तुतत्व अलग-अलग हैं। उषाकाल पर लिखी हुई दो कविताओं के वस्तुतत्व अलग-अलग हो सकते हैं, होते हैं। सच तो यह है कि काव्य का वस्तुतत्व वह मनस्तत्व है जो कि कलाभिव्यक्ति के लिए आतुर हो उठा है।"[2]

वस्तु और रूप : रचनावली-पूर्व अप्रकाशित लेख-2

"काव्य के 'वस्तु और रूप' के संबंध में सोचते हुए मेरा मन किन्हीं बातों पर रुक जाता है। पहली बात तो यह कि क्या काव्य की वस्तु का मेरे हृदय से सीधा संबंध है? उत्तर है 'हां'। किन्तु जब मैं इस 'हां' की पड़ताल करने बैठता हूं तो पता चलता है कि उस 'वस्तु' का जो व्यापक अभिप्राय है, उसे

1. नेमिचंद जैन : (संपादकीय टिप्पणी) मुक्तिबोध रचनावली-5, पृ. 90
2. मुक्तिबोध रचनावली-5, पृ. 99

मैंने अनुभूत किया है, इसलिए मैंने बड़ी मेहनत से उसे (उस वस्तु को) प्रस्तुत किया है। 'व्यापक अभिप्राय' से मेरा मतलब क्या है ? इसका उत्तर देते हुए, असंदिग्ध रूप से, मैं बाह्य जीवन-जगत पर आ जाता हूं।"[1]

वस्तु और रूप : रचनावली-पूर्व अप्रकाशित लेख-3

"कला के 'वस्तु और रूप' के संबंध में विचार करते हुए मेरा मन कुछ बातों पर रुक जाता है। पहली बात तो यह है कि क्या कारण है कि युग-विशेष में कुछ विशेष-विशेष विषयों पर ही कविता लिखी जाती है, कलाकृतियों के विषय ठहरे-ठहराए रहते हैं। मन के भीतर समाए हुए जगत का जो वैविध्य (प्रसार) है, उसका तो प्रकटीकरण हो नहीं पाता, वरन् इसके विपरीत कुछ विशेष विषयों पर कुछ विशेष संवेदनात्मक प्रकारों से दृष्टिपात किया जाता है। और उन विषयों का आलेखन किया जाता है।"[2]

तीनों उद्धरणों में अलग-अलग ढंग से 'वस्तु' के अभिप्राय को समझने की जिज्ञासा है। प्रगतिवादी अवधारणा की यह मोटी बात तो उन्हें स्वीकार है ही कि वस्तु और रूप में वस्तु महत्वपूर्ण है। किंतु वस्तु का अपना वस्तुगत स्वरूप क्या है, यह बारीक बिंदु उनके लिए अधिक विचारणीय है। वस्तु और विषय में भेद को उन्होंने स्पष्टता से पहचानने का आग्रह किया है। कोई भी विषय अलग-अलग रचनाकारों के लिए एक जैसा महत्व नहीं रखता। विभिन्न रचनाकार अपनी-अपनी विश्व-दृष्टियों और अलग-अलग जीवनानुभवों से उस विषय को अपनी वस्तु बनाते हैं। दूसरे उद्धरण में इसीलिए उन्होंने कहा कि वस्तु का संबंध सर्जक के हृदय से है, हृदय अर्थात उसकी संवेदनाओं या उसके संवेदनात्मक उद्देश्यों से है। तीसरे उद्धरण में वह विषय के विस्तार को युग के परिप्रेक्ष्य में देखते हैं। और वहां भी उत्तर यही है कि विशेष संवेदनात्मक प्रकारों के कारण एक विषय होते हुए भी कलाकृतियों का वस्तु-तत्व भिन्न होता है।

जो लोग अकेले रूप को या अकेले वस्तु को या वस्तु से अधिक रूप को महत्व देते हैं, उनसे मुक्तिबोध का मत मेल नहीं खाता। वे इन तीनों कोटियों से अलग चौथे प्रकार से सो ते हैं, यानि उनके लिए वस्तु-तत्व रूप से प्रधान है। वस्तुतः "वस्तु-तत्व में इतनी शक्ति होती है कि वह अपने रूप को लेकर आता है। अतः मुख्यतः हमारे लिए वस्तु-तत्व प्रधान हो जाता है।"[3]

---

1. मुक्तिबोध रचनावली-5, पृ. 106
2. वही, पृ. 115
3. मुक्तिबोध : नये साहित्य का सौंदर्यशास्त्र, पृ. 62-63

हिन्दी के प्रगतिवादी साहित्य-चिंतन में वस्तु और रूप को लेकर पर्याप्त विमर्श हुआ है और लगभग सभी ने विषय-वस्तु को ही रचना का नियामक तत्व माना है। उनके अनुसार कलावस्तु ही कलारूप को निर्धारित करती है। उनकी मान्यता है कि सर्जक जिस समय विषय-वस्तु से हटकर केवल रूपसज्जा में व्यस्त हो जाता है, उसकी कृति में वस्तु-सत्ता की विद्यमानता रूपवादी दुराग्रह से आच्छादित हो जाती है, उसमें वैचारिक अनुबंधों के बावजूद भाव की आंतरिक संपन्नता का अभाव हो जाता है।

रूपवादी, कलावादी या सौंदर्यवादी साहित्य समीक्षक साहित्य और कला को केवल रंजन का उपकरण मानते हैं। उनका मुख्य आग्रह है कि कला-सर्जना की समीक्षा करते समय, रूपगत सौंदर्य को ही उसके उत्कर्ष और उच्चता की कसौटी माना जाय क्योंकि, जैसा कि उनका विचार है, लेखक अथवा कलाकार किसी सामाजिक मन्तव्य को प्रकाशित करने के लिए नहीं, सुंदर और चमत्कारपूर्ण उक्ति द्वारा अपनी व्यक्तिगत अनुभूति को अभिव्यक्त करने के लिए ही लिखता है। श्री शिवदानसिंह चौहान लिखते हैं– "इस प्रकार की विचारधारा वाले कवि के लिए खाली सौंदर्यानुभूति ही परमसत्य है, इसलिए कि इसका संबंध मनुष्य के भावलोक से है। अतः किसी भी रचना को परखते समय उसके रूपगत सौंदर्य का ही विवेचन करना चाहिए।"[1] प्रगतिवादी-मार्क्सवादी चिंतन की मान्यता इसके विपरीत है कि साहित्य मूलतः मनुष्य के जीवन के अनुभव और उसके पारस्परिक संबंधों, विचारों तथा भाव प्रतिक्रियाओं को ही प्रतिबिंबित करता है। कला या रूप इसमें अनिवार्य होते हुए भी साधन मात्र हैं। मुक्तिबोध कहते हैं– "महत्वपूर्ण बात यह है कि रूप अपनी स्थिति के लिए तत्व पर ही अवलंबित है। तत्व अपने प्रकट होने की प्रक्रिया में रूप निर्धारित और विकसित करता है।"[2]

अर्न फ़िशर ने इसी धारणा को क्रिस्टल की संरचना में लक्षित किया है। जैसे चाशनी का सघन घोल सुखाए जाने पर खांड का एक लौंदा बन जाएगा लेकिन यदि उसी घोल में एक धागा डाल दिया जाय तो चीनी के तत्व स्वयं संगठित होकर धागे के चारों ओर लिपटने लगेंगे और कालांतर में मिश्री की डली में रूपांतरित हो जाएंगे। मिश्री (क्रिस्टल) में जो विविध आकर्षण कोण स्वतः बन गए वह दुनिया की किसी भी बारीक से बारीक छैनी-हथौड़ी से खांड के लौंदे में नहीं बनाए जा सकते। क्रिस्टल के इस उदाहरण से अर्न फिशर ने समझाना चाहा है कि वस्तु-तत्व का आंतरिक संगठन और उसकी तज्जनित

1. शिवदानसिंह चौहान : आलोचना के मान, पृ. 47
2. मुक्तिबोध : नयी कविता का आत्मसंघर्ष तथा अन्य निबंध, पृ. 104

शक्ति ही बाह्य रूपाकार का निर्माण करती है। ऊपर से गढ़ा गया रूप कुछ समय के लिए आकृष्ट तो कर सकता है किंतु उसमें भावनाओं की संवेदनात्मक गहराई न होगी। उनके अनुसार "जिसे हम रूप कहते हैं वह एक प्रकार की अवस्था है, संरचनात्मक संगठन है, वस्तु-तत्वों का सापेक्षिक संतुलन है।"[1] 'क्रिस्टल' का संरचनात्मक गठन आंतरिक वस्तु-तत्व द्वारा ही नियमित-नियंत्रित होता है। वस्तु और रूप के संबंध को, फ़िशर मुक्तिबोध की ही भांति आवयविक एकता में देखते हैं। इस नियम का स्रोत प्राणिविज्ञान भी है। जब हम पौधे या प्राणी को नई ख़ुराक देते हैं, यानि उसकी आंतरिक वस्तु में जब परिवर्तन होता है तो उसका बाह्याकार भी स्वत: बदल जाता है। इस मत को विस्तार देते हुए फ़िशर कहते हैं कि "कला में रूप तथा वस्तु की समस्या एक सामाजिक यथार्थ है लेकिन यह विभिन्न स्तरों में और अधिक संश्लिष्टता के साथ घटित होती है। सामाजिक विषय-वस्तु का आधार उत्पादन के साधन हैं जो मनुष्य के सामाजिक संगठन से लेकर उसकी कला एवं संस्कृति तक का नियमन करते हैं।"[2]

मुक्तिबोध ने इस विषय में केवल सैद्धांतिक विचार नहीं किया बल्कि व्यावहारिक समीक्षा द्वारा भी समाधान ढूंढ़ने का प्रयास किया। 'कामायनी: एक पुनर्विचार' में व्यावहारिक समीक्षा के ज़रिए उन्होंने सिद्ध किया कि 'कामायनी' की सौंदर्य-सत्ता के पीछे वह वर्गीय वस्तु-तत्व ही प्रधान है जो उसे क्लासिक रचना बनाता है। उन्होंने 'कामायनी' का सौंदर्य-विवेचनात्मक अध्ययन नहीं किया बल्कि उसमें निहित सामंती-बुर्जुआ भावधारा के संक्रांति-काल की भावनात्मक परिणतियों को खोज निकाला। प्राय: समीक्षक 'कामायनी' के काव्य-सौंदर्य की विवेचना अधिक करते रहे हैं। मुक्तिबोध ने यदि 'कामायनी' के काव्य-सौंदर्य-पक्ष का विवेचन नहीं किया तो उसका कारण यह नहीं था कि दूसरे लोग कर रहे हैं बल्कि यह था कि वह वस्तु-तत्व का विवेचन रूप-विवेचन या काव्य-विवेचन की तुलना में आवश्यक और उपयोगी मानते थे। इसका एक और ख़तरा स्पष्ट करते हुए उन्होंने लिखा है– "कभी-कभी होता यह है कि भावना की रसात्मकता, वस्तु-तत्व के अनौचित्य को ढांक देती है या उस पर पर्दा डाल देती है। . . . इसलिए कलाकृति के वस्तु-तत्व और उसके प्रति कलाकार की दृष्टि– इन दोनों की समीक्षा और मूल्यांकन आवश्यक हैं, विशेषकर उस अवस्था में जब कलाकृति के प्रभावोत्पादक गुण अतिशय उत्कर्ष प्राप्त हों और उस स्थिति में पाठकों को भावनाओं में बहाकर, उनके हृदय को रंजित करके और इस प्रकार उन्हें

---

1. अर्न फ़िशर : द नेसेसिटी ऑफ़ आर्ट (अंग्रेज़ी), पृ. 124
2. वही, पृ. 125

अपने विश्वास में लेकर, चुपचाप, आधे जाने, आधे अनजाने ढंग से, उन्हें वे तत्व अपनी विश्वदृष्टि प्रदान कर जाते हैं, अपने रुख़-रवैये का, अपने झुकावों और रुझानों का– एक शब्द में– अपने विचारों का डोज़ दे जाते हैं। ऐसी कलाकृति के साहित्यिक गुण अर्थात उसकी प्रभाव क्षमता, निश्चित रूप से ख़तरा साबित हो सकती है।"[1]

वस्तु और रूप के अंत:संबंधों की समझ के कारण ही मुक्तिबोध समीक्षा के इस ख़तरे को पहचान सके। व्यावहारिक समीक्षा के दौरान उन्होंने पाया कि वस्तु और रूप का संबंध उत्पादक-उत्पाद्य का संबंध न होकर द्वंद्वात्मक संबंध है। इसीलिए कुछ स्थानों पर उनकी टिप्पणियां अंतर्विरोधपूर्ण लगती हैं किंतु मूलत: अंतर्विरोध उनमें है नहीं। वहां वे इस संबंध को आगे तक की प्रक्रिया में देखते हैं। जैसे कि यह टिप्पणी– "यह तो कहने की बात है कि तत्व स्वयं अपना रूप ग्रहण करता है। सच बात तो यह है कि पूर्ण अभिव्यक्ति प्राप्त करने की प्रक्रिया में तत्व स्वयं बदलने लगता है।"[2] तात्पर्य यह कि कलाकृति का रूप जिस वस्तु-तत्व से बनना प्रारंभ हुआ था वह वस्तु-तत्व स्वयं अभिव्यक्ति की मंज़िल तक पुष्ट और परिवर्तित होता जाता है।

वस्तु-तत्व का परिवर्तन कोई गुणात्मक परिवर्तन नहीं होता बल्कि कवि की वर्गीय चेतना, उसके संवेदनात्मक उद्देश्य, उसकी सौंदर्याभिरुचि और उसके आग्रह-दुराग्रहों के अनुसार समृद्ध-संपुष्ट होता जाता है। 'क्रिस्टल' की संरचना-प्रक्रिया में वस्तु-तत्व की भूमिका उसकी अंतिम परिणति तक रहती है। निश्चित रूपाकार ग्रहण करने तक वस्तु-तत्व अपनी नई उपस्थितियों में सक्रिय रहता है। कहना न होगा कि वस्तु और रूप का संबंध द्वंद्वात्मक होता है और इसी द्वंद्व के अंतर्गत ये दोनों विकसित होते हैं। मुक्तिबोध ने लिखा है– "काव्य का वस्तु-तत्व वह मनस्तत्व है जो कि कलाभिव्यक्ति के लिए आतुर हो उठा है। हां, यह सही है कि इस मनस्तत्व का आधार कारण, कवि की प्रकृति और जीवन-जगत, इन दोनों की परस्पर प्रतिक्रिया के गुम्फों से तैयार हुआ है। इससे केवल इतना ही सिद्ध होता है कि कलात्मक अभिव्यक्ति भी कवि-प्रकृति और बाह्य जगत के द्वंद्वों का ही, किसी एक उच्च मनोवैज्ञानिक स्तर पर आविर्भूत रूप है। इससे अधिक कुछ नहीं। किन्तु यह द्वंद्वात्मक विश्लेषण आवश्यक है।"[3] वस्तु और रूप ही नहीं स्वयं वस्तु भी द्वंद्वात्मक प्रक्रियाओं की परिणति है। इसीलिए मुक्तिबोध ने लिखा था कि अभिव्यक्ति प्राप्त करने

1. मुक्तिबोध : कामायनी : एक पुनर्विचार, पृ. 186-87
2. मुक्तिबोध : नये साहित्य का सौंदर्यशास्त्र, पृ. 49
3. मुक्तिबोध रचनावली-5, पृ. 99

की प्रक्रिया में तत्व स्वयं बदलने लगता है। वस्तु का कलावस्तु में रूपांतरण चार सोपानों में होता है जिनका उल्लेख मुक्तिबोध कई स्थानों पर कर चुके हैं। वे हैं– मूलतत्व का मन की आंखों के सामने (1) तरंगायित (2) उद्घाटित (3) आलोकित (4) अभिव्यक्ति के लिए आतुर, हो जाना। ये चारों सोपान क्रमशः विकास के द्योतक हैं। जिस विषय से संबद्ध तत्व सर्जक ने उठाया वह इन चार पड़ावों में मैच्योर होता हुआ नए सिरे से विषय का प्रतिपादन करता है।

कला के तत्वों अर्थात मनस्तत्वों के विकास की जानकारी के लिए वे सर्जक की समाजशास्त्रीय समझ और मनोवैज्ञानिक स्थिति का ज्ञान आवश्यक मानते हैं, किंतु समाजशास्त्र और मनोविश्लेषण की सीमाओं से सावधानी भी अपेक्षित है। मुक्तिबोध लिखते हैं-- "सीमा बोध के अभाव ने ही कला की व्याख्या को यदि एक ओर यांत्रिक समाजवादी बना दिया है, तो दूसरी ओर उसे विशुद्ध मनोविज्ञान या अध्यात्मवाद का अंग मान लिया गया है।"[1] वस्तुतः मनस्तत्वों को जीवन के साथ द्वंद्वात्मक ढंग से देखा जाना चाहिए। उन्होंने लिखा है-- "कला के मनस्तत्व अंतर्तत्व-व्यवस्था का ही एक भाग हैं। यह अंतर्तत्व-व्यवस्था आत्मसात्कृत जीवन-जगत् ही है। अतएव कला के मनस्तत्व भी आत्मसात्कृत जीवन-जगत् का अंग हैं। आत्मसात्कृत जीवन-जगत् (और) बाह्य जीवन-जगत् में हमेशा द्वंद्व होता है, फिर सामंजस्य होता है, फिर द्वंद्व होता है। आत्मसात्कृत जीवन-जगत् मन की विकासमान स्थिति का द्योतक है। बाह्य जीवन-जगत् मानव संबंधों की अपनी विकासमान विशेष स्थितियों के विशेष स्तर को उपस्थित करता है। परस्पर क्रिया-प्रतिक्रिया करने वाले इन दोनों केन्द्रों में आधारभूत परस्पर सामंजस्य है, साथ ही द्वंद्व भी है। ये दोनों एक दूसरे को संशोधित परिवर्धित-परिवर्तित करते रहते हैं। इनका द्वंद्व सापेक्ष है, निरपेक्ष नहीं। सामंजस्य सापेक्ष है, निरपेक्ष नहीं।"[2] मनस्तत्वों का परिवर्तन-परिवर्धन सापेक्षता में चलता है इसलिए उनका मूल चरित्र नहीं बदलता। इसलिए पूर्ण अभिव्यक्ति प्राप्त करने तक तत्वों के बदलने वाली बात को इस टिप्पणी के प्रकाश में समझा जाना चाहिए।

कला के अंतर्तत्वों का निर्माण आयुपर्यंत की प्रक्रिया का परिणाम होता है। काव्यकाल के बहुत नाज़ुक समय में ही जीवन-जगत के विषय में मन का अंतःसंगठन करने वाली वृत्तियां बनने लगती हैं। अंतर्जगत के मनोवैज्ञानिक तत्व आभ्यंतर जगत का भाग होते हुए भी बाह्य जीवन-जगत् के बिंबरूप या भावरूप में स्थित रहते हैं। अंतर्तत्व-व्यवस्था का उद्दीप्त रूप ही काव्य का वस्तु-तत्व बनता है। यह अंतर्तत्व-व्यवस्था क्या है, इस प्रश्न का उत्तर समझाते

1. मुक्तिबोध रचनावली-5, पृ. 101
2. वही, पृ. 101

हुए मुक्तिबोध लिखते हैं- "हम बाल्यकाल से ही बाह्य जीवन-जगत् का, बाह्य तथ्यों, व्यवहार प्रकारों, मूल्यों, भाव तथा ज्ञान की परंपराओं आदि का, अपनी आयु के अनुसार आभ्यंतरीकरण करते जाते हैं। अंतर्तत्व-व्यवस्था बाह्य जीवन-जगत् का, अपनी वृत्तियों के अनुसार, आत्मसात्कृत रूप है। किन्तु, यह आत्मसात्कृत जीवन-जगत् बाह्य जीवन-जगत् की प्रतिकृति नहीं है।"[1]

अलग-अलग व्यक्तियों का आत्मसातीकरण अपनी अलग-अलग कृतियों के अनुसार अलग होता है, इस कारण अन्तर्तत्व ज्यों-के-त्यों बाह्य वस्तु-यथार्थ जैसे नहीं होते। इन्हें परिवर्तित करने का कार्य मन का है। यह प्रक्रिया कैसे घटित होती है, मुक्तिबोध बताते हैं- "हमारा मन ज्ञानात्मक संवेदनों और संवेदनात्मक ज्ञान द्वारा न केवल बाह्य जीवन-जगत् को ग्रहण करता है, वरन् उन गृहीत तत्वों का, अपने अनुसार, संशोधन, संपादन और संस्करण करता है। इस प्रकार आत्मसात्कृत जीवन-जगत् एक मनोवैज्ञानिक सत्ता है जिसकी स्थिति, गति और विकास के अपने अलग नियम हैं।"[2] मन के संशोधित एवं परिमार्जित तत्व मनुष्य की इच्छावृत्ति द्वारा प्रेरित होकर बाह्य जगत में फैलना चाहते हैं। उनका प्रसार कोरी चेतना के स्तर पर नहीं हो सकता। यह प्रसार तभी संभव है जब वह उसे कर्म संगठन से जोड़े। सकर्मक होते ही उसके मानव-संबंध विकसित होने लगते हैं और इस प्रक्रिया में वह पुनः ज्ञानार्जन करता है। उसकी ज्ञान-राशि में परंपरागत ज्ञान-संपदा भी मिल जाती है जिसमें कुछ मिथ्या ज्ञान भी शामिल होते हैं। लेकिन कुल मिलाकर उसके मन के तत्व बाह्य जीवन-जगत् के तत्वों से ही निर्मित होते हैं। मुक्तिबोध ने कहा ही है कि काव्य का मनस्तत्व भीतर की अंतर्तत्व व्यवस्था का एक भाग है। यही तत्व "बाहर के धक्के से तरंगायित, उद्घाटित और आलोकित होकर काव्यात्मक अभिव्यक्ति के लिए छटपटा उठता है।"[3]

अब आता है इस अभिव्यक्ति के रूपग्रहण का प्रश्न। कई बार ऐसा होता है कि नए यथार्थ द्वारा उपलब्ध किए गए मनस्तत्व इतने शक्तिशाली तथा ऊर्जस्वी होते हैं कि पुराने रूप का विस्फोट अवश्यंभावी हो जाता है। जार्ज लूकाच इस बात का समर्थन करते हैं- "विषय-वस्तु की नवीनता नए कला रूपों की मांग करती है जो इस बात को प्रमाणित करता है कि वस्तु में परिवर्तन ही मूलतः कला-रूपों में परिवर्तन का कारण है।"[4]

---

1. मुक्तिबोध रचनावली-5, पृ. 116
2. वही, पृ. 116
3. वही, पृ. 118
4. जार्ज लूकाच : द मीनिंग ऑफ़ कांटैम्प्रेरी रिएलिज़्म (अंग्रेज़ी), पृ. 108

इस प्रक्रिया में मुक्तिबोध एक बाधक तत्व का उल्लेख करते हैं, और वह है– 'कंडीशंड साहित्यिक रिफ्लैक्स।' यह भाषा एवं अभिव्यक्ति की जड़ीभूत वृत्ति के कारण उत्पन्न होता है। "उदाहरणतः तत्व तो होता है नवीन, किंतु उसकी रूपयोजना होती है बहुत पुरानी।. . .अगर वह आत्मानुभूत नए भावों को प्रकट करने की कोशिश भी करता है तो भी पुराने भावों की गर्भित उपमाएं और पुराने भावों से संयुक्त प्रतीक, नई अर्थवत्ता को समाप्त कर देने पर तुले रहते हैं।"[1] वे आगे लिखते हैं– 'कंडीशंड साहित्यिक रिफ़्लैक्स बनने का नियम प्राकृतिक है। किन्तु इसके साथ यह भी स्वाभाविक है कि कवि-मनुष्य के अंतर्व्यक्तित्व में परिवर्तन होता जाए।. . . यदि साहसपूर्वक कवि इस आत्मसंघर्ष को तीव्र करता गया और आत्मनिरीक्षण द्वारा उसे और सार्थक बनाता गया तो यह आशा की जानी चाहिए कि वह नई भूमि खोजकर रहेगा।"[2] यानि इस भूमि पर वस्तु और रूप के अंतर्विरोध तिरोहित हो जाएंगे, नई वस्तु के अनुरूप नया रूप होगा।

वस्तु और रूप के द्वंद्वात्मक संबंधों को देखते हुए एक निर्णय पर तो आसानी से पहुंचा जा सकता है कि वस्तु-तत्व का परिवर्तन पहले होता है और रूप का बाद में। रूप का परिवर्तन वस्तुतः वस्तु-तत्व की आवश्यकताओं के अनुरूप होता है। इस बात को मुक्तिबोध ने रचनावली-पूर्व अप्रकाशित अपने तीसरे लेख में युग के संदर्भ में उठाया है। वे प्रश्न करते हैं कि "क्या कारण है कि युग विशेष में कुछ विशेष विषयों पर ही कविता लिखी जाती है, कलाकृतियों के विषय ठहरे-ठहराए होते हैं।"[3] दरअसल यह एक प्रकार का रेजीमेंटेशन है। विशिष्ट युग में विशिष्ट सामाजिक मानवीय संबंधों के दबाव में कुछ विशिष्ट वस्तु-तत्व सर्वस्वीकार कर लिए जाते हैं। क्रमशः उनकी एक विशिष्ट अभिव्यक्ति शैली बन जाती है। व्यक्ति ही नहीं प्रत्येक युग अपने वस्तु-तत्व एवं रूप का स्वयं निर्धारण करता है। युग की अभिव्यक्ति शैलियां सामाजिक परिवर्तनों के साथ एकाएक नहीं बदल पातीं, जड़ीभूत हो जाती हैं। वर्ग-चेतस कवि, साहित्यकार का दायित्व है कि वह ह्रासकालीन रूप-चौखटों को तोड़े तथा मनस्तत्वों के अनुकूल अभिव्यक्ति प्रकार बनाए।

---

1. मुक्तिबोध : नयी कविता का आत्मसंघर्ष तथा अन्य निबंध, पृ. 25
2. वही, पृ. 25
3. मुक्तिबोध रचनावली-5, पृ. 115

मुक्तिबोध की मर्म समीक्षाई

मुक्तिबोध की कला विषयक धारणाओं, कला-सृजन-प्रक्रिया और कलाकार की रचना-प्रक्रिया संबंधी उनके विश्लेषणों, उदाहरणस्वरूप स्वयं उनकी कविताओं और उनके समग्र काव्य-चिंतन से पता चलता है कि वे कविता की व्याख्या उसे विकासमान सामाजिक वस्तु मानकर करते हैं। ऐसी वस्तु जिसका सृजन वैयक्तिक प्रयास का परिणाम होते हुए भी, मूलतः सामाजिक और सांस्कृतिक भूमियों पर टिका होता है।

काव्य कला : एक सांस्कृतिक प्रक्रिया

काव्य कला मुक्तिबोध के लिए एक सांस्कृतिक प्रक्रिया है। उनके अनुसार– "काव्य-रचना केवल व्यक्तिगत मनोवैज्ञानिक प्रक्रिया नहीं, वह एक सांस्कृतिक प्रक्रिया है। फिर भी वह एक आत्मिक प्रयास है, उसमें जो सांस्कृतिक मूल्य परिलक्षित होते हैं, वे व्यक्ति की अपनी देन नहीं, समाज की या वर्ग की देन हैं।"[1] उसमें सांस्कृतिक परम्पराओं का समाहार होता है, जिसमें प्रगतिशील जीवन-मूल्य प्रकट होते हैं।[2]

मुक्तिबोध के लिए कविता इस अर्थ में भी एक सांस्कृतिक प्रक्रिया है कि लेखक, शिक्षा, संस्कार और परंपरा से संशोधित एवं परिमार्जित अपनी व्यक्तिगत संवेदनाओं और भाव-समुदाय को निजी-विशिष्ट बना देता है। किंतु इस अर्थ में सांस्कृतिक प्रक्रिया कदापि नहीं है कि रचनाकार काव्य में उपदेश देता है, या नेतृत्व प्रदान करता है अथवा केवल उदात्त, श्रेष्ठ एवं महापुरुषोचित भावनाओं को ही अभिव्यक्त करता है। इसके विपरीत सामान्य मानव के रूप में ही कवि सामान्य किंतु प्रधान भावनाएं प्रकट करता है। यही भावनाएं सौंदर्यपूर्ण होकर और कलात्मक रूप धारण कर जब काव्य में प्रस्तुत होती हैं तो वह

1. मुक्तिबोध : नयी कविता का आत्मसंघर्ष तथा अन्य निबंध, पृ. 19
2. वही, पृ. 29

पाठक को मानव यथार्थ समझने के लिए अंतर्दृष्टि प्रदान करती हैं, साथ ही संवेदनात्मक जीवन-मूल्य भी देती हैं।[1]

काव्य-कला को एक सामाजिक-सांस्कृतिक प्रक्रिया मानने के पीछे मुक्तिबोध की आर्थिक मूलाधार और सांस्कृतिक बाह्य-ढांचे के अंत:संबंधों की समझ है। यह तो सर्वस्वीकार्य बात है कि मुक्तिबोध कला-साहित्य का संबंध जीवन से मानते हैं। इस प्रकार उनका वह 'बाह्य' जिसका वे निरंतर आभ्यंतरीकरण करने का आग्रह करते हैं– आर्थिक संबंधों से बने वर्गीय सामाजिक संबंधों वाला जगत है। समाज में हो रहा आर्थिक शोषण एवं उत्पीड़न उनकी संवेदना का मूल बना रहता है। साथ ही उसके समानांतर ह्रासग्रस्त वर्तमान जीवन-मूल्य-व्यवस्था का भी उन्हें गहरा अहसास है।

उन्हें साफ़-साफ़ दिखाई देता है कि "समाज भयानक रूप से विषमताग्रस्त हो गया है। चारों ओर नैतिक ह्रास के चिह्न दिखाई दे रहे हैं। शोषण और उत्पीड़न पहले से बहुत अधिक बढ़ गया है। नोच-खसोट, अवसरवाद, भ्रष्टाचार का बाज़ार गर्म है। कल के मसीहा आज के उत्पीड़क हो उठे हैं। सर्वत्र क्षोभ, कष्ट, अन्याय और उत्पीड़न के दृश्य दिखाई दे रहे हैं। समाज के भीतर विभिन्न वर्गों की खाइयां और भी चौड़ी हो गई हैं। मानव संबंध टूट-फूट गए हैं। उलझ गए हैं।"[2] युगीन यथार्थ के बारे में उनकी यह समझ कविता को नए ढंग से परिभाषित किए जाने की मांग करती है। परिभाषा बनाने के लिए शब्द गढ़े जाने के ढंग से तो नहीं किंतु नई कविता के बहाने उन्होंने कविता को इस प्रकार परिभाषित किया है-- "नयी कविता, वैविध्यमय जीवन के प्रति आत्म-चेतस व्यक्ति की संवेदनात्मक प्रतिक्रिया है।"[3] भामह, दण्डी, रुद्रट, उद्भट से लेकर महावीर प्रसाद द्विवेदी एवं आचार्य रामचंद्र शुक्ल तक काव्य के जितने भी लक्षण या परिभाषा अंश गिनाए जाते हैं उनकी तुलना में मुक्तिबोध का यह एक वाक्य अधिक परिपूर्ण लगता है। रसवादी ध्वनिवादियों ने संवेदना पक्ष पर बल दिया तो अलंकारवादियों को बाह्य शिल्प चेतना ज़रूरी लगी। वैविध्यमय जीवन तक कविता की पहुंच को समझने के बजाय उसे 'अंत:करण की वृत्तियों का चित्र' अधिक समझा गया। 'अंत:' और 'बाह्य' में, या कहें संवेदना और ज्ञान में यदि एक को महत्व मिला तो दूसरा तत्व उपेक्षित रह गया। यहां वैविध्यमय जीवन, आत्म-चेतस व्यक्ति और संवेदनात्मक प्रतिक्रिया इन तीनों शब्द-युग्मों में कविता के अवयव अपनी परिपूर्णता में हमारे सामने उद्घाटित होते हैं।

1. मुक्तिबोध : नयी कविता का आत्मसंघर्ष तथा अन्य निबंध, पृ. 126-27
2. वही, पृ. 14
3. मुक्तिबोध : मुक्तिबोध रचनावली-5, पृ. 189

वैविध्यमय जीवन आर्थिक मूलाधार और बाह्य ढांचे का समग्र रूप है। 'आत्म-चेतस व्यक्ति' वही होगा जिसे अपने युग-समाज की चेतना का आवयविक ज्ञान होगा, यानि सर्जक होने के लिए कोरा संवेदनशील होना ही काफ़ी नहीं है, युगीन यथार्थ के प्रति चेतस होना भी अनिवार्य है। चेतस होने से भी अधिक आत्म-चेतस होना, अर्थात कविता के माध्यम से अपने सामाजिक उत्तरदायित्व का अहसास होना। जीवन के वैविध्यमय संघर्षों, सामाजिक संबंधों के मूल कारणों का ज्ञान तथा उनके मध्य स्वयं की भूमिका की पहचान, जीवन के प्रति उत्तरदायित्व का अहसास और मूल कारणों की पहचान भी पर्याप्त नहीं है कवि के लिए। परिपूर्णता का अगला चरण है उसकी 'संवेदनात्मक प्रतिक्रियाएं'। संवेदना या अनुभूति को मुक्तिबोध अकेले और एकांगी इस्तेमाल नहीं करते, वे इन्हें जीवन के प्रति संवेदनात्मक प्रतिक्रियाएं कहेंगे अथवा जीवनानुभूति।

यथार्थ, ज्ञान और संवेदना इनका परस्पर संबंध-त्रिकोण ही काव्य-कला प्रक्रिया का नियामक होता है। काव्यानुभूति कोई जीवन-निरपेक्ष और असंग शक्ति नहीं है, युगीन राजनीति से उनका अभिन्न जुड़ाव है। 'नया ख़ून' की एक टिप्पणी में उन्होंने लिखा है– "जनता की राजनीति और जनोन्मुख साहित्य का स्रोत एक ही है और वह है आज का यथार्थ, आज का यथार्थ कोई रहस्यवादी धारणा नहीं है, जिसको समझने के लिए इड़ा, पिंगला, सुषम्ना नाड़ियों को तीव्र करना ज़रूरी हो। यदि हमारी काव्य प्रेरणा वस्तुतः जनजीवन से उद्‌भूत हुई हो तो जनजीवन की वर्तमान परिस्थितियों और कष्टों का कारण भी हमारी अनुभूति क्षेत्र का अंग होगा।"[1]

हमारा अनुभूति क्षेत्र वैविध्यमय जनजीवन से ही विनिर्मित होता है– मुक्तिबोध की इस समझ के पीछे उनका मूलाधार और उसकी उपज बाहय ढांचे का सीधा और विश्लेषणात्मक ज्ञान है, जिसका ज़िक्र हमने किया। समाज में शोषण पर टिकी अर्थव्यवस्था ने ही मानव संबंध उलझा दिए हैं। सभ्यता-संस्कृति का वर्तमान स्वरूप उसी का परिणाम है।

मार्क्सवादी निष्पत्ति के अनुसार बाह्य ढांचा मूलाधार का प्रतिबिंब मात्र नहीं होता अर्थात आर्थिक जगत स्वानुकूल भाव, मूल्य एवं संवेदना जगत की निर्मिति करता है जिसमें अपनी गत्यात्मकता होती है। यही कारण है कि रूप ग्रहण करने पर बाह्य ढांचा अत्यधिक सक्रिय शक्ति बनकर मूलाधार को भी प्रभावित करता है, उसे अन्य रूप ग्रहण करने और संगठित होने में सक्रिय योग देता है। मुक्तिबोध ने लिखा है– "यह सही है कि कोई भी लेखक अपने व्यक्तित्व से, अपने इतिहास से स्वतंत्र नहीं है, किन्तु जब वह सचमुच स्वतंत्र

---

1. मुक्तिबोध : *नया ख़ून*, 26 जनवरी, 1951, पृ. 22

होने का प्रयत्न करता है तो इसका अर्थ यह है कि युग बदलने के लक्षण सामने आ रहे हैं। अपने युग की सीमाओं के परे जाकर आगे के मार्ग को देखना महत्वपूर्ण घटना है। इस बात को हम कैसे भूल सकते हैं।"[1]

अपने युग की सीमाओं से परे आगे के मार्ग को देखना ही कवि का आत्म-चेतस होना है, स्वयं की चेतना को संस्कारित करना है। आत्म-चेतस होने के लिए एक शर्त और है, वे कहते हैं-- "वह वस्तुतः आत्म-चेतस हो ही नहीं सकता, जब तक वह विश्व-चेतस न हो।. . .कवि हृदय आज के जगत् के मूल द्वन्द्वों का अध्ययन करे, अर्थात अपनी सम्पूर्ण चेतना द्वारा आज की वास्तविकता की तह में घुसे और ऐसी विश्व-दृष्टि का विकास करे, जिससे व्यापक जीवन-जगत् की व्याख्या हो सके, और अंतर्जगत् के महत्वपूर्ण आन्दोलनों का बोध हो।"[2] यह विश्व-दृष्टि ही मुक्तिबोध के अनुसार कवि में विषय-संकलन संबंधी विवेक प्रदान करती है तथा आसपास फैली हुई मानव वास्तविकता के मार्मिक पक्षों का उद्घाटन और चित्रण करने में सक्षम बनाती है।

कहना न होगा कि कला को परोक्ष रूप से बाह्य ढांचे में ही स्वीकारते हुए मुक्तिबोध ने इसकी प्रक्रिया को एक सांस्कृतिक प्रक्रिया कहा है और माना है कि सांस्कृतिक मूल्य व्यक्ति की अपनी देन नहीं, समाज या वर्ग की देन हैं, यद्यपि उनकी अभिव्यक्ति जिस प्रक्रिया में होती है, वह आत्मिक प्रयासों में ही संभव हो पाती है।

मुक्तिबोध ही नहीं, अन्य अनेक पाश्चात्य मार्क्सवादी साहित्य चिंतक कला एवं साहित्य की लगभग यही व्याख्या प्रस्तुत करते हैं। सुप्रसिद्ध मार्क्सवादी समीक्षक क्रिस्टोफ़र कॉडवैल साहित्य को मूलतः एक सामाजिक वस्तु मानते हैं।[3] वे कहते हैं कि आर्थिक संपन्नता ही सामाजिक एवं सांस्कृतिक विकास का कारण है और यही अंततः कला-साहित्य को भी प्रभावित करती है। यही कारण है कि सामाजिक विकास की गति, साहित्यिक विकास की गति के लगभग समानांतर होती है तथा कविता व्यक्ति के आंतरिक गुणों, उसकी सामाजिक तथा सांस्कृतिक विशेषताओं को व्यक्त करती है।[4] इसके अतिरिक्त कॉडवैल भी कविता को मानसिक व्यापार मानकर चलते हैं, जैसे कि मुक्तिबोध। मुक्तिबोध के ही समान वे मनुष्य के मूल संवेगों को विशेष महत्व देते हैं और बताते हैं कि कवि अपने जीवन के संपूर्ण संवेदनात्मक अनुभवों को मूल संवेगों के

---

1. मुक्तिबोध : नये साहित्य का सौन्दर्यशास्त्र, पृ. 84
2. वही, पृ. 85
3. क्रिस्टोफ़र कॉडवैल : इल्यूज़न एण्ड रिएलिटी (अंग्रेज़ी), पृ. 3
4. वही, पृ. 13

ही चारों ओर व्यवस्थित करके व्यक्त करता है, अत: कविता का यथार्थ इस संवेदनात्मक परिधि के भीतर से ही आंका जाना चाहिए।[1]

क्रिस्टोफ़र कॉडवैल ने इसी दृष्टि से विचार करते हुए कलाओं की कतिपय सामान्य विशेषताओं की चर्चा की है तथा मुक्तिबोध के 'कला को आत्मिक प्रयास' मानने के समानांतर लिखा है– "सभी कलाएं मूलत: व्यक्तिगत होती हैं। कला का सम्पूर्ण आधार भावात्मक होता है अत: वह मनुष्य की आदिम प्रवृत्तियों से जुड़ी होती है। इन प्रवृत्तियों का जब सामाजिक जीवन से संपर्क होता है तो कवि के भीतर यही प्रवृत्तियां भावात्मक (यानि एक अर्थ में कलात्मक) चेतना को जन्म देती हैं।"[2] इसी क्रम के आगे कविता का यथार्थ जीवन से घनिष्ठ संबंधों की चर्चा करते हुए कॉडवैल लिखते हैं कि "कविता सिद्धान्तों का कोरा दस्तावेज़ नहीं होती। कविता की मूलवस्तु का स्रोत वस्तुगत यथार्थ में अवश्य होता है किन्तु कला में आकर वह भाव-सम्बद्ध हो जाता है।"[3] साथ ही व्यापक वस्तुगत यथार्थ का आधार ग्रहण करने के बावजूद कविता सर्जक के भाव-जगत का तिरस्कार करके आगे नहीं चल सकती। "यथार्थ चाहे कितना ही महान एवं उदात्त माना जाता हो लेकिन कविता में उसे अपनी मूल प्रकृति को छोड़कर भावानुरंजित होकर ही आना पड़ता है।"[4] कॉडवैल के उपरोक्त विचार को मुक्तिबोध के शब्दों में कहें तो उसी पंक्ति को दुहराना होगा– "कविता, वैविध्यमय जीवन के प्रति आत्म-चेतस व्यक्ति की संवेदनात्मक प्रतिक्रिया है।" जॉर्ज थॉमसन ने कविता को सामाजिक क्रिया माना है। रचना की कलात्मक उपलब्धियों को स्वीकारते हुए भी वे अंतत: उसके सामाजिक आधार को ही अधिक महत्वपूर्ण मानते हैं क्योंकि वह समाज के लिए लिखी जाती है।[5] हार्वर्ड फास्ट के लिए रचना का अपना कोई निजी, यथार्थ-निरपेक्ष, स्वतंत्र अस्तित्व नहीं होता, वह सामाजिक यथार्थ का प्रतिबिंब होती है।[6] ऑस्ट्रियन कला समीक्षक अर्न फ़िशर की यह मान्यता मुक्तिबोध की मान्यता के ज़्यादा क़रीब बैठती है कि "प्रत्येक सर्जनात्मक कृति सजग मानसिक प्रयास की परिणति है, जिसका जन्म यथार्थ से होता है, वह किसी उत्तेजनापूर्ण मन:स्थिति की उद्‌भावना नहीं होती है।"[7]

---

1. क्रिस्टोफ़र कॉडवैल : इल्यूज़न एण्ड रिएलिटी (अंग्रेज़ी), पृ. 206
2. वही, पृ. 207
3. वही, पृ. 215
4. वही, पृ. 292
5. जॉर्ज थॉमसन : मार्क्सिज़्म एण्ड पोएट्री (अंग्रेज़ी), पृ. 72
6. हार्वर्ड फ़ास्ट : लिटरेचर एण्ड रिएलिटी (अंग्रेज़ी), पृ. 88
7. अर्न फ़िशर : दि नैसेसिटी ऑफ़ आर्ट (अंग्रेज़ी), पृ. 9

साहित्य यथार्थजनित मानसिक परिणति है या दूसरे शब्दों में कहें तो साहित्य जीवन की पुनर्रचना है। साहित्यकार एक विशिष्ट सांस्कृतिक प्रक्रिया के तहत कलाकृति में जीवन की पुनर्रचना करता है। मुक्तिबोध कहते हैं– "कला में जीवन की जो पुनर्रचना होती है, वह सारतः उस जीवन का प्रतिनिधित्व करती है, कि जो जीवन इस जगत् में वस्तुतः जिया या भोगा जाता है– लेखक द्वारा तथा अन्यों द्वारा। जिया या भोगा जाने वाला यह जो व्यापक जीवन है वह जितना आन्तरिक है उतना ही बाह्य।"[1]

'जीवन की पुनर्रचना' की प्रक्रिया

"साहित्य जीवन की पुनर्रचना है" के समानांतर मुक्तिबोध ने यह भी लिखा है कि "साहित्य विवेक मूलतः जीवन विवेक है।"[2] जीवन की व्याख्या उन्होंने त्रिकोण के रूपक के सहारे की है और उनके अनुसार उसकी व्याख्या उसकी किसी एक भुजा की उपेक्षा करके पूरी नहीं हो सकती।

उन्होंने लिखा है– "हमारा जीवन त्रिकोणात्मक है। उसकी एक भुजा हमारे बाह्य जगत् यानि मानव संबंधों के विशिष्ट क्षेत्र अर्थात वर्ग जगत् और उस जगत् के विविध जीवन मूल्यों और आदर्शों के बीच से होती हुई उस छोर तक पंहुच जाती है जिसे हम देश और जाति की राजनैतिक-सामाजिक स्थिति कह सकते हैं कि जो स्थिति मानवेतिहास के विकास के एक विशेष स्तर और विशेष अवस्था का नाम है। इस त्रिकोण की दूसरी भुजा हमारा वह अंतरंग जीवन है कि जो अंतर्जीवन बाल्यकाल से ही बाह्य को, बाह्य की क्रियाओं और रूपों को आत्मसात करता हुआ, उस बाह्य के विरुद्ध या अनुकूल प्रतिक्रियाएं करता हुआ, उन प्रतिक्रियाओं के विभिन्न संवेदनात्मक पुंज बनाता हुआ और उन पुंजों के सहारे जीवन ज्ञान का विकास करता हुआ और उस जीवन ज्ञान के सहारे स्वयं को बाह्य से मिलाने और बाह्य को अपने से मिलाने अर्थात उस बाह्य के साथ स्वयं को द्वंद्व रूप में या सामंजस्य रूप में अथवा इन दो स्थितियों के संगत-असंगत सम्मिलित रूप में स्थापित करने, बाह्य की काट-छांट कर उसे अपने अनुकूल बनाने या स्वयं ही की काट-छांट कर अपने को उसके अनुसार बनाने का प्रयत्न करता रहता है। अंतर्निहित इच्छाएं जो मूलतः आत्मरक्षा और आत्मविकास की बुनियादी वृत्तियों से संचालित और परिचालित होती रहती हैं, उनकी तृप्ति के तथा बाह्य से सामंजस्य की स्थापना के द्विविध किंतु एकीभूत

1. मुक्तिबोध : मुक्तिबोध रचनावली-5, पृ. 241
2. मुक्तिबोध : नये साहित्य का सौन्दर्यशास्त्र, पृ. 140

प्रयत्न, मनुष्य स्वभाव ही का धर्म हैं। मनुष्य के अंतर्जीवन का इतिहास बाह्य द्वारा दिए गए तत्वों से बना हुआ होता है। हमारे जीवन के इस त्रिभुज की आधार रेखा हमारी अपनी चेतना है कि जो चेतना उपर्युक्त दो भुजाओं के बिना अपना स्वरूप और आकार ही स्थापित नहीं कर सकती।"[1]

जीवन के प्रति त्रिकोण रूपक की धारणा मुक्तिबोध के समग्र चिंतन को स्पष्ट कर देती है। प्रथम भुजा जीवन का बाह्य जगत है। यह भुजा वर्गपूर्ण जगत में विविध मानव-मूल्यों से देश की राजनीतिक-सामाजिक स्थितियों तक के क्षेत्र को मिलाती है। दूसरी भुजा जीवन का अंतरंग पक्ष है जिसका गठन-निर्माण निश्चित रूप से पहली भुजा के क्षेत्र से नियमित-निर्धारित होता है। द्वंद्वात्मक विकास की प्रक्रिया में बाह्य का सामाजिक-राजनीतिक जगत अंतरंग जीवन पर प्रभाव डालता है। अंतर और बाह्य इन दोनों के क्रिया-क्षेत्र और इनके पारस्परिक अंत:संबंधों को मुक्तिबोध ने स्पष्टता से रूपायित किया है। तीसरी भुजा, चेतना, पहली दो के बिना वजूद में नहीं आ सकती। यानि– "हमारा अंतर्जीवन और उसका क्रम, अपने बाह्य परिवेश और परिस्थिति से आवयविक संबंध रखता है, और दोनों अंतर तथा बाह्य, अंगांगिभूत भाव से एकीभूत होकर हमारा जीवन बनाते हैं।[2] इस प्रकार– "चेतना के तत्व बाह्य के आभ्यंतरीकृत रूप हैं।"[3] और अंतत:– "जीवन स्वरूपत: त्रिकोणात्मक होने के कारण, उसकी व्याख्या किसी एक भुजा की उपेक्षा करके पूरी नहीं की जा सकती। न केवल वह अधूरी रहेगी वरन् विकृत और एकांगी भी।"[4]

मुक्तिबोध ने कविता की रचना-प्रक्रिया को जीवन के इसी विराट कैनवस के साथ देखा है। यही कारण है कि उनके चिंतन का क्षेत्र काफ़ी व्यापक है, वह मात्र साहित्य तक सीमित नहीं है, उसके अनेक पक्ष हैं– सामाजिक-सांस्कृतिक भी, राजनीतिक-आर्थिक भी।

रचना-प्रक्रिया : विश्लेषण की सार्थकता

नई कविता की शुरुआत के साथ ही रचना-प्रक्रिया का सवाल भी उठाया जाने लगा था। आलोचक और रचनाकार दोनों ने ही महसूस किया कि किसी भी कृति का मूल्यांकन तब तक संभव नहीं है जब तक सामान्य रूप से रचना-प्रक्रिया

1. मुक्तिबोध : कामायनी : एक पुनर्विचार, पृ. 1
2. वही, पृ. 1-2
3. वही, पृ. 2
4. वही, पृ. 2

के संबंध में दृष्टिकोण साफ़ न हो। आलोचक के लिए तो इस बात पर बेहद ज़ोर दिया गया कि उसे न केवल कृति से वरन् रचनात्मक सृजन की प्रक्रिया से भी संबंधित होना चाहिए। यह स्वाभाविक भी था क्योंकि नई कविता के रचना-नियम पुरानी छायावादी कविता से न केवल अलग थे बल्कि कहीं-कहीं विपरीत भी पड़ते थे। यह विडंबना ही है कि आवश्यकता होने पर भी रचना-प्रक्रिया विषयक कोई भी पूर्ण विश्लेषण मुक्तिबोध से पहले नहीं आ पाया। नए काव्य की रचना-प्रक्रिया एक उलझाव का विषय बनी हुई थी। मुक्तिबोध ने स्वयं यह कार्य संपन्न किया। और यह सच है कि हिन्दी कविता की आलोचना के क्षेत्र में मुक्तिबोध ने सबसे पहले इतना गहन गंभीर विचार किया। रचना-प्रक्रिया पर विशेष रूप से स्वतंत्र लेख तो लिखे ही, अपने अन्य समीक्षात्मक निबंधों में भी प्रकारांतर से रचना-प्रक्रिया का ज़िक्र किया। 'नयी कवतिा का आत्म-संघर्ष तथा अन्य निबंध', 'एक साहित्यिक की डायरी' तथा 'नये साहित्य का सौन्दर्यशास्त्र' आदि पुस्तकों में ये लेख संकलित हैं। 'कामायनी : एक पुनर्विचार' पुस्तक में 'कामायनी' के काव्यालोचन का आधार मुक्तिबोध ने रचना-प्रक्रिया को ही बनाया है। सैद्धांतिक समीक्षा के साथ व्यावहारिक समीक्षा का यह उपक्रम भी इसलिए किया गया कि समीक्षा के इन नए औज़ारों की सार्थकता सिद्ध हो सके। कवि को और उसकी कविता को व्यापक सामाजिक-साहित्यिक परिवेश में समझा जा सके।

जहां एक ओर वे काव्यालोचन के लिए कवि की रचना-प्रक्रिया को आवश्यक समझते थे वहीं दूसरी ओर रचना-प्रक्रिया के विश्लेषण के लिए कृतिकार के व्यक्तित्व का विश्लेषण भी ज़रूरी समझते थे। "कृति की आलोचना अथवा कृति का प्रभाव-ग्रहण, कवि के व्यक्तित्व का भी प्रभाव-ग्रहण है।"[1] रचना-प्रक्रिया के विश्लेषण के पीछे मुक्तिबोध के मन में कई उपयोगी और महत्वपूर्ण उद्देश्य छिपे हुए थे। उनके अनुसार रचना-प्रक्रिया के इस विश्लेषण से--

1. काव्य क्षेत्र और कला क्षेत्र को लाभ पहुंच सकता है।
2. जीवन के सुविस्तृत वैविध्य और मूलभूत एकता के विशिष्ट और संवेदनात्मक चित्रण का मार्ग प्रस्तुत हो सकता है।
3. अपनी विशेष काव्य-प्रवृत्ति का औचित्य सिद्ध किया जा सकता है।
4. किसी कृति का समुचित मूल्यांकन किया जा सकता है।
5. सौंदर्य संबंधी किसी सिद्धांत पर आया जा सकता है।

---

1. मुक्तिबोध : नये साहित्य का सौन्दर्यशास्त्र, पृ. 71

6. सृजनशील साहित्य का मार्ग प्रशस्त किया जा सकता है।[1]

मुक्तिबोध अपने लक्ष्य के विषय में अत्यधिक सचेत थे। इन महत्वपूर्ण उद्देश्यों के साथ ही वे रचना-प्रक्रिया के अध्ययन की जटिलताओं से भी परिचित थे, उन्होंने कहा है– "रचना-प्रक्रिया का तत्वपरक विश्लेषण मेरे ख़्याल से कठिन है, दुष्कर है।"[2] उसका एक महत्वपूर्ण कारण उनकी दृष्टि में यह है कि "रचना-प्रक्रिया एक नहीं अनेक हैं, विविध हैं और उनकी विभिन्नता अत्यधिक है।"[3] अपनी पुस्तकों में उन्होंने विभिन्नता के कई आधार बताए हैं–

1. विभिन्न व्यक्तियों के लिए रचना-प्रक्रियाएं भिन्न-भिन्न हैं, विभिन्न युगों में सृजन-प्रक्रियाएं अलग-अलग होती हैं। विभिन्न साहित्य-प्रकारों के लिए भी सृजन-प्रक्रियाएं भिन्न-भिन्न होती हैं।[4]
2. काव्य की रचना-प्रक्रिया के अंतर्गत तत्व– बुद्धि, भावना, कल्पना इत्यादि एक होते हुए भी प्रभाव-संगठन आंतरिक उद्देश्यों की भिन्नता के साथ ही, रचना-प्रक्रिया भी वस्तुतः बदल जाती है। गेय काव्य (लिरिकल पोएट्री) की रचना-प्रक्रिया, उस कविता की रचना-प्रक्रिया से बिल्कुल भिन्न है जो मन की किसी प्रतिक्रिया मात्र का रेखांकन करती है।[5]
3. रचना-प्रक्रिया के संबंध में मतों की भिन्नता स्वाभाविक है। इसका एक कारण तो यह है कि रचना-प्रक्रियाएं स्वयं भिन्न-भिन्न होती हैं। वे कवि-स्वभाव, कवि-दृष्टि और विषय-वस्तु के अनुसार, बनती-बदलती रहती हैं। रचना-प्रक्रिया का कोई निर्विशिष्ट सामान्य रूप नहीं है, यद्यपि यह सही है कि उस प्रक्रिया के मूल तत्व सर्वसामान्य हैं।[6]
4. रचना-प्रक्रिया एक नहीं, अनेक हैं, विविध हैं और उनकी विभिन्नता अत्यधिक है। रचना-प्रक्रिया सृजन की मनोवैज्ञानिक प्रक्रिया है। कवि-स्वभाव, कवि-दृष्टि या विषय-वस्तु (या कहिए कथ्य) के अनुसार वह बनती-बदलती है।[7]

---

1. मुक्तिबोध : नये साहित्य का सौन्दर्यशास्त्र, पृ. 69
2. वही, पृ. 69
3. वही, पृ. 69
4. मुक्तिबोध : एक साहित्यिक की डायरी, पृ. 13
5. मुक्तिबोध : नयी कविता का आत्मसंघर्ष तथा अन्य निबंध, पृ. 22
6. मुक्तिबोध : नये साहित्य का सौन्दर्यशास्त्र, पृ. 82
7. वही, पृ. 69

5. जीवन परिस्थिति में परिवर्तन से और यथार्थ के नए-नए पहलुओं के खुलने से उनके आभ्यंतरीकरण द्वारा लेखक का जो संवेदनात्मक वैयक्तिक इतिहास बनता है वह इतिहास पूर्ववर्ती प्रवृत्ति के कवियों से सर्वथा भिन्न होता है, अतएव इस नवीन प्रवृत्ति वाले की रचना-प्रक्रिया भी बदल जाया करती है और तदनुसार अभिव्यक्ति शैली भी।[1]

ऊपर उद्धृतांशों के निष्कर्षों को संक्षेप में यों कहा जा सकता है–

1. बुद्धि, भावना, कल्पना इत्यादि के एक होते हुए भी प्रभाव संगठन और आंतरिक उद्देश्यों की भिन्नता के कारण रचना-प्रक्रिया बदल जाती है।
2. कवि-स्वभाव, कवि-दृष्टि और विषय-वस्तु के अनुसार रचना-प्रक्रिया बनती-बदलती रहती है।
3. विभिन्न साहित्य-प्रकारों के लिए सृजन-प्रक्रियाएं भिन्न-भिन्न होती हैं।
4. विभिन्न युगों में सृजन-प्रक्रियाएं अलग-अलग होती हैं।

रचना-प्रक्रिया की विविधताओं के होते हुए भी मुक्तिबोध के अनुसार उसके मूल तत्व सर्वसामान्य हैं।[2] और वे मूल तत्व हैं– संवेदनात्मक उद्देश्य, कल्पना, भावना तथा बुद्धि तत्व। इनके कार्य के बिना रचना-प्रक्रिया संभव नहीं।[3]

इनके साथ ही रचना-प्रक्रिया मूलतः आभ्यंतरीकरण और बाह्यीकरण की प्रक्रिया है जिसे मुक्तिबोध ने तीन सोपानों (तीन क्षणों) में बांट कर विवेचित किया है।

तो इस प्रकार हम सबसे पहले आभ्यंतरीकरण-बाह्यीकारण का विवेचन करेंगे, उसके बाद कला के तीन सोपानों का और उसके भी बाद में सर्वसामान्य मूल तत्वों की भूमिका का।

आभ्यंतरीकरण-बाह्यीकरण

मुक्तिबोध के पास काव्य-विवेचन का एक सूत्र है कि 'काव्य जीवन की पुनर्रचना है।' अपने इसी सूत्र के आलोक में वे कहते हैं कि "आज ऐसे कवि चरित्र

---

1. मुक्तिबोध : नये साहित्य का सौन्दर्यशास्त्र, पृ. 69
2. वही, पृ. 82
3. वही, पृ. 82

की आवश्यकता है, जो मानवीय वास्तविकता का बौद्धिक और हार्दिक आकलन करते हुए सामान्य जनों के गुणों और उनके संघर्षों से प्रेरणा और प्रकाश ग्रहण करे, उनके संचित जीवन-विवेक को स्वयं ग्रहण करे तथा उसे और अधिक निखार कर कलात्मक रूप में उन्हीं की चीज़ को उन्हें लौटा दे।"[1] इसी समग्र व्यापार को स्पष्ट करने के लिए मुक्तिबोध ने आभ्यंतरीकरण और बाह्यीकरण दो शब्द गढ़े हैं। साहित्य एक कला है।[2] और कला आभ्यंतर के बाह्यीकरण का एक रूप है।[3] अर्थात ग्रहण करने की प्रक्रिया आभ्यंतरीकरण और लौटा देने की प्रक्रिया बाह्यीकरण है। आभ्यंतरीकरण प्रक्रिया के बारे में वे बताते हैं कि "संवेदना, बोध-शक्ति, कल्पना और इच्छाएं, ये मनुष्य की आभ्यंतर शक्तियां है, उसकी अंतर की चेतना की अंगभूत हैं। इन सभी शक्तियों या प्रवृत्तियों का बाह्य से जब सम्मिलन होता है, तब वह प्रक्रिया शुरू होती है जिसे मैं बाह्य का आभ्यंतरीकरण कहता हूं।"[4]

वे इसे और स्पष्ट करते हुए कहते हैं– "हमारे जन्मकाल से ही शुरू होने वाला जो हमारा जीवन है, वह बाह्य जीवन-जगत् के आभ्यंतरीकरण द्वारा ही सम्पन्न और विकसित होता है। यदि वह आभ्यंतरीकरण न हो तो हम कृमिपानी के जीव हायड्रा बन जाएंगे। हमारी भाव-संपदा, ज्ञान-संपदा, अनुभव-समृद्धि उस अंतर्तत्व-व्यवस्था का ही अभिन्न अंग हैं जो अंतर्तत्व-व्यवस्था हमने बाह्य जीवन-जगत् के आभ्यंतरीकरण से प्राप्त की है। किन्तु साथ ही, बातचीत, बहस, लेखन, भाषण, साहित्य और काव्य द्वारा हम निरंतर स्वयं का बाह्यीकरण करते जाते हैं। बाह्य का आभ्यंतरीकरण और आभ्यंतर का बाह्यीकरण एक निरंतर चक्र है। यह आभ्यंतरीकरण और बाह्यीकरण मात्र मनन-जन्य नहीं हैं वरन् कर्म-जन्य भी हैं। जो हो, कला आभ्यंतर के बाह्यीकरण का एक रूप है।"[5]

यह स्पष्ट है कि भाव-संपदा के अभाव में काव्य-रचना की कल्पना भी नहीं की जा सकती है, अतः भाव-संपदा का स्रोत आभ्यंतरीकरण साहित्य या काव्य-रचना के लिए आधारभूत महत्व का सिद्ध होता है। इस उद्धरण से यह भी स्पष्ट है कि बाह्य एवं अंतस की यह क्रिया-प्रतिक्रिया ही वस्तुतः ज्ञान-विकास का कारण है। बाह्य के वास्तविक कार्य और कवि के अपने अनुभव मिलकर ही साहित्यरूप में बाह्यीकृत होते हैं।

---

1. मुक्तिबोध : नयी कविता का आत्मसंघर्ष तथा अन्य निबंध, पृ. 21
2. मुक्तिबोध : नये साहित्य का सौन्दर्यशास्त्र, पृ. 121
3. मुक्तिबोध : नयी कविता का आत्मसंघर्ष तथा अन्य निबंध, पृ. 8
4. मुक्तिबोध : नये साहित्य का सौन्दर्यशास्त्र, पृ. 150
5. मुक्तिबोध : नयी कविता का आत्मसंघर्ष तथा अन्य निबंध, पृ. 8

यहीं एक सवाल उठता है व्यक्ति की बाह्य यथार्थ के बारे में अवधारणाओं का। 'अतियथार्थवादी' लेखकों की धारणा है कि सही यथार्थ अचेतन ही में स्थित है, अतः हूबहू चित्रण ही वस्तुतः लेखक का उद्देश्य होना चाहिए। दूसरी ओर व्यक्तिवादी चिंतक हैं जो मानते हैं कि कवि यथार्थ-चित्रण करने वाला अनुचर नहीं है, वह स्वयंपूर्ण है और उसका हर प्रयास आत्माभिव्यंजना ही है। मुक्तिबोध इन दोनों को ही ग़लत मानते हुए इनका विरोध करते हैं।

आभ्यंतरीकरण और बाह्यीकरण का व्यापार वस्तुतः एक दूसरे से संबद्ध क्रिया-प्रतिक्रिया का व्यापार है। बाह्य जीवन का यथातथ्य प्रस्तुतीकरण नहीं, उसका पुनःसृजन, जिसमें लेखक के आंतरिक संवेदनात्मक ज्ञान और ज्ञानात्मक संवेदन घुलमिल जाते हैं।

यथार्थवादी धारा इसीलिए प्राकृतवादियों से भिन्न है कि प्राकृतवाद यथार्थ के नाम पर उसे विरूपित करता है, उसका वैज्ञानिक संधान करने के बजाय उसे स्थिर मान लेता है। जबकि यथार्थवाद बाह्य जगत को पर्याप्त महत्व देते हुए भी उसकी पुनर्रचना की बात करता है। प्राकृतवादियों के लिए तो आभ्यंतरीकरण-बाह्यीकरण जैसी कोई समस्या ही नहीं हुई।

बाह्य के आभ्यंतरीकरण एवं पुनः बाह्यीकरण के दौरान बाह्य वस्तु का परिवर्द्धित स्वरूप वैसा क्यों हो जाता है? इस सवाल के पीछे मुक्तिबोध के संवेदनात्मक ज्ञान, ज्ञानात्मक संवेदन, भाव-संपादन, भाव-संशोधन आदि की भूमिका है। यह व्यापार पूरी सृजन-प्रक्रिया के दौरान घटित होता है। एक कलात्मक रचना प्रस्तुत करने के लिए इसी कारण पर्याप्त आभ्यंतरीकरण ज़रूरी है। मुक्तिबोध लिखते हैं-- "काव्य में, साहित्य में चूंकि आभ्यंतरीकृत जीवन-दृष्टि प्रकट होती है, इसलिए जब तक रचनाकार बाह्य अनुरोधों और आग्रहों को स्वीकार करके उनमें प्राप्त सत्यों के अनुसार जीवन का आभ्यंतरीकरण नहीं करता तब तक वह नवीन दृष्टि से अर्थात उन अनुरोधों और आग्रहों को अंतर में स्थान देकर उनकी क्रियाशील शक्ति से आभ्यंतरित जीवन को काव्य में कलात्मक रूप से प्रकट नहीं कर सकता। और यदि वह इस प्रकार के आभ्यंतरीकरण के बिना रचना उपस्थित करता है तो निस्संदेह उसकी रचना में कलात्मक गुण नहीं होंगे, ऐसे गुण जो प्रभावकारी हों।"[1] जैसे कि प्राकृतवादी रचनाओं में नहीं होते।

यह आभ्यंतरीकरण प्रक्रिया प्रत्येक मनुष्य में घटित होती है, क्योंकि इसी के ज़रिए वह अपने अंदर संवेदनात्मक अनुभवों की गहन अंतर्दृष्टिसंपन्न व्यवस्था विकसित करता है, इसी के ज़रिए वह अपने लिए विचारधारा चुनता या बनाता

1. मुक्तिबोध : नये साहित्य का सौन्दर्यशास्त्र, पृ. ७

है, अपनी जीवन-ज्ञान-व्यवस्था विकसित करता है। लेखक की रचनाओं में उसकी जीवन-ज्ञान-व्यवस्था तरह-तरह से प्रकट होती रहती है। मुक्तिबोध के अनुसार वह दो प्रकार प्रकट होती है, यानी एक तो वह भाव-दृष्टि, जीवन-आलोचन, जीवन-विवेक अथवा विचार-चित्रण के रूप में प्रकट होती है। किंतु इसके अतिरिक्त वह कलात्मक विवेक का रूप धारण कर कला-संबंधी विचारधारा भी बन जाती है, और उसके प्रभाव से वह कलाकृतियों का अंतर्बाह्य संगठन भी करती है।[1]

आभ्यंतरीकरण की प्रक्रिया में लेखक अपने लिए जो जीवन-दृष्टि बना पाता है, उतने भर से उसका काम नहीं चलता, मुक्तिबोध एक दार्शनिक विचारधारा भी उसके लिए मुकर्रर करते हैं क्योंकि कलाकार अपने को उच्चतर स्थिति में उद्‌बुद्ध करने के लिए अपना अंत:संयम दार्शनिक भावधाराओं से करता है।[2] इस दार्शनिक दृष्टि द्वारा उसके हृदय में मूल्य-भावना विकसित होती है जिसके अनुसार वह किन्हीं विशेष अंतर्तत्वों को महत्व प्रदान कर शेष को अभिव्यक्ति क्षेत्र से बाहर कर देता है। किंतु मुक्तिबोध की दृष्टि में यह आवश्यक नहीं है कि वह जिस जीवन-ज्ञान-व्यवस्था को लेकर चले उसमें कोई नवीन तत्व नहीं जोड़ पाए। "लेखक जहां एक तरफ़ अपने को उस दार्शनिक धारा से परिपुष्ट करता है अपने स्वयं की जीवन-ज्ञान-व्यवस्था का व्याख्यान उस दार्शनिक धारा की सहायता से करता है, साथ ही उस दार्शनिक धारा की वह अपनी विशेष-दृष्टि से व्याख्या करता हुआ उसमें नवीन अर्थ भर देता है।"[3]

आभ्यंतरीकरण और बाह्यीकरण की अवधारणा में द्वंद्वात्मक भौतिकवाद की समझ है। यह माना कि आभ्यंतर वास्तव में जो है वह बाह्य जगत का ही आभ्यंतरीकृत रूप है, लेकिन बात केवल इतनी नहीं, व्यक्ति के अंदर उसका संशोधन-परिशोधन होता रहता है, उसकी क्रिया-प्रतिक्रिया चलती रहती है, अंदर-बाहर सबका विश्लेषण चलता रहता है और इसी कारण सर्जक जड़ प्रतिक्रिया देने वाला न होकर सक्रिय सर्जक होता है।

कला-प्रक्रिया के तीन सोपान

मुक्तिबोध ने रचना-प्रक्रिया के तीन सोपान किए हैं, जिन्हें उन्होंने कला के तीन क्षण कहा है। उनके अनुसार इन तीन क्षणों की विकास-गति के अपने-अपने

---

1. मुक्तिबोध : नये साहित्य का सौन्दर्यशास्त्र, पृ. 15
2. वही, पृ. 16
3. वही, पृ. 15

अलग नियम हैं।[1] 'एक साहित्यिक की डायरी' और 'नयी कविता का आत्मसंघर्ष' पुस्तकों में उन्होंने पर्याप्त विस्तार से इन तीन क्षणों एवं इनके नियमों का विश्लेषण किया है। डायरी में उन्होंने लिखा है- "कला का पहला क्षण है जीवन का उत्कट तीव्र अनुभव-क्षण। दूसरा क्षण है इस अनुभव का अपने कसकते-दुखते हुए मूलों से पृथक् हो जाना और एक फ़ैंटैसी का रूप धारण कर लेना, मानो वह फ़ैंटैसी अपनी आंखों के सामने ही खड़ी हो। तीसरा और अंतिम क्षण है इस फ़ैंटैसी के शब्दबद्ध होने की प्रक्रिया का आरंभ और उस प्रक्रिया की परिपूर्णावस्था तक की गतिमानता।"[2]

संक्षेप में बात इतनी ही है, किंतु मुक्तिबोध ने उसे इतने विस्तार में देखा है कि उसका कोई पक्ष छूटने नहीं पाया। 'एक साहित्यिक की डायरी' और 'नयी कविता का आत्मसंघर्ष' में इन तीन क्षणों के इतिहास को एक नहीं कई-कई बार दुहराया गया है, लेकिन हर बार व्याख्या नई होती है एवं पहली व्याख्या को और स्पष्ट करती है। आवृत्ति का दोष उसमें कहीं नहीं होता। हालांकि दोनों पुस्तकों में क्षण-विकास के पड़ावों के जो नाम दिए हैं उनमें भेद दिखाई देता है, किंतु यदि बारीकी से देखा जाय तो उसमें कोई अंतर्विरोध नहीं है। वह विमर्श एक दूसरे का पूरक ही सिद्ध होता है। मुक्तिबोध का रचना-प्रक्रिया का यह विवेचन कला-प्रक्रिया की कई जटिलताओं को विदीर्ण करता है, कई गुत्थियों को सरल करता है।

कला मुक्तिबोध के अनुसार अंतर्तत्व-व्यवस्था का ही एक भाग है।[3] यही वे अंतर्तत्व हैं जो बाहर के धक्के से या उन धक्कों के संचय से उद्वेलित अर्थात (1) तरंगायित, (2) मानसिक-दृष्टि के सम्मुख उद्घाटित, (3) जीवन मूल्यों तथा पूर्वतर अनुभवों से आलोकित तथा (4) अभिव्यक्ति के लिए आतुर हो उठते हैं।[4]

यही प्रक्रिया तीन सोपानों में संपन्न होती है। जिस क्षण से तरंगायित होकर अंतर्तत्व मानसिक दृष्टि के सम्मुख उपस्थित हो उठते हैं और उनमें रूप आने लगता है, मुक्तिबोध के अनुसार : "यह उद्घाटन का क्षण है, यह कला का पहला क्षण है।. . .कल्पना उद्दीप्त होकर संवेदना से आलुप्त उस मूलतत्व को समरूप अनुभवों और जीवन-मूल्यों से संश्लेषित करती हुई, एक संश्लिष्ट जीवन-चित्रशाला उपस्थित कर देती है। यह कला का दूसरा क्षण है कि जिसमें

1. मुक्तिबोध : एक साहित्यिक की डायरी, पृ. 20
2. वही, पृ. 19
3. मुक्तिबोध : नयी कविता का आत्मसंघर्ष तथा अन्य निबंध, पृ. 3
4. वही, पृ. 3

हमारे वेदनात्मक हेतु, संवेदनात्मक अभिप्राय किसी व्यापक मार्मिक जीवन-महत्व से न्यस्त हो जाते हैं और हमारे लिए वह आत्मतत्व इतना अधिक महत्वमय मालूम होता है कि हम उसकी अभिव्यक्ति करने लगते हैं तब कला का तीसरा क्षण शुरू हो जाता है।"[1]

अब एक-एक करके इन तीनों क्षणों पर विचार करें। 'एक साहित्यिक की डायरी' में, पहले क्षण के बारे में लिखा है– "प्रथम क्षण निस्संदेह अनुभव का क्षण है। उसके बिना आवेग और आगे की गति असंभव है। मानसिक प्रक्रिया को आत्माभिव्यक्ति की ओर ले जाने के लिए आवश्यक पहला ज़बरदस्त धक्का यह प्रथम क्षण ही देता है। वह उस गति की दिशा निर्धारित करता है। साथ ही उसके तत्व रूपायित करता है अर्थात वह उनको एक आकार प्रदान करता है।"[2]

ध्यान देने की बात है कि पहले क्षण को यहां मुक्तिबोध 'अनुभव का क्षण' कह रहे हैं जबकि 'नयी कविता का आत्मसंघर्ष' में उन्होंने इसे 'उद्घाटन का क्षण' कहा है। वस्तुतः 'अनुभव-क्षण' और 'उद्घाटन-क्षण' में कोई अंतर्विरोध नहीं है। प्रथम क्षण का अनुभव ही वह धक्का है जिससे कि मानसिक तत्व आकार ग्रहण करते हैं यानी रूपायित होते हैं या कहें कि जिससे रूप का उद्घाटन होता है। 'अनुभव-क्षण' कहें चाहें 'उद्घाटन-क्षण' कहें, बात एक ही है। अंतर केवल इतना है कि 'अनुभव-क्षण' जहां प्रथम क्षण की प्रक्रिया की ओर संकेत करता है वहां 'उद्घाटन-क्षण' उसकी परिणति की सूचना देता है। किंतु यह दोनों ही नाम प्रथम क्षण की प्रक्रिया को समग्रता प्रदान करते हैं।

इस प्रकार प्रथम क्षण में दो ही कार्य हो पाए– अंतर्तत्व बाहर के धक्के से तरंगायित हुए और मानसिक दृष्टि के सम्मुख उद्घाटित हुए।

पहले क्षण के बारे में कहा गया है कि उसके बिना आवेग और आगे की गति असंभव है, साथ ही उसके बिना गति की दिशा भी निर्धारित नहीं हो सकती। पहले क्षण की पूर्णता यानी रूपोद्घाटन की घटना इनकी संभावना के द्वार खोलती है। यह दूसरे क्षण में होता है। 'एक साहित्यिक की डायरी' में मुक्तिबोध ने लिखा है– "ज्यों ही यह घटना होती है अनुभव के मूल अपनी दुखती हुई भूमि से पृथक् हो जाते हैं। अर्थात् वे निरे वैयक्तिक न रहकर अपने से परे हो उठते हैं।"[3] अनुभव का अपने दुखते-कसकते मूलों से पृथक् होकर एक फ़ैंटैसी का रूप धारण कर लेना, पहले कहा ही गया है। इस अनुभवजन्य

---

1. मुक्तिबोध : नयी कविता का आत्मसंघर्ष तथा अन्य निबंध, पृ. 3-4
2. मुक्तिबोध : एक साहित्यिक की डायरी, पृ. 19
3. वही, पृ. 19

फ़ैंटैसी के बारे में मुक्तिबोध आगे कहते हैं– "जो फ़ैंटैसी अनुभव की व्यक्तिगत पीड़ा से पृथक् होकर अर्थात उनसे तटस्थ होकर अनुभव के भीतर की ही संवेदनाओं द्वारा उत्सर्जित और प्रक्षेपित होगी, वह एक अर्थ में वैयक्तिक होते हुए भी दूसरे अर्थ में नितान्त निर्वैयक्तिक होगी। उस फ़ैंटैसी में अब एक भावात्मक उद्देश्य के द्वारा ही वस्तुतः फ़ैंटैसी को रूप-रंग मिलेगा। किन्तु यह होते हुए भी वह फ़ैंटैसी यथार्थ में भोगे गए वास्तविक अनुभव की प्रतिकृति नहीं हो सकती। वैयक्तिक से निर्वैयक्तिक होने के दौरान ही उस फ़ैंटैसी ने कुछ ऐसा नवीन ग्रहण कर लिया कि जिससे वह स्वयं भी वास्तविक अनुभव से स्वतंत्र बन बैठी। फ़ैंटैसी अनुभव की कन्या है और उस कन्या का अपना स्वतंत्र विकासमान व्यक्तित्व है। वह अनुभव से प्रसूत है इसलिए वह उससे स्वतंत्र है।"[1]

'नयी कविता का आत्मसंघर्ष' में दूसरे क्षण की व्याख्या दूसरी शब्दावली में है। इसके अनंतर (यानी उद्घाटन-क्षण के अनंतर), मानसिक दृष्टि जो इस तत्वरूप को देख रही थी, उसके रस में निमग्न-सी होने लगती है, साथ ही बोध पक्ष यानी ज्ञानवृत्ति की सक्रियता के फलस्वरूप वह तटस्थ भी हो जाती है। वह अंतःप्रवेश करने लगती है, साथ ही वह बाहर से पर्यवलोकन भी करती है। फलतः एक ओर रस का प्रवाह या भाव-प्रवाह, अन्य समस्वभावी और समरूप अनुभवों को उस तत्व में मिला देता है तो दूसरी ओर हृदय में संचित जीवन-मूल्यों की अर्थात हमारे अंतःकरण में स्थित आदर्शात्मक सत्ता की भी एक धारा इस तत्व में मिलने लगती है। कल्पना उद्दीप्त होकर, संवेदना से आलुप्त उस मूल-तत्व को समरूप अनुभवों और जीवन-मूल्यों से संश्लेषित करती हुई एक संश्लिष्ट जीवन-चित्रशाला उपस्थित कर देती है। यह कला का दूसरा क्षण है कि जिसमें हमारे वेदनात्मक हेतु और संवेदनात्मक अभिप्राय किसी व्यापक मार्मिक जीवन-महत्व से न्यस्त हो जाते हैं और हमारे लिए वह आत्मतत्व इतना अधिक महत्वमय मालूम होता है कि हम उसकी अभिव्यक्ति के लिए छटपटाते हैं।"[2]

दूसरे क्षण के इस विवेचन में मुक्तिबोध ने 'फ़ैंटैसी' शब्द का इस्तेमाल नहीं किया है, उसके स्थान पर कहा- "संश्लिष्ट जीवन-चित्रशाला"। साथ ही अनुभवों के 'निर्वैयक्तिक' हो जाने को मानसिक दृष्टि का तटस्थ हो जाना कहा है।

'संश्लिष्ट जीवन-चित्रशाला' 'फ़ैंटैसी' से भिन्न नहीं है, यह डायरी में

---

1. मुक्तिबोध : एक साहित्यिक की डायरी, पृ. 20
2. मुक्तिबोध : नयी कविता का आत्मसंघर्ष तथा अन्य निबंध, पृ. 3

उनके द्वारा की गई फ़ैंटैसी की व्याख्या सिद्ध करती है। उन्होंने लिखा है– "फ़ैंटैसी गतिहीन स्थिर चित्र नहीं है।... फ़ैंटैसी डायनेमिक होती है। कला के प्रथम क्षण के अंतिम सिरे पर उत्पन्न होते ही उसकी गतिमानता शुरू हो जाती है। फ़ैंटैसी जो शुरू में एक आभास-रूप होती है वह तुरंत ही अनेक चित्रों की सुसंगत पांत बनने लगती है।"[1] 'अनेक चित्रों की सुसंगत पांत', और 'संश्लिष्ट जीवन-चित्रशाला' में ख़ास अंतर नहीं है। लेकिन फिर भी यह सोचना आवश्यक है कि मुक्तिबोध ने फ़ैंटैसी जैसे पारिभाषिक शब्द के स्थान पर 'संश्लिष्ट जीवन-चित्रशाला' शब्दावली क्यों चुनी। यों तो कला-प्रक्रिया के लगभग हर प्रमुख कोण को मुक्तिबोध ने निजी-विशिष्ट शब्दावली दी है, इस पर उनका विशेष बल भी रहा है, किंतु यहां यह विचारणीय है। 'नयी कविता का आत्मसंघर्ष' का यह निबंध, 'एक साहित्यिक की डायरी' के 'तीसरा क्षण' नामक निबंध से पहले लिखा गया था। सन् 61 में कालिदास नामक पत्रिका में छपा भी था। यही वे दिन थे जब मुक्तिबोध रचना-प्रक्रिया के सवाल पर गंभीरतापूर्वक सोच रहे थे। बाद में प्रकाशित 'डायरी' में 'केशव' का अस्तित्व उनकी चिंतन-प्रक्रिया का द्योतक है। 'नयी कविता का आत्मसंघर्ष' में जहां उन्होंने अनुभववादी ढंग से फ़ैंटैसी का नामकरण 'संश्लिष्ट जीवन-चित्रशाला' कर दिया वहां आगे चलकर उन्होंने पाया कि रचना-प्रक्रिया के विश्लेषण के लिए इस पक्ष को और गंभीरता से समझने की आवश्यकता है। 'संश्लिष्ट जीवन-चित्रशाला' शब्दावली फ़ैंटैसी की पूरी प्रक्रिया को समाहित करने में असमर्थ है, संभवतः यही सोचकर उन्होंने एक निजि-विशिष्ट शब्दपद बनाने का मोह त्यागा और 'डायरी' में फ़ैंटैसी शब्द का ही इस्तेमाल किया। यही बात हम 'निर्वैयक्तिक' और 'तटस्थ' शब्दों के संदर्भ में देख सकते हैं। 'निर्वैयक्तिक' शब्द 'तटस्थ' से अधिक व्याप्ति और संभावनाएं रखता है, यही कारण है कि उन्होंने 'डायरी' में तटस्थ शब्द का प्रयोग किया है।

तो इस प्रकार कला के दूसरे क्षण में कला का अंतर्तत्व विकसित हुआ, उसकी गति की दिशा निर्धारित हुई, साथ ही दो कार्य यह हुए कि वे अंतर्तत्व जीवन-मूल्यों तथा पूर्णतः अनुभवों से आलोकित हुए तथा अभिव्यक्ति के लिए आतुर हो उठे। अभिव्यक्ति की आतुरता के लिए भावध्वनियों को शब्दध्वनियों की आवशकता अनुभूत हुई। यह अगला तीसरा क्षण है।

तीसरे क्षण की चर्चा मुक्तिबोध ने अपेक्षाकृत अधिक विस्तार से की है। यहां तक कि इस क्षण की प्रक्रिया समझाने के लिए अकेले 'डायरी' में इसकी तीन आवृत्तियां हैं। मुक्तिबोध मानते हैं कि कला का तीसरा क्षण अत्यंत

---

1. मुक्तिबोध : एक साहित्यिक की डायरी, पृ. 23

महत्वपूर्ण और पूर्ण क्षण है।[1] यह क्षण दीर्घ होता है।[2] और इस क्षण में सृजन-प्रक्रिया ज़ोरों से गतिमान होती है।[3]

दूसरे क्षण में अभिव्यक्ति के लिए उठी आतुरता इस क्षण का कारण होती है। यानी दूसरे क्षण की फ़ैंटैसी को जब कलाकार शब्द-रंग तथा स्वर में अभिव्यक्त करने लगता है तभी से तीसरा क्षण आरंभ होता है। मुक्तिबोध लिखते हैं– "कलाकार अपने हृदय के तत्त्व के रंग, रूप, आकार के अनुसार अभिव्यक्ति का रंग, रूप और आकार तैयार करना चाहता है। इसलिए उसे अपने हृदय की भाव-ध्वनियों की, शब्दों की अर्थ-ध्वनियों से अनवरत तुलना करनी पड़ती है। इस तुलना के दो परिणाम होते हैं। पहला यह कि भाव-ध्वनियों को उपलब्ध शब्द-ध्वनियों के कटघरे में फंसाने का प्रयत्न, जिसके फलस्वरूप काफ़ी से मनस्तत्व अपना मौलिक और मूल तेज त्यागकर एक नए संदर्भ से संबद्ध आकार में प्रकट होते हैं।"[4] निष्कर्ष यह कि शब्दबद्ध होने की प्रक्रिया में फ़ैंटैसी की काट-छांट होने लगती है।[5] दूसरा परिणाम पहले के विपरीत है– वह यह कि अभिव्यक्ति साधना के दौरान स्वयं अभिव्यक्ति फ़ैंटैसी को संपन्न और परिपूर्ण करने लगती है।[6]

इन दो परिणामों का कारण बताते हुए मुक्तिबोध लिखते हैं– "भाषा सामाजिक निधि है। शब्द के पीछे एक अर्थ परम्परा है। ये अर्थ जीवनानुभवों से जुड़े हुए हैं। फ़ैंटैसी अपने अनुकूल शब्दों में स्थित अर्थ-स्पन्दन को उद्बुद्ध करती है। इन शब्दों में फ़ैंटैसी को फिट करना पड़ता है, इसलिए फ़ैंटैसी का मौलिक तेज काफ़ी कट-छंट जाता है।"[7] इसके विपरीत फ़ैंटैसी द्वारा उद्बुद्ध शब्दों के अर्थ-अनुषंग और उनसे संबद्ध चित्र नयी भावधाराएं बहा देते हैं। ये भावधाराएं फ़ैंटैसी के अनुकूल और समीपवर्ती होती हैं। उन भावधाराओं में अनेकानेक नए-पुराने अनुभव और अपने-पराए भाव होने से फ़ैंटैसी की अर्थवत्ता का विस्तार हो जाता है।[8]

मुक्तिबोध इस क्षण को भाव और भाषा के द्वंद्व का क्षण कहते हैं। इस द्वंद्व का एक स्वाभाविक परिणाम होता है– 'भाषा का निर्माण'। भाषा फ़ैंटैसी

1. मुक्तिबोध : एक साहित्यिक की डायरी, पृ. 25
2. मुक्तिबोध : नयी कविता का आत्मसंघर्ष तथा अन्य निबंध, पृ. 4
3. मुक्तिबोध : एक साहित्यिक की डायरी, पृ. 27
4. वही, पृ. 26
5. वही, पृ. 27
6. वही, पृ. 28
7. वही, पृ. 26-27
8. वही, पृ. 27

के विस्तार को काटती-छांटती है और फ़ैंटैसी भाषा को समृद्ध करती है। शब्दों को नए अर्थ-अनुषंग प्राप्त होते हैं। मुक्तिबोध लिखते हैं– "कवि की यह फ़ैंटैसी भाषा को समृद्ध बना देती है, उसमें नए अर्थ-अनुषंग भर देती है, शब्द को नए चित्र प्रदान करती है। इस प्रकार कवि तीसरे क्षण के दौरान भाषा का निर्माण भी करता है।"[1]

कवि द्वारा भाषा के निर्माण की बात कही जाती रही है। क्लिंथ ब्रुक्स और रॉबर्ट पेन वारेन कहते हैं– 'हम कह सकते हैं कि भाषा स्वयं में कविता की सामग्री है। यह उन चीज़ों में से एक है जिन्हें कवि इस्तेमाल करता है और आकार देता है। कविता की प्रशंसा करने से पहले हमें कवि द्वारा इस्तेमाल की गई भाषा के बारे में कुछ जानना पड़ता है कि शब्दों के जीने और मरने के दौरान कविता कैसे निकल कर आई। हम देखते हैं कि कविता में आकर शब्द अपने अर्थ बदलने लगता है। यह कवि के इस्तेमाल का ही कौशल है कि शब्द नया अर्थ देने लगता है। इस तरह निश्चित रूप से कवि भाषा का निर्माण भी करता है।"[2]

मुक्तिबोध कहते हैं. . ."जो कवि भाषा का निर्माण करता है, विकास करता है, वह निस्संदेह महान कवि है।"[3]

कहना न होगा कि रचना-प्रक्रिया का सबसे महत्वूपर्ण क्षण यह तीसरा क्षण ही है। इस क्षण में सारे अनुभव को पर्सपैक्टिव मिलता है, मनोमय रूप-तत्वों की काट-छांट होती है, उनकी वृद्धि होती है और भाषा का निर्माण होता है।

कला के इन तीन क्षणों के बारे में मुक्तिबोध की निष्कर्षात्मक टिप्पणी है कि– "यदि कलाकार के तीनों क्षण पूर्ण न हुए या उनमें शिथिलता आई तो कविता सुन्दर न होगी। उसके तत्वों में निखार नहीं आएगा।"[4] यदि उसमें ज़रा-सी भी भीतरी कमज़ोरी रही तो– "चाहे वह बौद्धिक आकलन की कमज़ोरी हो या संवेदन-क्षमता की हो– कृति पर उसका तुरंत प्रभाव होगा।"[5] सारत: तीन क्षणों में संपन्न रचना की यात्रा, हर पड़ाव पर पूर्णता की अपेक्षा करती है।

रचना-प्रक्रिया के तीन क्षणों की विस्तृत व्याख्या में मुक्तिबोध ने जमकर पुनरावृत्ति की है, शायद इसीलिए कि और अधिक समझाने की आवश्यकता

1. मुक्तिबोध : एक साहित्यिक की डायरी, पृ. 28
2. क्लिंथ ब्रुक्स और रॉबर्ट पेन वारेन : अंडरस्टेण्डिंग पोएट्री (अंग्रेज़ी), पृ. 516
3. मुक्तिबोध : एक साहित्यिक की डायरी, पृ. 28
4. मुक्तिबोध : नयी कविता का आत्मसंघर्ष तथा अन्य निबंध, पृ. 7
5. मुक्तिबोध : एक साहित्यिक की डायरी, पृ. 18

ही न रह जाए। आनन्दप्रकाश दीक्षित कहते हैं– "यह पुनरावृत्ति जहां परस्पर मुक्त निबंधों की सहज अनिवार्यतावश उपस्थित हुई है, वहीं मुक्तिबोध की धारणा की स्थायिता (स्थिरता) को भी लक्षित करती है।"[1] कथन की पुनरावृत्ति, मात्र पुनरावृत्ति नहीं होती बल्कि हर बार उसमें कुछ नया भी जुड़ जाता है, इस प्रकार यह पुनरावृत्ति विचार के विकास में अपना योगदान देती है। वाक्य-रचना में कई बार कुछ ऐसे नए विशेषण जुड़ जाते हैं जो कथ्य को एक नया परिप्रेक्ष्य देते हैं। और यह भी सही है कि विवेचन की संगति रखते हुए पुनर्कथन जैसे लगने वाले वाक्य पूर्वकथन के उद्देश्य में साधक बन जाते हैं।

रचना-प्रक्रिया के सर्वसामान्य मूल तत्व

रचना-प्रक्रिया के विशेषणों की अर्थ-संगति के बाद अब हमें क्रमशः संवेदनात्मक उद्देश्य, कल्पना, भावना एवं बुद्धि-तत्व की भूमिका पर विचार करना है। इन्हें मुक्तिबोध रचना-प्रक्रिया के सर्वसामान्य मूल तत्व कहते हैं।

एक प्रकार से देखा जाए तो सारी रचना-प्रक्रिया की धुरी संवेदनात्मक उद्देश्य हैं। रचना-प्रक्रिया के तीनों क्षणों के हर क्षण में यह विद्यमान रहते हैं। संवेदनात्मक उद्देश्यों को देख-परखकर ही यह पहचाना जा सकता है कि लेखक किस प्रकार का प्रभाव उत्पन्न करना चाहता है।[2] यही नहीं, स्वयं लेखक का परिचालन ये संवेदनात्मक उद्देश्य ही करते हैं।[3] मुक्तिबोध कहते हैं– "संवेदनात्मक उद्देश्यों का कार्य प्रारंभ से लेकर अंत तक, अंतर्व्यक्तित्व की विशेषताओं और उसकी हलचलों से लेकर अभिव्यक्ति के अंतिम पैटर्न तक होता है।[4]

संवेदनात्मक उद्देश्य के लिए मुक्तिबोध ने कई शब्द-युग्मों को इस्तेमाल किया है– भावात्मक उद्देश्य, भावनात्मक उद्देश्य, वेदनात्मक हेतु, संवेदनात्मक अभिप्राय या संवेदनात्मक दिशा। प्रायः इन सभी से एक ही आशय है।

कला के पहले क्षण के अंतिम सिरे पर जैसे ही फ़ैंटैसी का द्वार खुलता है, संवेदनात्मक उद्देश्यों का कार्य घनीभूत हो जाता है। दूसरे क्षण के दौरान ही फ़ैंटैसी में एक भावनात्मक उद्देश्य की संगति आ जाती है।[5] फ़ैंटैसी की गति का कारण यह संवेदनात्मक उद्देश्य ही हैं। उन्होंने लिखा है– " फ़ैंटैसी में

1. आनंदप्रकाश दीक्षित : मुक्तिबोध, सं. विश्वनाथ प्रसाद तिवारी, पृ. 34
2. मुक्तिबोध : नये साहित्य का सौन्दर्यशास्त्र, पृ. 93
3. वही, पृ. 93
4. वही, पृ. 93
5. मुक्तिबोध : एक साहित्यिक की डायरी, पृ. 20

वस्तुतः एक भावात्मक उद्देश्य समाया रहता है। उसमें एक संवेदनात्मक दिशा रहती है। फ़ैंटेसी के भीतर यह दिशा और उद्देश्य ही फ़ैंटेसी का मर्म-प्राण हैं। उद्देश्य और उद्देश्य की दिशा के कारण ही वह गतिमय है।"[1]

संवेदनात्मक उद्देश्यों के विषय में मुक्तिबोध ने अपनी सभी समीक्षा पुस्तकों में विचार किया है, परिभाषित किया है, इनकी व्याख्या की है। कुछ अंश यहां प्रस्तुत हैं–

- कलात्मक चेतना के भीतर समाए संवेदनात्मक उद्देश्य, भोक्तृमन के उस स्वचेतन-आवेग से उत्पन्न होते हैं जो स्वचेतन आवेग वांछित और वांछनीय को प्राप्त करने के लिए तड़पता हुआ अपनी निजबद्ध स्थिति से ऊपर उठकर, अंतर तथा बाह्य वास्तव में मानवानुकूल परिवर्तन करना चाहता है। ये संवेदनात्मक उद्देश्य अंत:संस्कृति के अंग होते हैं, उस संस्कृति के जो बाह्य के आभ्यंतरीकृत रूप में अवस्थित है।[2]
- संवेदनात्मक उद्देश्य भाव-समृद्धि का एक अंग हैं और उसी से उद्‌गत होते हैं। लेखक के पूरे व्यक्तित्व से समुद्‌गत ये संवेदनात्मक उद्देश्य उसके अनुभवों का विशेष रूप से संकलन करते हुए उन्हें अपनी पूर्ति की दिशा में प्रवाहित कर देते हैं।[3]
- केवल वे ही अनुभवात्मक सत्य कलात्मक अभिव्यक्ति पा लेते हैं, जो लेखक के संवेदनात्मक उद्देश्यों के– रचना उपस्थित करने वाले संवदेनात्मक उद्देश्यों के अनुसार होते हैं।[4]
- संवेदनात्मक अंतर्जगत् अर्थात जीवनानुभव रचना-प्रक्रिया के दौरान, अपने विशेष संवेदनात्मक उद्देश्यों को लेकर अवतीर्ण होते हैं। ये संवेदनात्मक उद्देश्य एक ओर लेखक के अंतर्व्यक्तित्व का एक भाग हैं, उसके अनुभवात्मक इतिहास से संबंध रखते हैं, उसने जो कुछ आत्मसात किया है, जो कुछ पाया-खोया है, उससे नाता रखते हैं, उसकी विद्यमान जीवन-स्थिति और मनोदशाओं से संबंधित रहते हैं। इन संवेदनात्मक उद्देश्यों से प्रेरित होकर ही कलात्मक अभिव्यक्ति होती है।[5]

---

1. मुक्तिबोध : एक साहित्यिक की डायरी, पृ. 23
2. मुक्तिबोध : नयी कविता का आत्मसंघर्ष तथा अन्य निबंध, पृ. 41
3. मुक्तिबोध : नये साहित्य का सौन्दर्यशास्त्र, पृ. 92
4. वही, पृ. 11
5. वही, पृ. 90

– ये संवेदनात्मक उद्देश्य अपने धक्के से हृदय में स्थित जीवन अनुभवों, अर्थात ज्ञानात्मक संवेदन और संवेदनात्मक ज्ञान को जागृत और संकलित करके उन्हें अपनी दिशा में प्रवाहित करते हैं।[1]

– वह (लेखक) अपनी अभिव्यक्ति का पैटर्न भी संवेदनात्मक उद्देश्यों के अनुसार बनाता है।[2]

– संवेदनात्मक उद्देश्य. . .कलात्मक प्रभाव उत्पन्न करने के लिए अभिव्यक्ति का विशेष पैटर्न गूंथते हैं।[3]

उपरोक्त सभी उद्धरणों से संवेदनात्मक उद्देश्यों की भूमिका प्राथमिक सिद्ध होती है। कलात्मक अभिव्यक्ति के लिए इनका होना अनिवार्य है, अनुभवात्मक इतिहास से संबद्ध होने के कारण रचना को प्रेरणा इनसे मिलती है और अंतिम रूप से अभिव्यक्ति के पैटर्न का निर्माण भी यही करते हैं।

– मनोमय होते हुए भी यह जगन्मय हैं, इसीलिए विद्युन्मय हैं।[4]

अब आता है कल्पना का रोल।

मुक्तिबोध ने लिखा है– "असलियत यह है कि सौन्दर्य तब उत्पन्न होता है जब सृजनशील कल्पना के सहारे संवेदित अनुभव का ही विस्तार हो जाए। कलाकार का वास्तविक अनुभव और अनुभव की संवेदनाओं द्वारा फ़ैंटैसी, इन दोनों के बीच कल्पना का एक रोल होता है।"[5]

स्पष्टत: कल्पना की भूमिका महत्वपूर्ण है। उसके अभाव में तरंगायित होते रहने के बावजूद अनुभव, अनुभव ही बने रहेंगे, मानसिक दृष्टि के सम्मुख रूप का उद्‌घाटन नहीं हो सकेगा और फ़ैंटैसी की पूरी यात्रा असंभव ही हो लेगी, भाषा के निर्माण का तो फिर प्रश्न ही नहीं उठता। कहना न होगा कि कल्पना तत्व का रोल प्रथम क्षण से तीसरे क्षण तक परिव्याप्त है। निम्नलिखित उद्धरण द्रष्टव्य हैं–

– तरंगायित होकर जब अंतर्तत्व मानसिक दृष्टि के सम्मुख उपस्थित हो उठते हैं, तभी उनमें रूप आ जाता है, अर्थात कल्पना, बिंब या स्वर-प्रवाह से वे संवृत्त हो उठते हैं, कल्पना का कार्य यहीं से शुरू हो जाता है। बोध--पक्ष अर्थात ज्ञानवृत्ति भी यहां सक्रिय हो उठती है।[6]

---

1. मुक्तिबोध : नये साहित्य का सौन्दर्यशास्त्र, पृ. 93
2. वही, पृ. 92
3. वही, पृ. 92
4. मुक्तिबोध : नयी कविता का आत्मसंघर्ष तथा अन्य निबंध, पृ. 41
5. मुक्तिबोध : एक साहित्यिक की डायरी, पृ. 21
6. मुक्तिबोध : नयी कविता का आत्मसंघर्ष तथा अन्य निबंध, पृ. 3

– कला के दूसरे क्षण में. . .कल्पना उद्दीप्त होकर संवेदना से आलुप्त उस मूल-तत्व को समरूप अनुभवों और जीवन-मूल्यों से संश्लेषित करती हुई एक संश्लिष्ट जीवन-चित्रशाला उपस्थित कर देती है।[1]

– अभिव्यक्ति के क्षण में कल्पना-शक्ति भी नव-नवीन रूप-बिंबों का विधान करती है जिससे मन तत्व अपने मौलिक रंग-रूप में प्रकट हो सकें।[2]

कल्पना के रोल को, यों हर साहित्य-चिंतक ने स्वीकार किया है, किंतु मुक्तिबोध की कल्पना विषयक धारणा उन भाववादियों से नितांत भिन्न है जो उसे जड़मूलहीन मानकर स्वायत्तता प्रदान कर देते हैं। मुक्तिबोध कल्पना को जीवन से संबद्ध मानते हैं तभी तो वह एक संश्लिष्ट जीवन-चित्रशाला उपस्थित करती है। ब्रुक्स एवं वारेन ने अपनी पुस्तक में लिखा है– "प्राय: कविता में आई घटनाएं छद्म होती हैं, वे कल्पना द्वारा उत्पादित होती हैं। किंतु, कल्पना एकदम स्वतंत्र नहीं है, वह कवि के अनुभवों से आबद्ध होती है।"[3]

कल्पना के विषय में वस्तुत: यह प्रगतिवादी दृष्टिकोण है। भाववादियों के विरुद्ध प्रगतिवादियों की प्रमुख अवधारणा ही यह है कि भौतिक-सामाजिक संसार ही हमारी चेतना को बनाता है, न कि चेतना हमारे सामाजिक अस्तित्व को बनाती है। भाववादी दार्शनिक-चिंतक पूर्वज्ञान और कल्पना के लिए मानव मन की क्षमताओं पर इस हद तक विश्वास करते हैं कि वह भौतिक जगत के अनुभवों पर भी अपना आरोपण कर सकें। मार्क्सवाद यह न मानकर कहता है कि मानव मस्तिष्क की कल्पनाएं और सृजन, व्यावहारिक अनुभवों की एक दीर्घ प्रक्रिया का ही परिणाम है। सृजनशील कल्पना वस्तुत: व्यापक जीवनानुभवों और तत्व की अपनी अपरिमित संभावनाओं द्वारा ही नि:सृत होती है। एंगेल्स ने एक बहुत सरल उदाहरण देकर इसे स्पष्ट किया है कि एक आयत की किसी एक भुजा को घुमाने से बेलन बन सकता है जिसमें से असंख्य आयत रूपायित किए जा सकते हैं। किंतु इनकी संभावना या कल्पना के मूल में उस भुजा के अस्तित्व को नहीं भुलाया जा सकता।[4]

मुक्तिबोध की कल्पना-तत्व के विषय में यही मार्क्सवादी अवधारणा है, वे जीवनानुभवों से अलग कल्पना का स्वतंत्र अस्तित्व स्वीकार नहीं करते।

---

1. मुक्तिबोध : नयी कविता का आत्मसंघर्ष तथा अन्य निबंध, पृ. 3-4
2. वही, पृ. 4
3. क्लिंथ ब्रुक्स और रॉबर्ट पेन वारेन : अंडरस्टेण्डिंग पोएट्री (अंग्रेज़ी), पृ. 517
4. एंगेल्स : एण्टी-ड्यूहरिंग (अंग्रेज़ी), पृ. 61

संवेदनात्मक उद्देश्य और कल्पना की भांति ही रचना-प्रक्रिया में बुद्धि-तत्व की भूमिका भी प्रथम क्षण से ही प्रारंभ हो जाती है और अंतिम क्षण तक रहती है। कला के प्रथम क्षण में कल्पना के कार्य के साथ ही बोध-पक्ष अर्थात ज्ञान-वृत्ति भी सक्रिय हो जाती है। बोध-पक्ष की सक्रियता के कारण ही कलाकार दूसरे क्षण में तटस्थ हो पाता है। ज्ञानात्मक संवेदना और संवेदनात्मक ज्ञान के युग्म बुद्धि-तत्व की अनिवार्यता के द्योतक हैं। डा॰ शिवकरण ने लिखा है– "सृजन और बुद्धि का अभिन्न संबंध होता है। कला में अनुभूति की व्याख्या, जीवन की आलोचना और कलाकार की परिवेश के प्रति प्रतिक्रिया प्रतिफलित होती है। कलाकार चिंतक होता है। सृजन की स्थिति में कलाकार को विधि और निषेध के बीच गुज़रना पड़ता है। यह क्रिया बुद्धि-संवलित होती है।"[1]

पहले तथा दूसरे क्षण में बुद्धि-तत्व की भूमिका बताई ही गई, शेष रहा अभिव्यक्ति का क्षण। उसमें बुद्धि-तत्व के कार्य के विषय में मुक्तिबोध लिखते हैं– "यह बुद्धि संवेदनात्मक उद्देश्य के अनुसार शब्द-योजना और अभिव्यक्ति निर्माण में एक संपादन या संशोधन का कार्य करती है।"[2] यानी रचना-प्रक्रिया के भीतर निर्माण-प्रक्रिया का अंश भावात्मक व्यापार कम बौद्धिक व्यापार ज़्यादा होता है।

रचना-प्रक्रिया के उपरोक्त चार सर्वसामान्य मूल तत्वों के अतिरिक्त मुक्तिबोध किसी अन्य दैवी या आध्यात्मिक तत्व की उपस्थिति को स्वीकार नहीं करते हैं। यहां तक कि वह रचनाकार को सृजन क्षणों में कुछ विशेष सुविधाएं देने के भी हिमायती नहीं है– जैसे उसे एकांत मिले अथवा समय विशिष्ट की सुविधा।

चार मूल तत्वों में भी उन्होंने संवेदनात्मक उद्देश्य पर अधिक बल दिया है। संवेदनात्मक उद्देश्य का धक्का जितना शक्तिशाली और सघन होगा उतनी ही रचना प्रभावान्विति की सामर्थ्य रखने वाली तथा क्षमतावान होगी। संवेदनात्मक उद्देश्य का घनत्व जितना अधिक होगा बाहरी सुविधाओं की अपेक्षा भी उतनी कम होगी। उनके अनुसार सृजन-प्रक्रिया केवल उसी समय सक्रिय नहीं होती जब रचनाकार लिख रहा होता है बल्कि वह तो सतत और अनवरत रूप से चल रही होती है– "अनुभव संवेदन और अनुभव प्रक्षेपण दोनों साथ-साथ नहीं चलते, यह सही है। किन्तु जिस व्यक्ति का मन मूलतः क्रिएटिव (सृजनशील) और कल्पनाप्रवण है, वह टेबिल पर लिखते वक्त कल्पनाप्रवण होता है, यह बात नहीं। उसकी सृजनशील कल्पनाप्रवणता वस्तुतः दिन भर चलती रहती है।

1. डा॰ शिवकरण सिंह : कला सृजन प्रक्रिया, पृ. 14
2. मुक्तिबोध : नये साहित्य का सौन्दर्यशास्त्र, पृ. 96

सच तो यह है कि वह उसके जीवन का एक धर्म है।"[1]

मुक्तिबोध काव्य-सृजन को एक सचेत प्रयास मानते हैं, प्रतिभा कृपा से अचानक उपलब्ध हुई कोई सौगात नहीं। श्रेष्ठ काव्य-सृजन के लिए उन्होंने अभ्यास और परिश्रम पर बल दिया। रचना-प्रक्रिया के सर्वसामान्य चारों मूल तत्व श्रम और अभ्यास से निखारे जा सकते हैं। कल्पना की संश्लिष्टता, बुद्धि का तर्कसंगत और विश्लेषणपूर्ण होना, संवेदन-क्षमता का और अधिक सघन होना और अंततोगत्वा अभिव्यक्ति सामर्थ्य के लिए अधिकाधिक शब्द माध्यम संपदा का होना बहुत कुछ श्रम और साधना-साध्य है। उनका कहना है– "सक्षम सुन्दर अभिव्यक्ति तो अविरल साधना और श्रम के फलस्वरूप उत्पन्न होती है।"[2] "अभिव्यक्ति-संपदा की प्राप्ति के लिए निरंतर संघर्ष आवश्यक है– वह प्रयत्नसाध्य है और अभ्यासवश है।[3]

ज्ञानात्मक संवेदन और संवेदनात्मक ज्ञान

मुक्तिबोध ने संवेदना और ज्ञान को निरपेक्ष नहीं माना बल्कि अपनी मार्क्सवादी समझ के अनुसार उन्हें उनके द्वंद्वात्मक संबंधों में देखा है। ज्ञान के बिना संवेदना का और संवेदना के बिना ज्ञान का अस्तित्व ही संभव नहीं है। संदर्भ चाहे रचना-प्रक्रिया का हो, साहित्य-सृजन का अथवा लेखकीय दायित्व एवं मानव-मूल्यों से जुड़े प्रश्नों का, मुक्तिबोध संवेदना और ज्ञान कहने के बजाय संवेदनात्मक ज्ञान और ज्ञानात्मक संवेदन का उल्लेख एक साथ करते हैं। ज्ञान का स्थान हृदय में निर्धारित करते हुए उन्होंने 'अब तक न पाई अभिव्यक्ति' के लिए कहा– "हृदय में रिस रहे ज्ञान का तनाव वह।"[4] हृदय में ज्ञान का रिसा होने और मस्तिष्क में संवेदना के प्रवेश से ही इन दो शब्द-युग्मों का जन्म हुआ है। इन शब्द-युग्मों के पीछे मुक्तिबोध की संपूर्ण साहित्यिक समझ का सार है।

पहले देखें कि मुक्तिबोध ने कहां-कहां और प्रायः किस-किस रूप में इन शब्द-युग्मों का प्रयोग किया है–

– संवेदनात्मक ज्ञान और ज्ञानात्मक संवेदनों की एकमेक स्थिति जब

1. मुक्तिबोध : एक साहित्यिक की डायरी, पृ. 99
2. मुक्तिबोध : नयी कविता का आत्मसंघर्ष तथा अन्य निबंध, पृ. 28
3. वही, पृ. 8
4. मुक्तिबोध : चांद का मुंह टेढ़ा है, पृ. 230

तक उपस्थित नहीं हो जाती, तब तक वह विवेक अन्तर में भी संवेदनात्मक जीवन का अंग न होगा।[1]

– संवेदनात्मक ज्ञान और ज्ञानात्मक संवेदन से यथार्थ को अधिकाधिक हृदयंगम करते रहना और इस प्रकार के यथार्थ के अंतर्तत्वों को, उसके अंत:संबंधों को, उसके बाह्य संबंधों को, उसकी गति को और स्थिति को, संवेदनात्मक और बौद्धिक रूप से ग्रहण करते रहना आवश्यक है।[2]

– जीवन-चिन्तन जीवन-यथार्थ के ज्ञान-संवेदनात्मक संवेदन-ज्ञानात्मक आकलन पर निर्भर रहना चाहिए, उसका मूल आधार उसकी मूल सामग्री है– जीवन यथार्थ ही।[3]

– वह अपने आवेश या व्याकुलता को बांधकर, नियंत्रित कर, ऊपर उठाकर, उसे ज्ञानात्मक संवेदन के रूप में या संवेदनात्मक ज्ञान के रूप में प्रस्तुत कर देता है।[4]

– आज का कवि तब तक अपनी चेतना का संस्कार नहीं कर सकता, तब तक वह वस्तुत: आत्म-चेतस हो ही नहीं सकता, जब तक वह विश्व-चेतस न हो।...उस बौद्धिक प्रतिभा के फलस्वरूप संवेदनात्मक ज्ञान और ज्ञानात्मक संवेदन अधिक पुष्ट होंगे, और अनुभूति को ज्ञान-प्रेरणा प्राप्त होती जाएगी।[5]

– यदि कलाकार का जीवन, उसका बाह्य और मानसिक जीवन, तुच्छ है, अर्थात नव-नवीन संवेदनात्मक ज्ञान और ज्ञानात्मक संवेदनों से हीन है. . .तो फिर ऐसा अंतर्जगत् कलाभिव्यक्ति के लिए महत्वहीन है।[6]

– कला के दूसरे क्षण में उपस्थित फ़ैंटैसी की इकाई में संवेदनात्मक ज्ञान और ज्ञानात्मक संवेदन कुछ इस प्रकार समाये रहते हैं कि लेखक उन्हें शब्दबद्ध करने के लिए तत्पर हो उठता है।[7]

---

1. मुक्तिबोध रचनावली-5, पृ. 352
2. वही, पृ. 189
3. वही, पृ. 145
4. वही, पृ. 189
5. वही, पृ. 196
6. वही, पृ. 219
7. मुक्तिबोध रचनावली-4, पृ. 102

. . .फैंटैसी में संवेदनात्मक ज्ञान और ज्ञानात्मक संवेदनाएं रहती हैं। कृतिकार को लगातार महसूस होता रहता है कि उसका अनुभव सभी के लिए महत्वपूर्ण और मूल्यवान है।[1]

मुक्तिबोध की कुछ कविताओं में भी इन शब्द-युग्मों का प्रयोग हुआ है, वे उदाहरण भी देखे जाएं–

– तमोमय शिलान्तराल में फंसे हुए
यत्र तत्र इस प्रकार
अपने को समेट कर बैठे हैं रत्न कण
कि दल बांध ज्योतिमान जुगनू ने . . .
ज्ञानात्मक-संवेदन-इलैक्ट्रान बैठे हों।[2]

–एक टीले और डाकू की कहानी

- यहां हृदय-आलम्ब भाव सब
तीव्र ज्ञान-संवेदन के ही पूर्ण बिम्ब हैं
ठीक सूर्य के मूल केन्द्र से उनका उद्‌गम
उसको रोक सके यों कोई
किसका दावा?

– मां परम्परा निर्मित के हित
खोजती जिन्दगी के कचरे में भी
ज्ञानात्मक संवेदन
पर, रखती उनका भार कठिन मेरे सिर पर
अजीब अनुभव है।[3]

उपरोक्त उद्धरणों से स्पष्ट है कि संवेदनात्मक ज्ञान और ज्ञानात्मक संवेदनों का सीधा संबंध जीवन-यथार्थ से है। जीवन, जैसा भी वैविध्यमय वह है, भले ही कचरानुमा क्यों न हो, ज्ञानात्मक संवेदन वहीं मिलेंगे। चेतना को संस्कारित करने पर और विश्व-चेतस होने पर ही संवेदनात्मक ज्ञान और ज्ञानात्मक संवेदन अधिक पुष्ट हो पाते हैं। और बिना पुष्ट और नव-नवीन संवेदनात्मक ज्ञान और ज्ञानात्मक संवेदनों के अंतर्जगत की कलाभिव्यक्ति भी महत्वपूर्ण नहीं हो सकती। रचना-प्रक्रिया के दौरान कवि के अनुभव भी तभी फैंटैसी में रूपांतरित हो पाते हैं जब उनमें संवेदनात्मक ज्ञान और ज्ञानात्मक संवेदन समाए हों। सर्जन

---

1. मुक्तिबोध रचनावली-4, पृ. 101
2. मुक्तिबोध रचनावली-2, पृ. 224
3. मुक्तिबोध : चांद का मुंह टेढ़ा है, पृ. 117

का आवेश और अभिव्यक्ति की व्याकुलता भी इन्हीं से नियंत्रित होकर बंध पाती है। कहना न होगा कि कृतित्व और व्यक्तित्व के सम्पूर्ण संतुलन में संवेदनात्मक ज्ञान और ज्ञानात्मक संवेदन का महत्वपूर्ण योगदान रहता है।

संवेदना और ज्ञान इन दोनों शब्द-युग्मों में क्रमशः एक दूसरे के लिए विशेषण और संज्ञा बनकर प्रयुक्त हुए हैं। एक में ज्ञान को संवेदनात्मक स्वीकार किया गया है दूसरे में संवेदना को ज्ञानात्मक। डा० लल्लन राय कहते हैं– "मुक्तिबोध के यहां हृदय और बुद्धि का कोई ऐसा विभाजन नहीं है। 'हृदय के बुद्धि जागृत नेत्र' के रूप में वे जिस 'ज्ञानात्मक संवेदन और संवेदनात्मक ज्ञान' या 'बोधयुक्त बौद्धिकता' का समर्थन करते हैं, उसमें हृदय और बुद्धि का अलग-अलग अस्तित्व ही नहीं है। ये दोनों उनके यहां अंतरात्मा के पर्याय हैं।[1]

डा० हुकुमचंद राजपाल इन शब्द-युग्मों की उपरोक्त अवधारणाओं से सहमत नहीं हैं। उनका मत है– "हृदय और बुद्धि का पृथक अस्तित्व न हो तथा संवेदनात्मक ज्ञान और ज्ञानात्मक संवेदन का पर्याय (एक होना) कैसे संभव है ? दोनों में मूल आधार का अंतर है। प्रथम में ज्ञान को संवेदनात्मक स्वीकार किया गया है जबकि दूसरे में संवेदन की महत्ता अंगीकार की है।"[2] वस्तुतः डा० राजपाल ने डा० राय के कथन को सरलीकृत स्तर पर लिया है। हृदय और बुद्धि निश्चय ही अलग हैं लेकिन मुक्तिबोध के शब्द--युग्मों में हृदय और बुद्धि का एक दूसरे से अलग कोई अस्तित्व नहीं है। डा० राय लक्षणा में यही कहना चाहते हैं कि संवेदना के बिना ज्ञान और ज्ञान के बिना संवेदना का अस्तित्व नहीं है, मुक्तिबोध के अनुसार।

संवेदनात्मक ज्ञान और ज्ञानात्मक संवेदन यदि एक दूसरे के पर्याय होते तो मुक्तिबोध दोनों का एक साथ इस्तेमाल ही क्यों करते। यह सच है कि एक में ज्ञान प्रमुख है दूसरे में संवेदन, किंतु बात की संश्लिष्टता इस तथ्य में है कि ज्ञान का घर मात्र बुद्धि नहीं है और संवेदना सिर्फ़ हृदय में नहीं रहती। दोनों के आश्रय स्थान भी अन्योन्याश्रित हैं। संवेदना और ज्ञान का संबंध द्वंद्वात्मक है, इसी कारण वे अभिन्न हैं और अविच्छिन्न हैं। दोनों की द्वंद्वात्मकता लागू न कर पाने के कारण ही डा० राजपाल कहते हैं– "सामान्य दृष्टि से संवेदना के बाद परिपक्व ज्ञान की स्थिति मान्य है। ज्ञान के बाद संवेदन अथवा ज्ञानयुक्त संवेदना की स्थिति हृदय अथवा मस्तिष्क में एक साथ कैसे संभव है। . . . मनोवैज्ञानिक आधार पर 'संवेदनात्मक ज्ञान' रचना-प्रक्रिया के उपयुक्त है जबकि 'ज्ञानात्मक संवेदन' नहीं। संवेदन की स्थिति ज्ञान से पहले हो सकती है पश्चात

---

1. डा० लल्लन राय : मुक्तिबोध का साहित्य-विवेक और उनकी कविता, पृ. 211
2. डा० हुकुमचंद राजपाल : मुक्तिबोध की काव्य--चेतना और मूल्य-संकल्प, पृ. 123

नहीं।"[1] संवेदना पहले है ज्ञान बाद में या ज्ञान पहले है संवेदना बाद में, इस विषय में कोई एक निर्णय नहीं दिया जा सकता। संवेदना को काव्य रचना-प्रक्रिया में सदैव पहले मानना एक भाववादी निर्णय है। आधुनिक संश्लिष्ट काव्य-प्रक्रिया में कोई भी प्राथमिक हो सकता है।

1. डा॰ हुकुमचंद राजपाल : मुक्तिबोध की काव्य-चेतना और मूल्य-संकल्प, पृ. 124

रचना-प्रक्रियागत फ़ैंटैसी-प्रक्रिया

रचना-प्रक्रिया पर विचार करते हुए मुक्तिबोध जिन पक्षों पर बल देते है उनमें महत्वपूर्ण तत्व है फ़ैंटैसी का निर्माण एवं उसकी अभिव्यक्ति तक की गतिमानता। किंतु यह भी सत्य है कि मुक्तिबोध ने फ़ैंटैसी के महत्व पर तो लिखा, किंतु वे उसकी संरचना के बारे में विस्तार से नहीं सोच पाए, अथवा यों कहें कि साहित्य के अन्य महत्वपूर्ण प्रश्नों में उलझे रहने के कारण फ़ैंटैसी के बारे में विस्तार से विचार करने का उन्हें अवसर-अवकाश नहीं मिल पाया। कविता की रचना-प्रक्रिया में फ़ैंटैसी की भूमिका पर तो वे बहुत कुछ कह गए, किंतु फ़ैंटैसी की निजी प्रक्रिया का उन्होंने गहन विश्लेषण नहीं किया। परिणाम यह हुआ कि फ़ैंटैसी की निजी प्रक्रिया को ठीक से न समझ पाने के कारण उनकी कविताओं पर प्राय: दुरूहता और ऊबड़खाबड़ होने का आरोप लगाया जाता रहा। आलोचकों को उनकी कविताओं में जहां-तहां जो अर्थ-छवियां मिलीं, उन्हें यत्र-तत्र से पिरो कर सामने रख दिया गया। फ़ैंटैसी की क्रमबद्धता और सुसंबद्धता को उसके जीवन-अर्थों में समझे बिना सरलीकृत करके दुरूह करार दिया गया।

इस संदर्भ में प्रथम अनिवार्यता यह है कि जाना जाय कि मुक्तिबोध द्वारा प्रस्तुत फ़ैंटैसी की क्रिया-पद्धति क्या है, यानी रचना-प्रक्रिया में अपनी अत्यधिक महत्वपूर्ण भूमिका निभाने वाली फ़ैंटैसी की अपनी संरचना-प्रक्रिया किस प्रकार घटित होती है, भाषा एवं भाव के द्वंद्व के क्षण में निरंतर परिवर्तित होती हुई फ़ैंटैसी किस रूपाकार को ग्रहण करती है और इस प्रकार कविता को जो शिल्प प्रदान करती है, क्या वहां वह अलग से पहचानी जा सकती है? अपनी विस्तृत सीमाओं में प्रतीक-योजनाओं, बिंब-विधानों, विलक्षण रूपक व्यवस्थाओं और मिथक-रचनाओं को किस प्रकार समेटती है और अर्थगर्भित करती है?

मुक्तिबोध ने कविता में फ़ैंटैसी के रोल को जिस ढंग से रेखांकित किया है उससे यह निश्चित है कि उनके दिमाग़ में फ़ैंटैसी की क्रिया-पद्धति के बारीक तंतु अवश्य ही स्पष्ट रहे होंगे और कविता के अंतिम क्षण में होने वाले द्वंद्व

की बारीक क्रिया-प्रक्रिया की ओर सतर्क रहे होंगे, किंतु फ़ैंटैसी के संदर्भ में इन बातों के साथ एक प्रश्न स्वाभाविक रूप से उभरता है, जिसे आलोचक अक्सर उठाते भी हैं कि एक यथार्थवादी प्रगतिशील रचनाकार होकर मुक्तिबोध ने फ़ैंटैसी जैसे अयथार्थवादी शिल्प पर बल क्यों दिया।

लूनाचार्स्की के मत को मान लिया जाय तो मुक्तिबोध के आलोचकों की बात भी ग़लत नहीं लगेगी, उनका कहना है– "जो व्यक्ति यथार्थ से असंतुष्ट होते हैं वे ही स्वप्न और फ़ैंटैसी की दुनिया में जाते हैं।"[1]

अस्तु, यहां हम इन्हीं मुद्दों को छूते हुए फ़ैंटैसी तथा उसके आंतरिक चरित्र को उद्घाटित करने वाले अन्य पक्षों पर विचार करेंगे।

फ़ैंटैसी का स्वरूप

फ़ैंटैसी ग्रीक शब्द 'फ़ैंटैसिया' से आया है, जिसका अर्थ होता है मानव की प्रवाह रूप में या मांग पर एक काल्पनिक दुनिया निर्माण करने की अद्भुत सामर्थ्य।[2]

'विश्व साहित्य शब्दकोश' में फ़ैंटैसी को इस प्रकार व्याख्यायित किया गया है– " फ़ैंटैसी की क्रियाशीलता में ऐसा वातावरण या चरित्र उपस्थित होते हैं जो मनुष्य जीवन की सामान्य परिस्थितियों में असम्भव माने जाते हैं। . . .फ़ैंटैसी में भौतिकशास्त्र के नियमों की सीमा टूट जाती है। पशु या मानव जीवन का अंतर मिट जाता है, मनुष्य स्वभाव की आधारशिला हिल जाती है और काल्पनिक जीव समस्त काल्पनिक मूल्यों को अव्यवस्थित कर देते हैं। . . .विचित्र एवं अमानवीय तत्वों से समाहित हर कार्य फ़ैंटैसी की सीमा में नहीं आता। उनमें आज के संभावित या परिचित इतिहास से अलग कुछ ऐतिहासिक तत्व हो सकते हैं किन्तु अगर वह वास्तविकता पर आधारित हैं तो वह फ़ैंटैसी में नहीं गिने जाएंगे। अगर उसमें ऐसे धार्मिक विश्वास हैं जो फ़ैंटैसी के निर्मिति-काल में स्वीकृत थे या ऐसे रहस्यमय तत्वों से समाहित हैं जो 'अब्नार्मल' मनोविज्ञान विद्यार्थियों के लिए वास्तव हैं तो वह फ़ैंटैसी की संज्ञा नहीं पाता।"[3]

मनोविज्ञान के क्षेत्र में फ़ैंटैसी का सामान्य अर्थ फ्रांसिस गाल्टन ने 'बिंबों

---

1. ए० लूनाचार्स्की : ऑन लिटरेचर एंड आर्ट (अंग्रेज़ी), पृ. 64
2. डेविड एंड सिल्स : (संपा०) इंटरनेशनल इंसाइक्लोपीडिया ऑफ़ द सोशल साइंसेज, खंड 5 (अंग्रेज़ी), पृ. 327
3. जोसेफ़ टी० शिप्ले : डिक्शनरी ऑफ़ लिटरेचर (क्रिटिसिज़्म, फ़ार्म्स एण्ड टैक्नीक), (अंग्रेज़ी), पृ. 233

में मानव विभिन्नता' से लिया है। फ़ैंटैसी विषयक छिट-पुट अध्ययन बीसवीं शताब्दी के प्रारंभ और उसके बाद तक काफ़ी ज़ोरों से चलता रहा। सिगमंड फ्रायड ने स्वप्नों के गंभीर अध्ययन द्वारा पहले-पहल इस विषय पर पर्याप्त प्रकाश डाला तथा फ़ैंटैसी और विचारों के संबंध को स्पष्ट किया।[1]

'कवि और दिवास्वप्न' पर अपने लेख में फ्रायड ने कहा कि अतृप्त इच्छाएं फ़ैंटैसी की प्रेरक शक्तियां हैं, तथा दिवास्वप्न की ओर इंगित करते हुए कहा कि दोनों ही इच्छापूर्ति करते हैं। कवि दिवास्वप्नों को जो कलात्मक रूप प्रदान करता है वह भी इन्हीं अतृप्त इच्छाओं का परिणाम होता है, जो माध्यम रूप में प्रच्छन्न होता है। फ्रायड का विश्वास था कि दिवास्वप्न के सचेत अध्ययन से मानव की आकांक्षाओं एवं व्यक्तित्व के अन्य दूसरे पक्षों का भी उद्घाटन हो सकता है। अन्य मनोवैज्ञानिकों ने भी फ़ैंटैसी को काल्पनिक चिंतन का ही एक रूप माना है, जो वस्तु-जगत की परिस्थितियों से उतना निर्धारित नहीं होता जितना कि व्यक्ति की इच्छाओं, मूल वृत्तियों और भावों के द्वारा।[2]

फ्रायड के शिष्यों ने मनोविज्ञान को नई दिशाएं दीं जिनमें से विश्लेषण मनोविज्ञान के प्रणेता जुंग और व्यक्तिगत मनोविज्ञान के प्रणेता एडलर सर्वाधिक जाने जाते हैं।

फ़ैंटैसी के स्वरूप को स्पष्ट करने के लिए जुंग ने उसे अभिप्रेरित चिंतन (डायरेक्टेड थिंकिंग) के आमने-सामने रखकर स्पष्ट करना चाहा है। फ़ैंटैसी उनके लिए मनोविज्ञान की भाषा में मुक्त साहचर्य का पर्याय है और जैसा कि इस संज्ञा से स्पष्ट है, मुक्त साहचर्य में मन को चिंतन के दबाव से मुक्त रखा जाता है, इस प्रकार वह अवरोधहीन असंगत बिंबों का समुच्चय होता है। इसके विपरीत अभिप्रेरित चिंतन पर विवेक का दबाव होता है, जो उसे एक निश्चित दिशा में चलने को बाध्य करता है। यह निश्चित दिशा हमारे यथार्थ ज्ञान के अनुरूप होती है। यह ज्ञान हमारी सजग मानसिक क्रिया का परिणाम होता है, जिसे हम सामान्य इंद्रियानुभव के माध्यम से प्राप्त करते हैं, इसलिए अभिप्रेरित चिंतन एक प्रकार का वैज्ञानिक चिंतन है और इसके द्वारा हम अपने वस्तु-जगत के अनुभवों को सामाजिक रूप प्रदान करते हैं, यानी इस स्थिति में हमारा अनुभव एक साथ सामाजिक भी होता है और वस्तुमूलक भी।[3]

जुंग की फ़ैंटैसी की इस व्याख्या को कॉडवैल ने अशंतः ही स्वीकार

1. क्रिस्टोफ़र कॉडवैल : उद्धृत, इल्यूज़न एंड रिएलिटी (अंग्रेज़ी), पृ. 181
2. इंसाइक्लोपीडिया अमेरिकाना (अंग्रेज़ी), पृ. 176
3. क्रिस्टोफ़र कॉडवैल : इल्यूज़न एंड रिएलिटी (अंग्रेज़ी), पृ. 199

किया है, क्योंकि उनकी दृष्टि में यह एक-आयामी है। इसकी पूर्ति के लिए उन्होंने इसमें अभिप्रेरित अनुभूति (डायरेक्टेड फ़ीलिंग) को जोड़ने का आग्रह किया है। उनके अनुसार चिंतन-प्रक्रिया और अनुभव-प्रक्रिया को अलग नहीं किया जा सकता। जहां अभिप्रेरित चिंतन विवेक-प्रक्रिया का नियत्रंण स्वीकार करता है वहां अभिप्रेरित अनुभूति का नियत्रंण मनुष्य का मन करता है, और यह सौंदर्य के सामाजिक प्रतिमान को स्वीकारता है।[1]

मनोविश्लेषणशास्त्र के अध्ययन ने सबसे महत्वपूर्ण तथ्य यह प्रस्तुत किया कि कविता का जन्म प्रकृति और मनुष्य की जीवनेच्छा के बीच स्थित अंतर्विरोध से होता है। दूसरे शब्दों में, कविता मनुष्य की मूल प्रवृत्तियों और अनुभवों के तनाव का परिणाम होती है। यह तनाव कवि को फ़ैंटैसी की एक ऐसी काल्पनिक दुनिया बनाने के लिए विवश करता है, जो वास्तविक दुनिया से एक निश्चित और सक्रिय (फंक्शनल) संबंध रखती है। यानि फ़ैंटैसी का अर्थ केवल 'कल्पना' नहीं वरन् वह उसका एक निश्चित भौतिक आधार रखती है, और जहां से वह जन्म लेती है उसी पर प्रभाव भी डालती है। कॉडवैल ने लिखा है– "पोइट्री स्प्रिंग्स फ्रॉम द कांट्रडिक्शन बिटविन द इंस्टिंक्ट एंड एक्सपीरिएंस ऑफ़ द पोएट। दिस टेंशन डिराइव्स हिम टु बिल्ड द वर्ल्ड ऑफ़ इल्यूज़री फ़ैंटैसी ह्विच यट हैज़ अ डैफ़िनिट एंड फ़ंक्शनल रिलेशन टु द रियल वर्ल्ड ऑफ़ ह्विच इट इज़ द ब्लॉसम।"[2]

फ़ैंटैसी, स्वप्न और यथार्थ जगत

फ़ैंटैसी कई रूपों में (मनोविज्ञान में) सक्रिय होती है, जिसमें सबसे महत्वपूर्ण रूप स्वप्न का रूप है। स्वप्न में प्राय: वास्तविक दुनिया की जगह एक ऐसी दुनिया ले लेती है, जो स्वतंत्र और स्वायत्त-सी लगती है। अत: स्वप्न के आदिम स्वरूप और विचित्र रूप को जानने के बाद ही हम इस स्थिति में हो सकेंगे कि फ़ैंटैसी की प्रकृति और उसके निर्माण में विचारों की भूमिका को स्पष्ट कर सकें।

हालांकि विचार और स्वप्न दोनों ही मानसिक व्यापार हैं, किंतु स्वप्न की कुछ ऐसी निजी विशेषताएं है जो उसे विचार से अलग करती हैं। इनमें सबसे महत्वपूर्ण और रेखांकित करने लायक तथ्य यह है कि स्वप्न में वास्तविक

---

1. क्रिस्टोफ़र कॉडवैल : इल्यूज़न एंड रिएलिटी (अंग्रेज़ी), पृ. 199
2. वही, पृ. 163

परिवेश स्मृति-बिंबों और स्मृति-चित्रों को हम एकांशतः अमूर्त और यथार्थरहित नहीं मान सकते, क्योंकि किसी न किसी रूप में हम इन्हें बाहरी जीवन से ही प्राप्त करते हैं। यह बात अलग है कि स्वप्न के भीतर एक के बाद एक आने वाले इन बिंबों के बीच में कोई तार्किक क्रम या संगति नहीं होती। कॉडवैल ने इसी बात को इन शब्दों में रखा है- "ड्रीम इज़ ऐन इलोबोरेट फॉर्म ऑफ़ द कंटीन्यूअस फ़्री एसोसिएशन इन ह्विच द फ़्री फ्लो ऑफ़ फ़ैंटैसी एक्वायर्स द मैटीरियल रियलिटी ऑफ़ ऐन इनवायरन्मैंट।"[1]

साथ ही एक बात और कहें कि जब हम स्वप्नों का विश्लेषण करते हैं, इनके उद्‌गम को समझने की कोशिश करते हैं, तब हमारा अतियथार्थवादियों से मतभेद होता है क्योंकि वे इन्हें जड़मूलहीन, अमूर्त वस्तु मानकर इनका विश्लेषण करते हैं। उनकी दृष्टि में, स्वप्नों का सामाजिक यथार्थ से कुछ लेना-देना नहीं है, क्योंकि उनके अनुसार ये कलाकार के उत्कट प्रेरक क्षणों से आविर्भूत होते हैं। यद्यपि यह सही है कि ये कलाकार के उत्कट आवेग के क्षणों की देन हैं, किंतु इनको इतिहास-भूगोल-रहित मानकर नहीं चला जा सकता। और यहीं पर जब हम मुक्तिबोध के काव्य-चिंतन पर विचार करते हैं तो अतियथार्थवादियों से उनको भिन्न पाते हैं। उन्होंने कभी भी काव्य-प्रेरणा के उत्कट आवेगमय क्षणों में आविर्भूत होने वाले असंख्य बिंबों को स्वायत्त नहीं माना है। वे उसकी सामाजिक जड़ को न केवल स्वीकारते हैं, बल्कि अच्छी तरह जानते भी हैं। इस बात को नज़रअंदाज़ करने की वजह से ही डा० रामविलास शर्मा जैसे सजग समीक्षक को भी मुक्तिबोध अतियथार्थवादी लगा करते थे।

स्वप्नों और बिंबों के इन सामाजिक उत्सों को जान लेने के बाद यह बताने की ज़रूरत नहीं रह जाती कि स्वप्न, फ़ैंटैसी अथवा मुक्त-साहचर्य, पूर्णतः विचारशून्य या विचारयुक्त नहीं होते हैं। कॉडवैल का कहना है कि स्वप्न में, जिस व्यक्ति के भीतर स्वप्न-व्यापार चलता है वह एक सामाजिक व्यक्ति होता है और बावजूद इसके कि स्वप्न में वह समाज के बहुत सारे विधि-निषेधों से मुक्त होता है, फिर भी स्वप्न की स्थिति उसे समाज-निरपेक्ष नहीं बनाती और न ही वह व्यक्ति स्वप्न की स्थिति में पूर्णतः संस्कारमुक्त होता है। संभवतः इसी अर्थ में कॉडवैल स्वप्न को भी सजग मानसिक व्यापार मानते हैं- "ड्रीम आर कांशस. . .सोसाइटी इज़ स्टिल विद मैन इन ड्रीम। ईविन इन ड्रीम द सोशल ईगो फ़ैंटास्टिकली फ़ुलफ़िल्स मैन्स डिज़ायर्स इन द सोशल वर्ल्ड।"[2]

---

1. क्रिस्टोफ़र कॉडवैल : इल्यूज़न एंड रिएलिटी (अंग्रेज़ी), पृ. 182
2. वही, पृ. 180

मुक्तिबोध ने रचना-प्रक्रिया के भीतर अनेक प्रकार के बाह्यानुरोधों और दबावों का बार-बार ज़िक्र किया है। यदि कॉडवैल के उपर्युक्त वाक्यों पर ग़ौर करें तो यह बात और स्पष्ट हो जाती है कि रचना-प्रक्रिया के भीतर फ़ैंटैसी की स्थिति में भी रचनाकार इन दबावों और अनुरोधों से अपना पिण्ड नहीं छुड़ा सकता, इसीलिए बाह्यानुरोधों अथवा सामाजिक दबावों से मुक्त फ़ैंटैसी की कल्पना भी निराधार एवं अवैज्ञानिक है। फ़ैंटैसी का न केवल सामाजिक रूप होता है बल्कि वह बहुत दूर तक हमारे विचार और चिंतन से भी प्रभावित और नियंत्रित होती है।

यहां पर एक अन्य बात की ओर संकेत कर देना भी ज़रूरी जान पड़ता है– मनोविज्ञान में फ़ैंटैसी और स्वप्न के साथ व्यक्ति की मूल मनोवृत्तियों पर बार-बार बल दिया जाता है और उसके सामाजिक संस्कारों को कम महत्व दिया जाता है। किंतु, वस्तुतः जिन्हें हम मूल प्रवृत्ति कहते हैं वह लंबे सामाजिक संपर्क के बाद आदिम मूल प्रवृत्ति से भिन्न हो जाती हैं। इस बात को स्पष्ट करने के लिए हम कॉडवैल का साक्ष्य प्रस्तुत करना चाहेंगे– "द वर्ल्ड ऑफ़ ड्रीम इज़ स्टिल द वर्ल्ड ऑफ़ इंसटिंग्टिव रिस्पांस टु इन्वायरन्मैण्ट मॉडिफ़ाइड बाई द कामन परसैपच्युअल वर्ल्ड।"[1]

लेकिन इसके साथ ही हमें यह भूलना नहीं चाहिए कि स्वप्न यथार्थ का पर्याय नहीं है। अपनी प्रकृति से स्वप्न बाह्य यथार्थ और आंतरिक यथार्थ से दुहरे रूप में अलग रहता है। यह दोनों में से किसी भी यथार्थ के नज़दीक नहीं पहुंच पाता अपितु दोनों के ही प्रति ढुलमुल रहता है। इसका कारण यह है कि जिस यथार्थ से स्वप्न के तंतुओं का निर्माण होता है, उसका आंतरिक चरित्र मनुष्य की मूल प्रवृत्तियों के काफ़ी निकट होता है और सजग एवं सचेत व्यक्ति के द्वारा अनुभूत बाह्य यथार्थ से वह काफ़ी दूर जा पड़ता है। उसके चिंतन का धरातल उस बच्चे जैसा हो जाता है जिसमें मानसिक परिपक्वता का अभाव होता है। साथ ही व्यक्ति को यह स्वप्न इस अर्थ में भी यथार्थ से अलग कर देता है कि इसके कारण व्यक्ति और विषय के बीच एक बहुत बड़ा अंतराल उत्पन्न हो जाता है। कुल मिलाकर हम यह कह सकते हैं कि स्वप्न का चरित्र न केवल प्रतीक-शून्य होता है अपितु यह विवेक-शून्य भी होता है। जबकि दूसरी ओर फ़ैंटैसी के अन्य रूपों में इन दोनों बातों की संभावनाओं के लिए गुंजाइश होती है। और चूंकि कविता भी किसी न किसी रूप में स्वप्न एवं फ़ैंटैसी से जुड़ी हुई है, अतः उन दोनों के बीच के फ़र्क़ को जान लेना असंगत नहीं होगा।

---

1. क्रिस्टोफ़र कॉडवैल : इल्यूज़न एंड रिएलिटी (अंग्रेज़ी), पृ. 166

कविता और स्वप्न

कविता और स्वप्न दोनों ही मानसिक व्यापार हैं। कविता का निर्माण जहां शब्दों द्वारा किया जाता है, वहीं स्वप्न की अभिव्यक्ति स्मृति-बिंबों के माध्यम से होती है। किंतु, बाह्य यथार्थ और स्वप्न-बिंबों के बीच में कोई तार्किक संगति नहीं होती, यानी बाह्य यथार्थ के नियम स्वप्न-बिंबों का नियमन नहीं करते। इस प्रकार स्वप्न न तो 'अभिप्रेरित चिंतन' हैं और न 'अभिप्रेरित अनुभूति' बल्कि यह कमोबेश इन दोनों से मुक्त और असामाजिक भी हैं। इनको समझने के लिए स्वप्नद्रष्टा के व्यक्तिगत जीवन के बारे में बहुत कुछ जानना पड़ता है। स्वप्न की तरह की एक प्रकार की विवेकहीनता कविता में भी होती है, इसी अर्थ में कविता को स्वप्न-क्रिया कहा जा सकता है। इस बात को स्पष्ट करते हुए कॉडवैल ने लिखा है– "पोएटिक इरैशनैलिटी बियर्स दिस रिज़ैम्बलैंस टु ड्रीम दैट इट्स फ़्लो ऑफ़ इमेजेज़ इज़ एक्सप्लेण्ड बाई ऐफ़ैक्टिव लॉज़, बट इट इज़ नाट फ्री ऐसोसिएशन ऐज़ इन ड्रीम। पोएटिक फ़ीलिंग इज़ डायरेक्टेड फ़ीलिंग कण्ट्रोल्ड बाई द सोशल ईगो। पोएटिक एसोसिएशंस आर सोशल।"[1]

उपर्युक्त वक्तव्य जहां कविता और स्वप्न के बीच की समानता की ओर संकेत करता है वहीं दोनों के आधारभूत अंतरों को भी स्पष्ट करता है। स्वप्न के बिंब अथवा साहचर्य मुक्त और अनियंत्रित होते हैं, किंतु कविता में इन साहचर्यों का रूप न तो पूर्णतः मुक्त होता है और न पूर्णतः अनियंत्रित। कविता की अनुभूति नियंत्रित और अभिप्रेरित होती है, उस पर हमारे सामाजिक अहं का नियंत्रण होता है। दूसरे शब्दों में, कविता में आए हुए सारे बिंब और साहचर्य मूलतः सामाजिक होते हैं। इन बातों की तह में यदि हम पैठने की कोशिश करें तो पता चलता है कि इन बिंबों पर न केवल सामाजिक संस्कारों का दबाव होता है वरन् इसमें बौद्धिक सक्रियता का भी योगदान होता है। ये तत्व स्वप्न को कविता से गुणात्मक रूप से भिन्न स्वरूप प्रदान करते हैं।

स्वप्न-द्रष्टा स्वप्न के समय बिंबों की ऐसी दुनिया में रहता है जिसका वस्तुगत यथार्थ से कोई संबंध नहीं होता। कविता का पाठक कविता पढ़ते समय पूरी तरह कवि के स्वप्न जगत के साथ होता है। कवि के भावों और उसकी संवेदना के साथ-साथ पाठक की संवेदना भी चलती है।

स्वप्न के बिंब कविता के भावों की तरह ही मूर्त होते हैं। प्रत्येक स्वप्न में और प्रत्येक कविता में स्मृति-बिंब और शब्दों की अलग-अलग भूमिका होती है और उनके अर्थ भी भिन्न होते हैं। इन दोनों के ही भीतर कुछ निजी

---

1. क्रिस्टोफ़र कॉडवैल : इल्यूज़न एंड रिएलिटी (अंग्रेज़ी), पृ. 206

असंगतियां होती हैं और इस प्रकार प्रत्येक स्वप्न और प्रत्येक कविता का अपने आपमें एक अलग संसार होता है।[1] इनके अतिरिक्त कॉडवैल स्वप्न और कविता के बीच में एक और समानता का ज़िक्र करते हैं, वह समानता है– 'लय'। लय में सजगता की जगह आत्म-सजगता होती है। कविता, नृत्य और संगीत सभी में यह स्थिति लगभग एक जैसी होती है। स्वप्न की स्थिति में भी हृदय की गति और श्वास-क्रिया का संचालन एक विशेष प्रकार की लयात्मक भूमिका पर पहुंच जाता है। दोनों ही में शरीरिक क्रियाएं अंतर्मुखी हो जाती हैं, जिसे कॉडवैल 'फ़िज़िओलोजीकल इंट्रोवर्शन' कहते हैं।

जब हम स्वप्न और कविता की अंतर्वस्तु पर विचार करते हैं तो हमें दोनों में कुछ समानताएं दिखाई देती हैं। स्वप्न की अंतर्वस्तु (या वस्तु-तत्व) का एक पक्ष व्यक्त (मैनिफ़ैस्ट) तथा दूसरा अव्यक्त (लेटैंट) होता है। बिंब और फ़ैंटैसी स्वप्न की अंतर्वस्तु का व्यक्त पक्ष है और इसका अव्यक्त पक्ष है वह यथार्थ जिसका स्वप्न में लोप हो जाता है या स्वप्न जिसे स्वयं विरूपित कर देता है। जब हम कविता की ओर मुड़ते हैं तो हम देखते हैं कि इसमें भी व्यक्त और अव्यक्त पक्ष हैं। अभिधार्थ व्यक्त पक्ष है। बिंब और विचार को भी हम इसी कोटि में रख सकते हैं। किंतु इन बिंबों, विचारों और अभिधार्थ के पीछे एक बहुत बड़ा अव्यक्त सत्य होता है, वह है कविता का भाव-तत्व। इसको पकड़ने के लिए, इसके सही चरित्र को जानने के लिए पाठक को कवि के भाव-जगत को बाहरी दुनिया से जोड़कर देखना पड़ता है, उसकी विवेकपूर्ण व्याख्या करनी पड़ती है।

कुल मिलाकर इस प्रकार फ़ैंटैसी मूलतः यथार्थोन्मुखी होती है। यह जिस संरचना-प्रक्रिया से गुज़रती है उसमें यह अपने बनने की स्वयंगत संरचना-प्रक्रिया के स्वरूप एवं शिल्प को भी प्रभावित करती है। दूसरे शब्दों में, स्वप्न की सामान्य प्रक्रिया से भिन्न स्तर पर आकर फ़ैंटैसी (कलागत) अनुभव-जगत को भी रूपांतरित करती है। वह सामाजिक वास्तव के चरित्र को प्रभावशाली ढंग से बदल सकती है।

फ़ैंटैसी की संरचना-प्रक्रिया वस्तुतः यही हो सकती है। कदाचित मुक्तिबोध भी फ़ैंटैसी से यही समझते हैं। उनकी कविताओं में आई अनेक स्वप्न-कथाएं भी मूलतः यथार्थोन्मुखी होती हैं। यथार्थ के प्रति आग्रह होने का परिणाम ही है कि वे कहीं-कहीं फ़ैंटैसी के दौरान फ़ैंटैसी की प्रक्रिया का भी संकेत करते चलते हैं। उनकी गतिमान फ़ैंटैसी सामाजिक वास्तव की पर्त-दर-पर्त का उद्‌घाटन करती हुई स्वयं आगे की दिशा में निर्मित होती जाती है। एक स्थान पर उन्होंने

---

1. क्रिस्टोफ़र कॉडवैल : इल्यूज़न एंड रिएलिटी (अंग्रेज़ी), पृ. 207

लिखा है– "कविता की फ़ैंटैसी का ढांचा तो अपना होता है किंतु वह जीवन-तथ्यों के रंग से अनुस्यूत होता है।"[1] 'कामायनी' का विवेचन करते हुए उन्होंने फ़ैंटैसी की अपनी विशेषताओं पर प्रकाश डाला है– "जिस प्रकार फ़ैंटैसी में मन की निगूढ़ वृत्तियों का, अनुभूत जीवन-समस्याओं का, इच्छित विश्वासों और इच्छित जीवन-स्थितियों का प्रक्षेप होता है, उसी प्रकार 'कामायनी' में हुआ है।"[2]

संवेदनात्मक उद्देश्य और अनुगत फ़ैंटैसी

जैसा कि हम ऊपर के विवेचन से पाते हैं– मुक्तिबोध का 'संवेदनात्मक उद्देश्य' और कॉडवैल की 'अभिप्रेरित अनुभूति' (डायरेक्टेड फ़ीलिंग) लगभग एक ही हैं। कॉडवैल ने बताया है कि कविता 'अभिप्रेरित अनुभूति' होती है इसी कारण सर्जनात्मक होती है। मुक्तिबोध के अनुसार, " फ़ैंटैसी में एक भावात्मक उद्देश्य समाया रहता है। उसमें एक संवेदनात्मक दिशा रहती है। फ़ैंटैसी के भीतर यह दिशा और उद्देश्य उस फ़ैंटैसी का मर्म-प्राण है। दिशा और उद्देश्य के मर्म को धारण कर फ़ैंटैसी गतिहीन नहीं रह सकती। फ़ैंटैसी गतिहीन स्थिर चित्र नहीं है। उद्देश्य और उद्देश्य की दिशा के कारण ही वह गतिमय है।"[3] स्वप्न की भांति फ़ैंटैसी बाह्य और आंतरिक यथार्थ से दुहरे रूप में अलग नहीं रहती, वरन् अपने संगठन में निरंतर परिवर्तन द्वारा मनुष्य की प्रवृत्तिगत आवश्यकताओं के प्रति सचेत करती है।

मुक्तिबोध ने लिखा है– " फ़ैंटैसी जो शुरू में एक आभासरूप होती है वह तुरंत ही अनेक चित्रों की सुसंगत पांत बनने लगती है।"[4] स्पष्ट है कि कविता की फ़ैंटैसी अशृंखलित बिंबों का स्वच्छंद प्रवाह नहीं होती, स्वप्न की भांति अवचेतन की इच्छाओं द्वारा नियंत्रित परिचालित नहीं होती वरन् अनेक बिंबों की सुसंगत पांत होती है, जो निहित संवेदनात्मक उद्देश्यों द्वारा नियोजित होती है। सब कुछ होते हुए, फ़ैंटैसी एक मानसिक प्रक्रिया है। जब वह सामाजिक यथार्थ से जुड़ती है तो उसका चरित्र रचना-प्रक्रिया को भी बदलता है, क्योंकि दृष्टिवैभिन्य के कारण रचनाकारों के संवेदनात्मक उद्देश्य भी विभिन्न होते हैं। लेखक अपने पात्र-चरित्रों पर अपने भावों और अपनी दृष्टि का आरोपण करने

1. मुक्तिबोध : कामायनी : एक पुनर्विचार, पृ. 8
2. वही, पृ. 2
3. मुक्तिबोध : एक साहित्यिक की डायरी, पृ. 23
4. वही, पृ. 22

लगता है। मुक्तिबोध लिखते हैं– " फ़ैंटैसी के रूप में जो कथा प्रस्तुत होती है और कथा के अंतर्गत जो पात्र, चरित्र और कार्य प्रस्तुत होते हैं, वे सब प्रतीक होते हैं, वास्तविक जीवन-तथ्यों के। यही कारण है कि फ़ैंटैसी का चित्रण करतें हुए लेखक, पात्रों, चरित्रों और उनके कार्यों के बारे में अनेकानेक ऐसी बातें कह जाता है कि जो बातें पात्र-चरित्र और पात्र-कार्य के भीतर से उद्‌गत नहीं होतीं– नहीं हो सकतीं, क्योंकि वस्तुत: वे उन चरित्रों और कार्यों की अंगभूत नहीं हैं।"[1]

इससे स्पष्ट होता है कि संवेदनात्मक उद्देश्यों का संबंध व्यक्ति से है। उसी के इच्छित विश्वास उसके संवेदनात्मक उद्देश्यों के नियामक होते हैं। फ़ैंटैसी पर इसका प्रतिफलन होता है। मुक्तिबोध के शब्दों में– " फ़ैंटैसी के कलाकार का व्यक्तित्व प्राथमिक है। फ़ैंटैसी में इच्छित विश्वासों का सन्निवेश हो जाता है और व्यक्ति की कुछ मूलभूत कमज़ोरियों या कमियों की भी मनोवैज्ञानिक-मानसिक पूर्ति हो जाती है।"[2] 'कामायनी' का उदाहरण देते हुए वे कहते हैं– "'कामायनी' में प्रधान है लेखक के जीवन-निष्कर्ष और जीवन-अनुभव न कि कथावस्तु और पात्र।"[3]

रचना-शिल्प और फ़ैंटैसी

फ़ैंटैसी को एक रचना-शिल्प के रूप में भी देखना है। गत पृष्ठों में कई बार यह उद्धृत किया गया है कि कविता की फ़ैंटैसी का संबंध अनुभव के ज्ञान और बाह्य यथार्थ के वस्तु-जगत से होता है। लेकिन गोर्की का यह कहना भी सच है कि बुर्जुआ समाज में उसका अर्थ बदल गया है। बुर्जुआ व्यक्ति स्वच्छंदतावाद, फ़ैंटास्टिक और रहस्यात्मक झुकाव के साथ कल्पना-बिंबों को विचार के प्रोत्साहन के लिए तीव्र नहीं करता, यथार्थ से विलगता के कारण यह बिंब के प्रति विश्वस्त भाव नहीं रखता, बल्कि पूर्णत: 'शब्दों की जादूगरी' पर आधारित होता है।[4] कहना न होगा कि फ़ैंटैसी वह रचना-शिल्प है जो बुर्जुआ समाज के सौंदर्यबोध का बुनियादी अंग है। मुक्तिबोध अपनी पूरी जनवादी समझ के होते, एक ऐसे समाज के मध्यवर्ग के अंग थे जिसमें पूर्ण बुर्जुआ विकास की संभावनाएं अवरुद्ध होकर जनवादी विकास की संभावनाओं में

1. मुक्तिबोध : कामायनी: एक पुनर्विचार, पृ. 9
2. वही, पृ. 10
3. वही, पृ. 11
4. मैक्सिम गोर्की : ऑन लिटरेचर (अंग्रेज़ी), पृ. 244

परिणत हो रही हैं। यही कारण है कि मुक्तिबोध फ़ैंटैसी का इस्तेमाल करते हुए भी इस रचना-शिल्प को बुर्जुआ शिल्प के घेरे से निकाल लाते हैं। उनके लिए फ़ैंटैसी का यथार्थ से विलगता वाला अर्थ नहीं है। मुक्तिबोध की फ़ैंटैसी यथार्थ-जगत से पलायन करने या दूर चले जाने का परिणाम नहीं है क्योंकि उनके लिए फ़ैंटैसी यथार्थ-बोध के तीव्र आघात द्वारा ही प्रसूत होती है।

मुक्तिबोध के अधिकांश आलोचकों ने इस बात को नहीं समझा। उनके लिए यही एक नाराज़ी का कारण बन गया कि मुक्तिबोध ने काव्य-सर्जन के लिए फ़ैंटैसी जैसा शिल्प क्यों चुना। नाराज़ी यहां तक बढ़ी कि उनके द्वारा किए गए मुक्तिबोध के मूल्यांकन में यह बात ग़ायब-सी दिखाई देने लगी कि मुक्तिबोध मूलतः एक प्रगतिशील साहित्यकार हैं। अतियथार्थवादी, रहस्यवादी, ग़ैरमार्क्सवादी– क्या कुछ नहीं कहा गया। उन्हें मुक्तिबोध यथार्थवादी साहित्यकार ही नहीं लगते। यहां अपनी ओर से कुछ कहने से पहले हम मुक्तिबोध की ही एक टिप्पणी रखना चाहेंगे। उन्होंने लिखा है– "यथार्थवादी शिल्प और यथार्थवादी दृष्टिकोण में अन्तर है। यह बहुत ही संभव है कि यथार्थवादी शिल्प के विपरीत जो भाववादी शिल्प है– उस शिल्प के अंतर्गत जीवन को समझने की दृष्टि यथार्थवादी रही हो। कवि के जीवन-ज्ञान के स्तर पर और कवि-व्यक्तित्व की अनुभव-सम्पन्नता के स्तर पर, उसकी दृष्टि पर, यह निर्भर है कि वह कहां तक वास्तविक जीवन-जगत को उसके सारे वास्तविक संबंधों के साथ ग्रहण कर उसे वस्तुतः समझता है। यह बहुत ही संभव है कि तथाकथित यथार्थवादी कलाकार यथार्थ को रंगीन चश्मे से देखकर उस यथार्थ की अशुद्ध व्याख्या करते हुए, उसका अशुद्ध मूल्यांकन करते हुए, और इस प्रकार उस यथार्थ को ही विकृत बना दे, किन्तु यह विश्वास करते हुए कि उसकी अपनी समझ के अनुसार जो यथार्थ है, वही उसका यथार्थ स्वरूप भी है।"[1]

मुक्तिबोध के उन आलोचकों ने उनकी इस टिप्पणी पर ध्यान नहीं दिया। मुक्तिबोध को अयथार्थवादी सिद्ध करने के साक्ष्यों में यह साक्ष्य किसी भी आलोचक के द्वारा नहीं दिया गया कि उनका ज्ञानात्मक आधार 'द्वंद्वात्मक भौतिकवादी' नहीं था। इन आलोचकों के निष्कर्षण में सरलीकरण के निम्नलिखित कारण हो सकते हैं–

1. फ़ैंटैसी की प्रक्रिया के बारे में मुक्तिबोध की स्थापनाओं से अपरिचय होना,

1. मुक्तिबोध : कामायनी : एक पुनर्विचार, पृ. 6

2. मुक्तिबोध के कविता विषयक सिद्धांतों की कसौटी पर उनकी कविताओं को न कसना,

3. मुक्तिबोध का मूल्यांकन युगीन परिस्थितियों से काट कर करना, एवं

4. साहित्य के प्रति मुक्तिबोध के वर्गीय दृष्टिकोण को नज़रंदाज़ करना।

उपरोक्त विवेचन से हमारा आशय यह नहीं है कि हम फ़ैंटैसी को एक स्वत:पूर्ण यथार्थवादी शिल्प मानते हैं। सवाल, मुक्तिबोध द्वारा इसके इस्तेमाल का है। क्या मुक्तिबोध अपने रचना-शिल्प और पाठक के बीच एक खाई बनाते हैं या इस 'जटिल' शिल्प की रचना के गतार्थों तक पहुंचने के लिए, उनके निमित्त मार्ग भी बनाते हैं? ज़ाहिर है कि मुक्तिबोध अपने शिल्प के प्रति बेहद सचेत थे एवं उसके चरित्र को बख़ूबी जानते थे। साथ ही वे इस शिल्प की सीमाओं, इसकी सुविधा-असुविधाओं से भी अपरिचित नहीं थे। यथार्थवादी शिल्प तथा भाववादी शिल्प के अंतर को स्पष्ट करते हुए उन्होंने लिखा है, "यथार्थवादी शिल्प के अंतर्गत यथार्थ के बिंब, यथार्थ के स्वरूप और गति के नियमों में बंधकर प्रस्तुत होते हैं। दूसरे शब्दों में– यथार्थवादी शिल्प के अंतर्गत, विभाव-पक्ष (वस्तु-पक्ष) का चित्रण होता है और इस पक्ष के आधार पर ही भाव-पक्ष का उद्घाटन। इसके विपरीत भाववादी रोमैंटिक शिल्प के अंतर्गत, भाव-पक्ष का ही चित्रण होता है, और विभाव-पक्ष को नेपथ्य में डाल दिया जाता है।"[1] मुक्तिबोध स्वीकार करते हैं कि फ़ैंटैसी में विभाव-पक्ष के कल्पना-बिंब, प्रतीकात्मक होकर, अपनी मूल भूमि से इतने दूर जा पड़ते हैं कि वे भाव-पक्ष का भूगोल और इतिहास छोड़कर अपना स्वतंत्र दिक्काल स्थापित कर लेते हैं।[2] इस तथ्य को स्वीकारने के बावजूद यदि मुक्तिबोध ने फ़ैंटैसी शिल्प को गले लगाया है तो इसकी वजह ये नहीं है कि वह वस्तु-पक्ष को नेपथ्य में डाल देना चाहते हैं या फ़ैंटैसी को उससे स्वायत्त बनाना चाहते हैं। फिर क्या है?

दरअसल मुक्तिबोध के अनुसार इसके प्रयोग में कई प्रकार की सुविधाएं होती हैं। वे बताते हैं कि सुविधाओं में "एक तो यह कि जिए और भोगे गए जीवन का वास्तविकताओं के बौद्धिक अथवा सारभूत निष्कर्षों को अर्थात जीवन-ज्ञान को, (वास्तविक जीवन-चित्र उपस्थित न करने हुए) कल्पना के रंगों में प्रस्तुत किया जा सकता है। दूसरे, लेखक वास्तविकता के प्रदीर्घ चित्रण से बच

1. मुक्तिबोध : कामायनी : एक पुनर्विचार, पृ. 6
2. वही, पृ. 6

जाता है। वह संक्षेप में ज्ञान-गर्भ फ़ैंटैसी द्वारा जीवन की पुनर्रचना करता है।"[1] ध्यान देने की बात है कि मुक्तिबोध इसकी असुविधाओं को भी नहीं भूलते, कहते हैं– " फ़ैंटैसी के प्रयोग से कुछ असुविधाएं भी उत्पन्न होती हैं, मसलन फ़ैंटैसी में कभी-कभी जीवन तथ्य इस प्रकार प्रस्तुत होते हैं कि उन्हें पहचानना भी मुश्किल होता है। यहां तक कि कभी-कभी उनका क्रम स्थापित करने में भी अड़चन होने लगती है।"[2] विलक्षण बात यह है कि मुक्तिबोध फ़ैंटैसी के हर पक्ष से, उसकी हर कमी से परिचित थे, फिर भी उसके शिकार थे। हमें लगता है कि फ़ैंटैसी में जो सुविधाएं वे बताते हैं वह वस्तुतः उनकी, मध्यवर्गीय जीवन जटिलताओं के प्रति मध्यवर्गीय रूप-अभिरुचि का परिणाम हैं, किंतु उसके समानांतर तत्काल ही दिखाई देने वाली असुविधाएं नीचे की ओर से देखी जाने वाली असुविधाएं हैं, क्योंकि वहां सीधे फ़ैंटैसी की बोधगम्यता का सवाल आता है।

इस सबके बावजूद मुक्तिबोध के लिए फ़ैंटैसी की कलात्मक सार्थकता है। फ़ैंटैसी संप्रेषण में बाधा ज़रूर बनती है लेकिन ऐसा नहीं है कि वह जीवन-मूल्यों को बदल देती है। वह 'आम जनता का साहित्य' भले ही न बन पाए, पर होती 'जनता के लिए' ही है। माना कि वह बुर्जुआ वर्ग के सौंदर्यबोध का एक हिस्सा है, माना कि वह उनका शिल्प है पर मुक्तिबोध कहते हैं कि "अभिरुचि के संस्कार का ठेका उन्होंने नहीं लिया है। अगर चाहो तो इसे तुम भी खूब अच्छा निखार सकते हो। किन्तु उनकी कला-कुशलता की उपेक्षा करना या उस पर अपना स्वयं का अधिकार न करना ग़लत है।"[3]

उसकी कलात्मक सार्थकता इसी में है कि वह जनता की रुचियों को संस्कारित करती है। 'नये साहित्य का सौंदर्यशास्त्र' के अपने एक लेख– 'जनता का साहित्य किसे कहते हैं?' में उन्होंने अपनी इस बात को बल देकर रखा है, इसके लिए तर्क रखे हैं। उन्होंने लिखा है– "'जनता का साहित्य' का अर्थ जनता को तुरंत ही समझ में आने वाले साहित्य से हरगिज़ नहीं। अगर ऐसा होता तो किस्सा तोता-मैना और नौटंकी ही साहित्य के प्रधान रूप होते। साहित्य के अंदर सांस्कृतिक भाव होते हैं।...साहित्य का उद्देश्य सांस्कृतिक परिष्कार है, मानसिक परिष्कार है। किन्तु यह परिष्कार साहित्य के माध्यम द्वारा तभी संभव है जब सुनने वाले या पढ़ने वाले की अवस्था स्वयं शिक्षित हो। यही कारण है कि मार्क्स का 'दास-कैपिटल', लेनिन के ग्रंथ, रोम्यां रोलां के, टाल्सटाय

1. मुक्तिबोध : कामायनी : एक पुनर्विचार, पृ. 7
2. वही, पृ. 7
3. मुक्तिबोध : एक साहित्यिक की डायरी, पृ. 55

और गोर्की के उपन्यास एकदम अशिक्षितों और असंस्कृतों के न समझ में आ सकते हैं, न वे उनके पढ़ने के लिए होते ही हैं। 'जनता का साहित्य' का अर्थ 'जनता के लिए साहित्य' से है और वह जनता ऐसी हो जो शिक्षा और संस्कृति द्वारा कुछ स्टैंडर्ड प्राप्त कर चुकी हो।"[1]

यह तो था 'जनता का साहित्य' के बारे में मुक्तिबोध का जवाब, लेकिन बात फ़ैंटैसी पर चल रही थी। तो मुक्तिबोध के लिए फ़ैंटैसी की कलात्मक सार्थकता है। कविता में यथार्थ की असमापनीयता, संश्लिष्टता, विसंगति, अंतर्जगत और बाह्य जगत सबको एक साथ समेटने के लिए आवश्यक है कि कवि फ़ैंटैसी का आसरा ले। मुक्तिबोध के समक्ष तो कठिनाई ही यह है कि उन्हें स्वप्न के भीतर एक स्वप्न, विचारधारा के भीतर और अन्य सघन विचारधारा प्रच्छन्न दिखाई देती है।[2] उन्हें पग-पग पर चौराहे, सौ-सौ राहें और नव-नवीन दृश्य वाले सौ-सौ विषय रोज़ मिलते हैं, वे एक पैर रखते हैं कि सौ-सौ राहें फूटती हैं और वे उन सब पर से गुज़र जाना चाहते हैं।[3] वस्तुत: मुक्तिबोध के अनुसार– "फ़ैंटैसी एक झीना परदा है जिसमें से जीवन तथ्य झांक-झांक उठते हैं। फ़ैंटैसी का ताना-बाना कल्पना बिंबों में प्रकट होने वाली विविध क्रिया-प्रतिक्रियाओं ही से बना हुआ होता है। दूसरे शब्दों में, तथ्यों का उद्घाटन अत्यंत गौण और विकारपूर्ण होता है, किन्तु उन तथ्यों के प्रति की गई क्रिया-प्रतिक्रियाएं ही प्रधान होती हैं।"[4] ऐसी स्थिति में फ़ैंटैसी का विश्लेषण किस प्रकार किया जाए, मुक्तिबोध तरकीब सुझाते हैं– "सबसे पहले हम फ़ैंटैसी में गुथी हुई क्रिया-प्रतिक्रिया जानें और उन क्रिया-प्रतिक्रियाओं के सूत्र से हम प्रच्छन्न और अर्ध-प्रच्छन्न जीवन-तथ्यों तक जाएं।"[5] मुक्तिबोध द्वारा सुझाई यह विधि फ़ैंटैसी की कुंजी मालूम देती है। लगता है यहां मुक्तिबोध फ़ैंटैसी की विश्लेषण-प्रक्रिया बताते हुए कविता की अर्थ-प्रक्रिया ही समझाने की चेष्टा कर रहे हैं।

---

1. मुक्तिबोध : नये साहित्य का सौन्दर्यशास्त्र, पृ. 78-79
2. मुक्तिबोध : चांद का मुंह टेढ़ा है, पृ. 18
3. वही, पृ. 71
4. मुक्तिबोध : कामायनी : एक पुनर्विचार, पृ. 7
5. वही, पृ. 8

रचना-प्रक्रिया की खोज
अर्थ-प्रक्रिया का मार्ग

मुक्तिबोध की समीक्षा-दृष्टि और अब तक किए गए विवेचन से स्पष्ट है कि रचना की फ़ैंटैसी की खोज, उसमें गुंथी क्रिया-प्रतिक्रियाओं में छिपे जीवन-तथ्यों को जानने से ही संभव है। रचना में होने वाली क्रिया-प्रतिक्रियाओं पर मुक्तिबोध ने कला की रचना-प्रक्रिया के तीन क्षणों का विवेचन करते हुए पर्याप्त बहस की है। अत: असंगत न होगा कि हम यहां रचना-प्रक्रिया की खोज के लिए उसे अर्थ-प्रक्रिया के समानांतर रखकर देखें।

यात्रा की विपरीत दिशा

किसी कलाकृति को लेकर पाठक-आलोचक की यात्रा भिन्न दिशा की ओर होती है, सृजन करते समय कलाकार की यात्रा उससे विपरीत दिशा की ओर होती है।[1] मुक्तिबोध ने यह बात लेखक की ओर से पाठक-आलोचकों के लिए कही है। पाठक-आलोचक की ओर से लेखक के लिए अगर इसी बात को कहें, तो कहेंगे कि किसी भी कलाकृति की रचना-प्रक्रिया खोजने के लिए वस्तुत: उल्टी यात्रा करनी पड़ती है।

कविता के संदर्भ में इस बात को कहने का हमारा मतलब यह कि यह उल्टी यात्रा रचना-प्रक्रिया के लिहाज़ से थोड़ी मुश्किल है, यानी जिस क्रम में कविता तीन क्षणों में तीन सोपानों को तयकर पूर्ण होती है, उस क्रम की ज्यों की त्यों पुनरावृत्ति असंभव है। कई मायनों में तो उस क्रम को दुहराना स्वयं रचनाकार के लिए भी असंभव है। क्योंकि जिन तीन क्षणों में उसने सृजन किया होता है, उन क्षणों की मानसिकता, उन क्षणों के अंतर और बाह्य का तनाव, उन क्षणों की ज्ञानात्मक संवेदनाएं और संवेदनात्मक ज्ञान पुनस्सृजित नहीं किए जा सकते। स्पष्ट रूप से शब्द रूपों में अभिव्यक्त कविता ही अंतिम साक्ष्य

---

1. मुक्तिबोध : नये साहित्य का सौन्दर्यशास्त्र, पृ. 86

के रूप में सामने होती है। और वही शब्द-पद-वाक्य एकमात्र मार्ग या कहें द्वार होते हैं कि जिनके माध्यम से रचना-प्रक्रिया को टटोला जा सके। ज़ाहिर है कि यह यात्रा उस दिशा से विपरीत होगी जिस दिशा में कि रचना का निर्माण होगा। रचना में वे शब्द, पद या वाक्य अभिव्यक्ति के क्षण में भाव-ध्वनियों में, तदनंतर पद या वाक्यों में रूपांतरित हुए होते हैं। तीसरे क्षण में बहुतेरी भाव-ध्वनियां, जिनके अनुकूल शब्द-ध्वनियां रचनाकार को मिल नहीं पातीं, तिरोहित हो जाती हैं एवं इसके साथ-साथ जो भाव-ध्वनियों से इतर शब्द-ध्वनियां मिलती हैं वे अनेक अर्थ-अनुषंग रखने के कारण नए भाव उत्पन्न करती हैं। भाव और भाषा के द्वंद्व के इस क्षण में सृजन-प्रक्रिया की दूसरे क्षण की फ़ैंटैसी अब शब्दबद्ध होकर अभिव्यक्त होने लगती है। इस रूपांतरित गतिशील फ़ैंटैसी के समूचे गति-विज्ञान को पकड़ पाना तो असंभवप्राय है। बस इतना ही संभव है कि उन उपलब्ध शब्द-ध्वनियों के विभिन्न गतार्थों को खोजा जाए। कवि की जीवन-स्थितियों से भी मदद ली जाए। पर इसमें पूरी सफलता मिले, आवश्यक नहीं।

अर्थ-अनुषंग वैभिन्य

भाषा सामाजिक निधि है, विविध सामाजिक संदर्भों से जुड़े शब्दों के विविध अर्थ-अनुषंग होते हैं। न जाने किस अर्थ-अनुषंग को रचनाकार ने गृहीत किया हो। यह भी हो सकता है कि शब्द-विशेष में उसने नया ही अर्थ-अनुषंग भर दिया हो। तब उस रचना की प्रक्रिया कैसे जानें ? बस वही सबसे आसान मार्ग है– अर्थ प्रक्रिया का मार्ग। ज़ाहिर है अर्थ-प्रक्रिया ही वह प्रामाणिक मार्ग है जिसके माध्यम से रचना-प्रक्रिया को खोजा जा सकता है। अत: हम यहां अर्थ-प्रक्रिया को, उसकी समस्याओं के साथ और स्पष्ट करना चाहेंगे।

– रचना-प्रक्रिया के बारे में एक बात स्पष्ट है कि रचना-प्रक्रिया का नियामक तत्व संवेदनात्मक उद्देश्य है।

– इस संवेदनात्मक उद्देश्य का रचना-प्रक्रिया पर, शिल्प पर असर पड़ता है। वाक्य-विन्यास, शब्द-चयन, मुहावरा-चयन, सब कुछ उस संवेदनात्मक उद्देश्य से परिचालित होते हैं, जो रचना-प्रक्रिया का केन्द्र होते हैं। परिणामत: कविता के निर्माण-क्षण में चुने गए शब्द एवं वाक्य अपनी चेतना-प्रक्रिया से गुज़र कर एक निश्चित अर्थ एवं संदर्भ रखते हैं, एक निश्चित वाक्य-क्रम एवं विन्यास रखते हैं।

- जो कवि रचना-प्रक्रिया में जितना ही सचेत रहेगा, शब्द-चुनाव में संवेदनात्मक उद्देश्य को पिछड़ने नहीं देगा, उसका शब्द-वाक्य प्रयोग उतना ही सुनिश्चित, दुविधार्थ रहित होगा, अपने कथ्य को वह उतना ही साफ़-साफ़ संप्रेषित कर सकेगा।
- रचनाकार की संप्रेषणीयता प्रभाव-सापेक्ष होती है। उसका संवेदनात्मक उद्देश्य प्रभाव-सजग होता है। अर्थात इस बात को लेकर वह सावधान रहता है कि वह किन लोगों के लिए लिख रहा है। कौन लोग हैं जिन्हें वह अपने संवेदनात्मक उद्देश्यों से परिचित-प्रभावित करना चाहता है।
- इस सवाल का जवाब उसे उन शब्दों, वाक्य-पदों को चुनने में (तीसरे क्षण में) आधारभूत मदद देता है एवं उन्हें काटने-छांटने में सहायता देता है जिनके द्वारा वह अपने कथ्य को जनता तक पहुंचाना चाहता है।
- यदि उसका प्रभावीय श्रोता या पाठक मध्यवर्ग का है (निम्नवर्ग का भी हो सकता है) तो उसकी शैली, यानी उसका शब्द-वाक्य चुनाव और मुहावरे, मध्यवर्गीय बोध के प्रचलित या लोकप्रिय दुनिया के होते हैं। वे शब्द-भंगिमाएं, वाक्य-पद और मुहावरे, जिन्हें रचनाकार अपने और पाठक के बीच सामान्य पाता है, उन्हें ही वह सर्वाधिक सही रूप में इस्तेमाल करता है।
- इसी प्रक्रिया में उसे अपना मुहावरा मिलता है, जो उसकी रचना-प्रक्रिया का अंग हो जाता है, उसकी प्रमुख पहचान बन जाता है।
- धीरे-धीरे उसकी एक सुनिश्चित वाक्य-पद्धति बन जाती है। उसका एक निश्चित पैटर्न बनने लगता है। यहीं पर शिल्प का रूप भी संवरता है।
- यहीं से रचना पाठक या आलोचक की होती है, और यहीं से अर्थ-प्रक्रिया का सवाल उठता है।

व्यक्त एवं अव्यक्त कथ्य

अब पाठक या आलोचक के सामने कविता है, वे शब्द हैं जिनसे कविता का निर्माण हुआ।

ये शब्द वे हैं जिन्हें कवि ने तीसरे क्षण में इस्तेमाल के लिए चुना है।

हम पहले कह आए हैं कि कविता का एक व्यक्त (मैनिफ़ैस्ट) और एक अव्यक्त (लेटैंट) कथ्य होता है। प्रकट बिंबात्मक फ़ैंटैसी कविता का व्यक्त पक्ष है। और अव्यक्त पक्ष ? होता यह है कि हर शब्द अपने साथ साधर्म्य और वैधर्म्य वाले अनेकानेक शब्दों को खींच लाता है। ये अनेकानेक शब्द, बहुत-से भावात्मक साहचर्यों (ऐफ़ैक्टिव एसोसिएशंस) के कारण उठते हैं। यही भावात्मक साहचर्य कविता में आए शब्दों को अव्यक्त कथ्य प्रदान करते हैं। जैसे 'हरियाली' और 'यौवन' दो अलग-अलग शब्द हैं किंतु इनके बीच 'बसंत' शब्द का आना इनमें जो संबंध पैदा करता है, वही कविता के अव्यक्त कथ्य का निर्माण करता है। अतः कविता की अर्थ-प्रक्रिया के लिए आवश्यक है कि व्यक्त कथ्य के साथ उसके अव्यक्त कथ्य को खोजा जाय। इसकी खोज संभव है।

ऐसा इसलिए, क्योंकि कविता प्रायः शब्दों को इस तरह इस्तेमाल करती है कि शब्दार्थ बहुलता का भ्रम बना रहे किंतु सही वाक्यान्वेषण द्वारा उसे समाप्त भी किया जा सके। कविता में शब्दों का चुनाव सामान्यतः प्रवृत्यात्मक-भावात्मक संबंधों को प्रकट करने वाले शब्दों का किया जाता है। अतः कविता के वे सहवर्ती बिंब (एसोसिएटेड इमेजैज़) जो शब्दों में निहित होते हैं, अंतर्धान हो जाते हैं तथा एक निश्चित भावात्मक बिंब के साथ जुड़े हुए नए बिंब सामने आते हैं।

कवि की सबसे बड़ी विशेषता ही यह होती है कि जिन शब्दों का वह इस्तेमाल करे उनके द्वारा सहवर्ती बिंबों के उजागर होने की जगह अपेक्षित बिंब ही सामने आएं। यह शब्दों को इस प्रकार संगठित करने से ही संभव हो पाता है कि उनमें निहित सहवर्ती बिंब-समूह जिनमें कि बिंब एक दूसरे से उलझे रहते हैं, किसी एक अपेक्षित कथ्य पर ही बल दें, तथा अनपेक्षित संदर्भों को तिरोहित कर दें और इस प्रकार संवेदनाओं को संगठित कर दें। तब एक शब्द की प्रभावकता, अन्य शब्दों के साधर्म्य से सहायता प्राप्त करते हुए धीरे-धीरे मूर्त होने लगती है।

अर्थ-प्रक्रिया को आगे बढ़ाने के लिए आवश्यक है कि इन प्राप्त मूर्त शब्दों के सामाजिक गतार्थों को खोजा जाय।

यह सामाजिक संदर्भ भी शब्द के विविध अर्थों में से एक (निकटतम) अर्थ को प्रस्तुत करने में सहायता देंगे। वह एक अर्थ ऐसे पदों का निर्माण करेगा जो लक्षित संवेदनाथों का स्वरूप संकेतित करने लगेंगे। अंततः वे अर्थ-पद ऐसे वाक्यांशों का निर्माण करेंगे जो कवितागत वाक्यपद को गद्य के वाक्यपद बना देंगे। ये वाक्यपद पूरी कविता में निहित संवेदनात्मक उद्देश्य (कथ्य) को धीरे-धीरे स्पष्ट करने लगेंगे।

इस प्रकार हम रचना-प्रक्रिया के दूसरे क्षण की उस प्रारंभिक स्थिति को पार करने लगेंगे जहां से उद्देश्य और उद्देश्य की संगति आने के कारण फ़ैंटैसी गतिशील होना प्रारंभ हुई होती है।

समग्र कविता का 'पदान्वय' करने के बाद उस स्थिति तक पहुंचा जा सकता है जहां कविता के मूल उत्स अनुभव, संवदेनात्मक ज्ञान एवं ज्ञानात्मक संवेदन के रूप में उपस्थित रहते हैं। यहीं पर कवि का ज्ञामात्मक आधार भी स्पष्ट हो जाता है।

कुल मिलाकर यही कविता की अर्थ-प्रक्रिया हो सकती है। किंतु जैसा कि हम कह आए हैं– इसे समग्रता में जानने के लिए कवि के युग, कवि की जीवन-दृष्टि को जानना भी आवश्यक है।

खोज के मुख्य बिंदु

यों पिछले अध्यायों में हम रचना-प्रक्रिया की खोज की पृष्ठभूमि में लगभग हर आवश्यक मुद्दे पर विचार कर चुके हैं, फिर भी कविताओं के भीतर गुज़रने से पूर्व उन पूर्वोक्त बिंदुओं को कविताओं के व्यावहारिक धरातल से स्पर्श कराते हुए संक्षेप में एक बार फिर प्रस्तुत करना असंगत नहीं है। ऐसा करने की तात्कालिकता मुक्तिबोध की कविताई का विश्लेषण करने में सुविधा देगी। ये बिंदु इस प्रकार हैं–

- किसी भी कवि की रचना-प्रक्रिया उसकी चेतना-प्रक्रिया से धावित होती है। कवि की चेतना समकालीन आर्थिक, सामाजिक, राजनीतिक परिस्थितियों से निर्धारित होती है, एवं इन्हीं से कवि के व्यक्तित्व का निर्माण होता है।
- अपनी परिणति में चेतना-प्रक्रिया भाववादी भी हो सकती है एवं वस्तुवादी भी। चेतना-प्रक्रिया की धुरी यदि वस्तुवादी, ऐतिहासिक भौतिकवादी होगी तो निष्कर्षों में स्पष्ट होगी एवं उसकी प्रविधि वैज्ञानिक होगी, कोरे अनुभव पर आधारित नहीं।
- कला की रचना-प्रक्रिया ऐसी चेतना-प्रक्रिया से जुड़ी होकर भी उसकी पर्याय नहीं है। चेतना सर्जना के मूल में होती है। और यदि रचना-प्रक्रिया इससे धावित होती है तो उसी के अनुकूल उसका स्वरूप भी निर्धारित होता है।
- मुक्तिबोध ने कला को एक सांस्कृतिक प्रक्रिया माना है। भाषा भी

उसी सांस्कृतिक प्रक्रिया का अंग होती है एवं कविता का माध्यम बनती है। भाषा बाह्य ढांचे का ऐसा अंग है जो अपेक्षाकृत अधिक स्थायी और सामाजिक वर्ग-स्थितियों से ऊपर है, इसलिए सारे समाज की थाती है।

– विभिन्न वर्गों में अभिव्यक्ति के तौर-तरीक़े तो बदल जाते हैं, किंतु भाषा एकाएक नहीं बदलती। काव्य-कला को इसी भाषा से गुज़रना होता है। यही कारण है कि मूल चेतना जल्दी प्रभावित हो सकती है, उसके समानांतर मूल अभिव्यक्ति उतनी जल्दी नहीं।

– इसी का परिणाम है कि कभी-कभी अभिव्यक्ति-प्रकार को देखकर धोखा हो जाता है कि चेतना-प्रक्रिया ही ग़लत है। अत: यह ध्यान में रखते हुए कि भाषा स्थिर है एवं कला गतिशील, रचना-प्रक्रिया को समझने के लिए चेतना-प्रक्रिया को आवश्यक रूप से समझा जाए।

– रचना-प्रक्रिया को समझने के लिए इतना ही पर्याप्त नहीं है। रचना के भीतर से भी गुज़रना होता है। किंतु रचना-क्षेत्र में क़दम रखते ही पहला सवाल उठता है कि रचनाकार कवि की अभिव्यक्ति का पैटर्न क्या है?

– आधुनिक बुर्जुआ समाज में रहने वाले कवि के सामने बुर्जुआ समाज के विविध एवं जटिल सामाजिक स्तर आए हैं। देखा जाए तो सांस्कृतिक स्तर पर बुर्जुआ वर्ग द्वारा किया गया यह एक क्रांतिकारी कार्य है कि उसने अभिव्यक्ति के अनेक पैटर्नों का निर्माण किया है।

– विविध पैटर्न भाषा को अलग-अलग अर्थ प्रदान करते हैं। आदिकाल में श्रम-विभाजन इतना जटिल नहीं था, अत: अभिव्यक्ति के पैटर्न निश्चित एवं कम थे, भाषा भी दुविधार्थ-रहित थी। किंतु आज एक ही वक्त में कलाकार को अनेक प्रकार के कलापैटर्नों का अनुभव होता है। कलाकार इन पैटर्नों को छलांग नहीं सकता। वह इनसे निरपेक्ष नहीं रह सकता।

– मुक्तिबोध ने बुर्जुआ समाज में प्रचलित लगभग सभी पैटर्नों का इस्तेमाल किया। जैसे– फ़ैंटैसी, प्रतीक, बिंब, संबोधन, वर्णन, वक्तव्य, आत्मकथन, विश्लेषण, वातावरण-निर्माण एवं निष्कर्षण आदि। फ़ैंटैसी मुक्तिबोध का प्रमुख कला-पैटर्न है।

– भाषा के स्तर पर मुक्तिबोध व्याकरणिक स्तर पर विशेषणों का एवं

कर्ता व कर्म का अधिक प्रयोग करते हैं, क्रियापदों का बहुत कम। विशेषण एक प्रकार से सामाजिक संबंधों की अमूर्त अभिव्यक्ति होते हैं एवं सामाजिक प्रक्रिया से जनमते हैं। भाषा में वे व्यजंना के स्थान पर लक्षणा का प्रयोग करते हैं और वैसे भी बुर्जुआ समाज में लाक्षणिक भाषा की संभावनाएं बढ़ जाती हैं।

– मुक्तिबोध की फ़ैंटैसी का भी अपना अलग पैटर्न है, आंगिक रूप में उसमें प्रतीक, बिंब, लक्षणात्मकता, रूपक, विश्लेषण, उपमा, संबोधन आदि सभी दिख जाते हैं।

– फ़ैंटैसी की प्रक्रिया वर्णन से जुड़ी हुई है। मुक्तिबोध की कविता, फ़ैंटैसी से आरंभ होकर वर्णन, फिर आत्मकथन, फिर संबोधन, फिर वातावरण-निर्माण और फिर से फ़ैंटैसी और तदनंतर ऐसे ही या हेर-फेर के आगे-पीछे वाले क्रम में बढ़ती है।

– ज़ाहिर है, कविता का यह एक जटिल शिल्प है, जिसमें परस्पर विरोधी पैटर्न भी साथ-साथ दिखते हैं, जैसे– 1. प्रतीक एवं बिंब, 2. वर्णनात्मकता और लाक्षणिकता, 3. आत्मकथन और वस्तुगत-चित्रण आदि। किंतु फ़ैंटैसी के कुल शिल्प की विशेषता ही यह है कि ये सारे अंतर्विरोध उसमें समा जाते हैं।

– इसके साथ ही फ़ैंटैसी के उपशिल्पों में भी बदलाव होता रहता है। मुक्तिबोध शब्दों का प्रयोग उनकी निरंतर गति में करते हैं। वे शब्दों को जितने भी अर्थ देते हैं, फ़ैंटैसी उनका इस्तेमाल कर लेती है। एक ही शब्द कहीं प्रतीक होता है, कहीं बिंब, कहीं वातावरण का निर्माण करता है एवं कहीं साधारण भाषा के ही रूप में इस्तेमाल होता है।

– कुल मिलाकर मुक्तिबोध की कविताओं का शैल्पिक ढांचा लगभग इस प्रकार का होता है। पहले वे कविता में फ़ैंटैसी के माध्यम से एक वातावरण बनाते हैं, वस्तु-स्थिति को रूपायित करते हैं, यहां बिंबों की बहुलता एवं वर्णनाधिक्य होता है। तदनंतर कविता में एक कर्ता उभरता है। कर्ता कवितागत वस्तु-यथार्थ से परिचय करता या कराता है। कवितागत वस्तु-यथार्थ एवं कर्तापक्ष में क्रिया-प्रतिक्रियाएं होती हैं और एक कथ्य सामने आने लगता है, प्रतीक एवं प्रतीकाभासों से कविता के अर्थ खुलने लगते हैं। यहीं पर कविता की स्थितियों पर कवि द्वारा बाहर से दिए गए वक्तव्य दिखाई देते हैं एवं फिर

फ़ैंटैसी का वही क्रम प्रारंभ हो जाता है। कथ्य जहां पूरा होने लगता है, कविता समाप्त हो जाती हैं।

- मुक्तिबोध फ़ैंटैसी को खुली छूट-पट्टी नहीं देते कि वह चाहे जिस ओर बढ़ती जाए, बल्कि उसे बाहर से दिए गए वक्तव्यों से एवं एक आंतरिक सूत्र से नियंत्रित रखते हैं। यह उनके संवेदनात्मक उद्देश्यों की भूमिका होती है।
- भाववादी शिल्प भाव से शुरू होकर भाव पर समाप्त हो जाता है, किंतु मुक्तिबोध की फ़ैंटैसी एक भौतिक आधार देती है, प्रच्छन्न एवं अर्द्ध-प्रच्छन्न जीवन-तथ्यों को उजागर करती है, स्थितियों के प्रति सचेत करती है।
- इस प्रकार मुक्तिबोध की रचना-प्रक्रिया पूर्वोक्त प्रकार से बनते हुए भाववादी नहीं है, बल्कि वस्तुवादी यथार्थवादी है।

मुक्तिबोध की समीक्षाई के इस पूर्व परिचय के बाद यदि हम मुक्तिबोध की कविताई के व्यावहारिक पक्ष में जाएंगे तो रचना-प्रक्रिया और अर्थ-प्रक्रिया के विवेचन में कुछ आसानियां ज़रूर होंगी।

●●●